브랜드 마케팅!

이렇게 하면 실패한다

브랜드를 휘청이게 한 마케팅 실수
소셜 미디어 시대, 모든 상황에 대비하라!

브랜드
마케팅!
이렇게 하면 실패한다

롭 그레이 지음
허수빈 옮김

CONTENTS

●
●

들어가는 말_008

CHAPTER 01
뭐 이런 광고가 다 있지?
역사상 최악의 광고 사례

버진 모바일 USA 정신 나간 아이디어로 망할 뻔하다_017 ● **PETA** 심각한 사안을 경박하게 다루다_020 ● **벨베데레** 부드러움을 어필하려다 쓴맛만 보다_021 ● **데일 워펠** 성차별적인 광고로 반감을 사다_025 ● **CMPB** 여성을 히스테리적으로 묘사하다_027 ● **에너지 와치, 팝칩스** 뻔한 '차별주의'로 불쾌감을 주다_030 ● **스트랜드** '고독한 남자' 광고로 고독하게 사라지다_034 ● 그 외에 눈 뜨고 보기 어려운 광고 사례들_037 ● 팁과 교훈_040

CHAPTER 02
도대체 뭔 난리들이야?
돌발 상황으로 엉망이 된 홍보 사례

맥도날드 올림픽 후원사의 올림픽급 실수_044 ● **티머시 커피** 늑장 대응에 혼쭐나다_047 ● **후버** 역사상 최악의 판촉 사례_051 ● **닥터 페퍼** 불경한 보물찾기 놀이_057 ● **도노프리오** 말 안 듣는 거래처 때문에 골치 썩다_059 ● **뉴코번트가든, 워커스, 캐드버리** 당첨자가 없는 좌충우돌 판촉기_061 ● 그 외 안타까운 판촉 행사 사례_066 ● 팁과 교훈_069

CHAPTER 03
소셜미디어에서의 추태
분별없는 발언이 초래한 소동

콴타스 항공 트위터 참사_074 ● **맥도날드** #빅맥 해시태그 소동_078 ● **웨이트로즈, 콜스** 곤란해진 문장 완성형 홍보 행사_080 ● 케네스 콜, 해비타트, 마이크로소프트, 갭 인재를 마케팅 재앙으로 둔 갑시키다_082 ● 키친에이드, 듀렉스 농담 아닌 농담으로 된통 당하다_087 ● 수전 보일 헷갈리게 쓴 초대장_093 ● 네슬레 이렇게까지 할 필요가_095 ● 헹켈 치킨 맛 주방세제의 탄생_103 ● 닥터 페퍼 뭐 더 안 좋은 일이 있겠어?_108 ● 그 외 페이스북 마케팅 실패 사례들_112 ● 그 외 트위터 마케팅 실패 사례들_114 ● 팁과 교훈_117

CHAPTER 04

신제품 개발하려다 불러온 재앙
너무 과장해도, 너무 소심해도 문제

애플맵 기상천외한 곳으로 안내해 드립니다_122 ● 포드 비련의 주인공, 포드 에드셀_124 ● 유니레버 퍼실 파워의 오버 파워_133 ● 싱클레이 C5 최악의 기기로 선정되다_135 ● RJ 레이놀즈 토치가 있어야 불붙는 '연기 없는' 담배_141 ● 참 좋은 아이디어 같아 보였는데_144 ● 팁과 교훈_146

CHAPTER 05

너무 일을 크게 벌인 거리 홍보
무모한 프로모션이 초래한 혼돈

카툰 네트워크 폭파 소동을 일으킨 대담무쌍한 마케팅_150 ● 텔레2 운석 자작극으로 신뢰를 잃다_153 ● LG전자 난장판이 된 신제품 이벤트 현장_155 ● 유비소프트, 델 가짜 무기를 동원한 전투적 마케팅_156 ● 스내플 녹아내린 아이스바, 뉴욕을 덮치다_158 ● BRMB 얼음처럼 냉혈한 마케팅 이벤트_160 ● KDND 장난성 이벤트의 치명적인 대가_161 ● 앰부시 마케팅과 동물 학대_165 ● 팁과 교훈_168

CHAPTER 06
안 하니만 못한 브랜드 개편
상태를 더 악화시킨 마케팅 사례

영국항공 꼬리 디자인 때문에 수난을 겪다_172 • **일본항공** 사라졌다 부활한 쓰루마루_176 • **PwC** 브랜드명이 하필이면 '월요일'이람?_178 • **Syfy** 미운 오리 새끼인 줄 알았는데 백조였다_181 • **블랙워터** 아무리 발악을 해도_182 • **펩시코** 매출 뚝! 트로피카나의 시련_184 • **갭, JC페니** 급히 돌아오거나 한참 헤매거나_187 • **넷플릭스** 섣부른 개편으로 반발을 사다_188 • **콘시그니아** 모두의 입맛에 맞출 순 없다_191 • 브랜드 개편이 필요할지도…_198 • 팁과 교훈_199

CHAPTER 07
믿을 수가 없다
가짜, 위조, 신용사기 사례

로레알, 디올, P&G 지나친 보정으로 아름다움을 조작하다_204 • **기아, 폭스바겐** 제조사를 아연실색게 한 가짜 광고_209 • **포드, 현대** 퇴짜 맞은 광고의 역습_215 • **세계자연보호기금** 허가되지 않은… 어? 허가된 광고였다!_218 • **하이텍, 위처리, 덴마크 관광청** 진실을 은폐하려다 개망신당하다_219 • **에델만** 그렇게 진실함을 강조하더니_221 • **우트코노스, SZ** 뒷돈 찔러주고 홍보용 블로거 동원하고_225 • 무전취식형 홍보 및 판촉 사례_230 • 팁과 교훈_231

CHAPTER 08
빗맞은 과녁
고객도, 파트너도 잘못 겨냥하다

애니미 시장을 오판해 홀딱 망하다_237 • **빅** 여성 고객을 사로잡으려다 그만_239 • **닷지 라팜므** 여왕이신 미국 여성의 명을 받들다_242 • **다농** 유통 전략을 잘못 잡아 돈만 날리다_244 • **퀴즈노스** 비호감 마스코트로 외면받다_245 • **스타 마케팅의 폐해** 스타의 몰락은 곧 브랜드의 몰락_249 • **인피니언** 마케팅 방향을 잘못 잡은 기술 업체_253 • 팁과 교훈_256

CHAPTER 09

브랜드 확장이 너무했네
과도한 사업 및 업종 확장 사례

크래프트 어설픈 제품명으로 비난받다_260 • 거버 이유식 같은 성인용 식품으로 실패하다_265 • 생뚱맞은 제품 개발 의욕은 좋으나 거북한 아이디어들_267 • 크레스트와 킷캣 과유불급, 오버 했다가 낭패 보다_270 • 팁과 교훈_275

CHAPTER 10

국경만큼 넘기 힘든 문화 장벽
문화적 차이로 인한 사건과 혼란

이케아 사우디 시장에 맞추려고 여성을 지우다_280 • 스타벅스 아일랜드인들을 분노케 한 애국심 마케팅_284 • 사연 많은 브랜드명 현지 언어에 맞지 않는 브랜드명_287 • 사연 많은 브랜드 슬로건 현지 언어에 맞지 않는 슬로건_289 • 더글라스, 슐렉커 뎅글리슈의 피해자들_291 • 애이드리언 휠러 강세 확인을 잘 했어야지_300 • 팁과 교훈_302

CHAPTER 11

어설픈 재정비로 결국은 원상 복귀
전략 실패, 형편없는 개편 사례

코카콜라 세계 최고의 브랜드가 쫄면 이렇게 된다_306 • JC 페니 가격 전략을 멋대로 바꿔 개털 되다_314 • 마스 채식주의자를 분노케 하다_317 • 유니레버 식품 성분 하나 바꿨다가 호되게 당하다_319 • 버즈아이, 바비 켄 너무 번지르르하게 멋져도 문제_330 • 팁과 교훈_333

맺음말 소셜 미디어 시대, 더욱 고조된 리스크_334
고마운 분들_337

들어가는 말

실수를 통해 배우는 게 제일 좋다는 말이 있다. 이 말이 참이라면 무모하고 무능력한 이들이 가장 현명한 셈이고, 갈피를 못 잡고 여기저기서 사고만 치는 이들이 성공의 열쇠를 쥔 셈이다. 어딘가 꺼림칙해 보이는 이 논리에 따르면 일을 망치기 일쑤인 사람들에게 일을 맡기는 게 가장 좋다는 결론이 나온다. 납득되는가? 난 납득할 수 없다. 경쟁사나 동종업체들이 범한, 선의에서 시작했지만 결과는 참담했던 갖가지 실패 사례를 살펴보고 여기서 얻은 교훈을 반면교사 삼아 우리 자신의 실수를 최소화하는 것이 여러모로 보나 더 유익한 길이다.

그 어떤 굴지의 기업이라도 실수는 종종 하게 마련이다. 코카콜라, 맥도날드, 애플, 스타벅스, 버진, 네슬레, 콴타스 항공, 마텔, 소니, 다농, 마이크로소프트, 콜게이트, 월마트, 빅 등 이름만 들으면 누구나 아는 기업들뿐만 아니라 전 세계 여러 중소기업들의 시행착오 및 실패 사례를 탐독해 유럽, 북미, 남미, 아시아, 아프리카, 오세아니아 등 전 세계 각지의 대기업, 중소기업의 주요 실패 사례 175개를 추려 이 책에 담았다.

이 책에서 주로 다루는 건 실패 사례지만, 너무 어두운 분위기로 풀진 않았다. '실패하면 뭐 어때' 하는 당당함을 독자들에게 심어줄 수 있는 충분한 영감이 될 만한 사례들로 꾸몄다. 부정적인 사례라고 꼭 어둡게 갈 필요는 없다. 물론 군데군데 심각한 톤으로 풀어나가기도 했지만 되도록 활발하게, 균형 있게, 유익하게 전달하고자 했다. 잔소리처럼 들리지 않길 바랄 뿐이다. 현명하지 못한 결정과 무익한 캠페인 사례를 소개하면서 마케팅 팁도 간간이 넣었다. 실패의 길을 먼저 간 선구자들이 우리에게 일러주는 '이 길로는 가지 마라'라는 뜻의 이정표인 셈이다.

이 책은 최근 몇 년에 걸쳐 발생한 사례들을 주로 다룬다. 현 추세를 반영하고자 한 내 의식적 노력이기도 했고, 과거에 비해 오늘날의 실패 사례가 더 많기도 많은 데다 무슨 일이 터지면 페이스북Facebook이나 트위터Twitter 등의 소셜 미디어를 통해 급속히 퍼져 나가는 시대이기 때문이다. 그러나 '무모한 도전'으로 혹독한 대가를 치른 바 있는 포드 에드셀Ford Edsel, 뉴코크New Coke 및 후버Hoover 등 고전 실패 사례도 함께 짚고 넘어가야 비로소 '마케팅 실패'를 전반적으로 다뤘다고 할 수 있다. 조사 분석을 새로이 실시하고, 실제 사례에 가담한 인물들을 직접 인터뷰하며 이미 널리 알려진 실패담을 새로운 시각에서 조명해 보고자 했다. 잘 알려지지 않은 사례들 역시 흥미롭고 이해하기 쉽게 여러분에게 다가갔으면 하는 바람이다.

과거 실패 사례를 통해 오늘날까지도 꾸준히 그 가치를 유지하는 통찰과 교훈을 얻을 수 있지만, 동시에 세상이 얼마나 변했는지도 파악할 필요가 있다. 오늘날 우리가 사는 시대는 '브랜드와 소통하는' 시대이다. 소셜 미디어를 통해 고객과 소통하는 건 분명 바람직한 일이지만, 이로 인해 마케팅은 더욱 즉각적으로 변모했고 엄청난 위험성을 내재하게 되었다. 디지털 시대의 이점을 적극적으로 활용하는 데 주안점을 두다 보니 과거 마케팅을 지탱했던 견제와 균형책은 이제 뒤안길로 사라진 듯하다. 소셜 미디어에 능한 젊은 직원들에게 향후 몇십 년에 걸쳐 기업의 평판에 중대한 영향을 미칠 수도 있는 결정을 맡겨 버리는 경우가 있다. 게다가 메시지 통제가 거의 불가능하다는 소셜 미디어의 특성상 의도치 않은 결과가 발생할 가능성이 언제나 어느 정도 존재한다. 오늘날 소비자들은 자신들의 의견이 적극적으로 반영되길 원한다. 자신들이 좋아하는 브랜드를 열렬히 옹호한다. 반면 주인 의식도 갖고 있어 뭔가가 잘못되거나 하면 브랜드에 책임을 추궁하고 해명을 요구하기도 한다. 문제는 세상이 포레스트 검프 Forrest Gump●나 네드 플랜더스 Ned Flanders●●처럼 늘 밝고 세상의 모든 것들과 사람들을 좋게 보려 노력하는 사람들로만 이루어지지 않았다는 점이다. 실상에서 사람들은 자기주장이 강한 데다 남의 결점과 단점을 지적하며 엄청난 희열을 느낀다. 그래서 어떤 유감스러운 사건이 발생하면 이들은 벌떼처럼 들고 일어나 해당 브랜드의 책임을 추궁하며 비판하고 여기저기 이야기를 퍼트리고 다닌다. '성공적인 바이럴 마케팅'이 잘못되면 이렇게 되는 것이다.

성숙하지 못한 브랜드의 경우 소셜 미디어에서 치기 어린 비방을 하기도 한다. 심지어 모욕적인, 공격적인 발언을 서슴지 않는 경우도 있다. 오바마 대통령을 폄하하고, 포르노를 보는 청소년들을 웃음거리로 삼으며, 자연재해를 단순한 선택의 문제로 치부하며 부적절한, 부주의한 말을 해시태그에 달아

●　영화 〈포레스트 검프〉의 주인공. 지능은 낮지만 순수한 마음을 지녔다.
●●　미국의 애니메이션 〈심슨 가족〉에 등장하는 캐릭터로 성실하고 마음이 넓으며 만사를 긍정적으로 본다.

논란거리를 제공하기도 한다. 소셜 미디어는 화수분과 같아 내용을 담고, 담고 또 담아도 채워지지 않는다. 이런 화수분을 '채우려는' 헛된 시도를 하다가 큰코다치기 십상이다.

 마케팅이 다양한 양상을 갖고 있듯, 이 책 역시 대상 고객의 불편한 심기를 건드린 무신경한 광고부터 애초에 구상이 잘못된 떠들썩한 선전으로 혼란을 가져와 급히 뒷수습에 나서거나 심하면 가담한 이들을 사망에 이르게 하는 다양한 실패 사례를 소개한다. 이런 예들은 아무리 기발한 광고나 선전이라도 수위가 지나치면 브랜드 존속이 위태로운 상황으로 이어질 수 있다는 사실을 경고한다. 가끔 본의 아니게 혹은 무능한 탓에 기업이 성차별, 인종 차별, 폭력 및 아동 학대 등 유쾌하지 않은 논란에 휩싸이기도 하고, 잘못된 전략으로 우스꽝스러운 제품을 출시하거나 고객이 원하는 바를 잘못 이해해 말도 안 되는 홍보 활동에 나섰다가 돈만 실컷 날리는 마케팅 담당자도 있다. 시장 경험이 전무한 초짜도 아니면서 옷이 해질 정도로 독한 세제를 선보여 창립 이래 최악의 제품 개편이라는 악평을 들은 유니레버Unilever의 경우도 있고, 새로이 출시한 제품에 'iSnack 2.0'이란 생뚱맞은 이름을 붙이는 등 희한한 브랜드 확장을 시도했다가 손가락질 받은 호주 크라프트Kraft의 경우도 찾아볼 수 있다. 또한 갈팡질팡하는 마케팅 전략과 문화적 차이로 인한 커뮤니케이션 실패 사례, 황당한 브랜드 개편 전략, 기만적인 불성실 행위 및 개념 없는 창의성을 발휘해 역효과를 낸 사례 등도 함께 살펴볼 것이다.

 더 놀랍고 재미난 사례가 책 속에 훨씬 많이 소개되어 있다. 기업들의 바보짓을 보고 낄낄대자는 취지로 이 책을 쓴 건 아니다. 그러나 읽다 보면 '도대체 뭔 생각으로 이랬지?' 싶어 실소를 금치 못할 수도 있다. 왜 이런 실패 사례가 발생했는지, 똑같은 과오를 범하지 않으려면 어떻게 해야 할지를 알아보고자 하는 취지에서 이 책을 썼다. 재미있고 어설픈 실패담 속을 관통하는 맥락과 통찰을 끄집어내고자 했다. 단순히 마케팅 담당자, 학자, 학생, 사업가만을 위한 책이 아니다. 기업과 그 안에 몸담은 이들이 명맥을 유지하기 위해 마주해야 하는 난감한 문제들에 관심 있는 모든 이들을 위한 책이다. 애초부터 잘못된 구상으로 말도 안 되는 결정이 내려지면 그 결과는 엄청나게 큰 대형 전광판마냥 만천하에 공개되어 만인의 심판대 앞에 서게 된다. 마케팅 실패 사례의 당사자들에게 조금이나마 위안이 될지는 모르겠지만 이들의 실수가 우리에겐 훌륭한 배움의 기회가 되어 준다.

CHAPTER 01

뭐 이런
광고가 다 있지?

역사상 최악의 광고 사례

잘 만들어진 광고는 놀라움을 가져다줄 뿐만 아니라 사람들의 인식을 바꿔놓기도 하고 기억 속에 파고들어 대중문화의 뿌리를 형성하기도 한다. 스매시 화성인Smash Martians®이나 코카콜라의 '난 세상에 노래를 가르치고 싶어요I'd like to teach the world to sing' 광고, 서퍼와 말이 거센 파도 속에서 서로를 향해 돌진하는 예술적 풍경을 담은 맥주 제조사 기네스Guinness 광고, 꼭 안아주고 싶은 앙증맞은 강아지가 등장하는 휴지 제조사 안드렉스Andrex 광고 등은 모두 대상 고객과의 연결을 통해 자사가 전달하고자 하는 메시지를 확고히 각인시킨 명불허전의 광고들에 해당한다. 가끔 창의적인 생각이 탁월한 기술과 만나 여기에 뭔가 이루어내겠다는 광고주의 엄청난 집념이 적절한 조화를 이룬 광고를 볼 수 있는데, 이는 그야말로 기념비적인 작품이 된다. 애플의 매킨토시는 그 자체로 획기적인 제품이었지만 광고대행사 치아트/데이Chiat/Day가 제작해 대단한 호평을 받은 '1984' 광고의 도움이

● 캐드버리(Cadbury)의 인스턴트 매시트포테이토 광고에 사용된 캐릭터

없었더라면 당시 그만큼 성공을 거둘 수 있었을까 싶다. 엄청난 예산이 들어간, 블레이드 러너Blade Runner, 에일리언Alien 등으로 공전의 히트를 기록한 영화계의 거장 리들리 스콧Ridley Scott 감독이 연출해 반이상향적 세계를 그려낸 이 광고를 통해 애플은 자사 제품을 사람들 입에 자주 회자되도록 했을 뿐만 아니라 언제나 고객의 니즈를 최우선으로 하는 똑똑하고 과감한 약자의 모습으로 각인시키는 효과도 얻었다. 반면 광고 속에 등장하는 빅 브라더를 통해 당시 최대 라이벌이자 업계 '강자'였던 'IBM'을 고역과 순응을 강조하는 독재적 '기술 전문가'로 나타내고자 했다.

그러나 꼭 스케일이 크다고 좋은 광고가 되는 건 아니다. 좋은 광고란 복잡다단하지 않게, 간단명료하게 전달하고자 하는 메시지를 가장 효과적으로 전달하는 광고를 말한다. 도일 데인 번바크Dolye Dane Bernbach, 이하 DDB와 같은 광고 대행사가 한창 전성기를 구가하던 1950년대와 1960년대, 폭스바겐VW과 에이비스Avis 광고의 등장은 기존 관념을 완전히 뒤바꿔 놓았다. 자동차는 덩치가 클수록 좋은 것이란 인식이 팽배했던 당시, DDB는 폭스바겐 비틀The Beetle의 민첩함과 효율성을 강조하며 'Think Small작은 것을 생각하라'이라는 카피를 더해 광고를 보는 소비자들에게 '자동차에서 가장 중요한 게 무엇인지'에 대해 다시 생각해 보라는 메시지를 던졌다. 허츠Hertz에 밀려 업계 2위였던 렌터카 업체 에이비스의 광고는 그 '2인자'라는 약점을 역으로 활용했는데, 2인자이기 때문에 더 열심히 노력한다는 메시지를 던진 것이다. 2인자라는 단점을 장점으로 승화시킨 이 광고 덕분에 에이비스는 성실한 업체로 소비자의 뇌에 각인될 수 있었고, 그 기대에 부응하기 위해 더 열심히 노력하여 1인자의 자리를 차지하기 위한 모습을 한껏 드러낼 수 있었다. 그 결과 이 업체의 시장 점유율은 4년간 11%에서 35%로 훌쩍 뛰어올랐다. '더 열심히 노력한다'는 카피가 보여준 저력을 몸소 느낀 에이비스는 이를 반세기 넘도록 마케팅 철학으로 고수해 오고 있다.

최근에는 고전 동화 '아기 돼지 삼 형제'를 각색한 영국 일간지 〈가디언The Guardian〉의 광고가 여러 광고상을 휩쓸었다. 이 광고는 소셜 미디어의 영향력이 확대된, 24시간 뉴스가 끊임없이 업데이트되는 오늘날의 시대에서 큰 그림을 볼 수 있는 가장 권위 있는 수단은 바로 신문이라는 메시지를 던져 그 탁월함을 인정받았다. 또한, 2012년 런던 올림픽과 2014년 소치 올림픽 후원을 위해 제작된 영국과 미국 업체의 광고도 보는 이들의 진한 감동을 자아냈는데, 영국 BBC는 '초인들과의 만남Meet the Superhumans'이라는 제목으로 2012 런던 장애인 올림픽 참가 선수들이 피땀 흘려 연습하는 장면을 카메라에 담았으며, 미국 P&G는 2014 소치 동계 올림픽 캠페인으로 '고마워요, 엄마Thank you, Mom' 광고를 제작해 인간애가 절절히 묻어나는 어머니들의 희생, 헌신 및 선수들의 노력을 고스란히 담았다. 두 광고 모두 비록 1~2분 남짓이지만 영화 같은 감동을 안겨 주기에 충분했다.

이처럼 잘만 만들면 광고를 통해 얻을 수 있는 효과는 무궁무진하다. 그러나 잘 만들지 못하면 오히려 역풍을 맞게 된다.

버진 모바일 USA
정신 나간 아이디어로 망할 뻔하다

버진 그룹의 회장 리처드 브랜슨Richard Brandson은 마케팅의 귀재이다. 당대 최고의 기업가로 꼽히며 사업 기회 포착, 브랜드 구축 및 자가 홍보 재주가 탁월한 그는 자신의 재주를 200% 활용해 엄청난 부를 일궜다. 자사 홍보 및 마케팅을 위해 내 한 몸 바치길 마다치 않는 순수한 소년 같은 열정은 브랜든만의 분명한 매력이기도 하다. 목숨을 걸고 장거리 열기구 비행에 도전하고, 웨딩숍 버진 브라이드Virgin Brides 론칭 행사에는 수염 깎고 화장 하고 웨딩드레스까지 차려입어 여장을 즐겨 했던 것으로 알려진 코미디언 에디 이자드Eddie Izzard를 방불케 하는 열성을 보였다. 버진 콜라Virgin Cola를 출시할 땐 뉴욕 5번가에 탱크를 끌고 나와 바닥에 깔린 코카콜라 병을 뭉개버리는 퍼포먼스를 선보였고, 버진 애틀랜틱의 아프리카 취항을 기념하는 행사엔 남아프리카 줄루족 전사 차림을 하고 나섰으며, 캐나다에선 자사 이름을 적어 넣은 맨엉덩이를 보여주는 퍼포먼스도 했다. 이 남자의 사전엔 '창피'란 단어는 없나 보다.

그러나 이런 '철판' 리처드 브랜슨도 창피할 때가 있었다. 버진 계열사 중 한 곳이 데이트 강간을 소재로 광고를 만든 엽기적인 행동으로 그를 창피함의 구렁텅이에 빠뜨린 것이다. 2012년 12월 버진 모바일 USAVirgin Mobile USA의 온라인 달력에 게재된 광고였다. 12월 8일 날짜의 사진을 보면 거실에서 한 남성이 여성의 뒤에 서서 한 손으론 여성의 눈을 가리고 나머지 한 손엔 조그마한 상자를 들고 있어 '깜짝 선물'을 주려는 듯 보인다. 크리스마스를 앞둔 훈훈한 풍경이 물씬 느껴지는데 거기 쓰인 카피가 초를 친다. '크리스마스 깜짝 선물. 목걸이일까 클로로포름Chloroform®일까?'

말할 필요도 없이 이 광고가 온라인 사이트에 게재되자마자 비난이 폭주했고, 소셜 미디어로도 퍼져 나가 브랜슨의 귀에까지 들어갔다. 버진 모바일 USA는 브랜슨으로부터 상표권 사용 허가를 받은 스프린트 넥스텔Sprint Nextel

• 전신 마취제의 일종

Corporation 소유였고, 버진 모바일 USA는 그가 2009년 매각한 업체였기에 양방 간 직접적인 관계는 없었다. 그러나 이 일로 '버진'이란 이름을 단 400여 업체들이 타격을 입을 가능성을 고려해 즉각 조치에 나섰다. 우선 그는 버진 그룹 홈페이지에 성명서를 올렸다.

'방금 처음으로 논란이 되고 있는 버진 모바일 USA의 광고를 보았으며, 오해의 소지가 다분하다는 데 동의합니다. 버진 모바일 USA가 제 소유는 아니지만 우리 브랜드의 이름으로 운영되는 회사입니다. 버진 모바일 USA 측 사람들과 접촉해 제 생각을 분명히 전달한 후 조치에 들어가겠습니다. 버진 모바일 USA는 그간 분별력 있는 모습을 보여 왔지만 이번 사건의 경우 다소 과한 감이 있었던 것 같습니다.'

미국 측과 접촉한 후 브랜슨은 다시 홈페이지에 글을 남겼다.

'방금 미국 측과 연락해 보니 이들도 자신들이 저지른 실수의 심각성을 충분히 인지하고 있었습니다. 해당 광고는 즉각 삭제 조치될 예정입니다.'

버진 모바일 USA는 즉각 광고를 내리고 해당 광고 이미지는 승인을 거치지 않은 것이라며, 부적절한 광고를 게재해 많은 이들에게 불쾌감을 준 데 심심한 사과의 뜻을 표했다.

시의적절하고 신중한 브랜슨의 대처로 상황은 일단락되었다. 일상에서 여성들이 겪는 성차별 관련 사례를 다루는 '일상 속 성차별주의 알림 프로젝트 The Everyday Sexism Project'는 트위터를 통해 브랜슨이 대중의 의견에 귀 기울이고 조속히 대처한 데 고마움을 표했다. 이렇게 대처하지 않았더라면 상황은 훨씬 더 악화되었을 게 뻔했다. 버진 모바일 USA도 이번 기회를 통해 광고 승인 절차를 더욱 강화해 앞으로의 크리스마스 광고는 보다 친숙하고 평범하게 만들고자 했다.

PETA
심각한 사안을 경박하게 다루다

버진 모바일 USA가 방심했다가 큰코다친 사례라면 동물보호단체 PETA^{People for the Ethical Treatment of Animals}의 광고는 방심한 것도 아닌데 비슷한 결과를 초래한 사례이다. 충격적인 광고로 유명한 이 단체는 동물에 대한 인간의 잔인성을 그대로 보여 주는 적나라한 사진이나 나체 사진을 활용해 동물 복지에 대한 사람들의 관심을 유도하고 또 옹호의 목소리를 높여 왔다. 극단적인 방법이니만큼 이에 대해 반감을 가지는 사람들이 어느 정도 있을 것이라 예상해볼 수 있지만, 원래라면 PETA의 취지나 행보에 선뜻 공감할 이들이 갑자기 비판의 목소리를 내는 건 전혀 별개의 문제이다. PETA가 2012년 밸런타인데이에 내보낸 '채식주의자가 된 남자친구^{Boyfriend Went Vegan}' 광고가 바로 이런 '예상치 못한 비난의 뭇매'를 맞은 사례에 해당한다.

장난을 섞어 만든 듯한 이 광고에는 목 보호대를 한 젊은 여성이 집으로 돌아가는 모습이 나온다. 차림새를 보니 가정 폭력을 당한 듯하다. 이 여성의 모습과 함께 'BWVAKTBOOM'으로 힘들어 하고 있다는 카피가 나오는데, 조금 더 표현을 제대로 골랐으면 어떨까 하는 아쉬움을 준다. 'BWVAKTBOOM'은 'Boyfriend Went Vegan And Knocked The Bottom

Out Of Me'는 '남자친구가 채식을 시작하고서부턴 나를 반쯤 죽여 놓는다'의 줄임말이다. 애절한 피아노곡이 흐르는 가운데 한 남성의 나직한 목소리로 BWVAKTBOOM이 '남자친구가 채식을 시작하면서부터 잠자리에서 갑자기 포르노 배우처럼 격한 모습을 보여서 고통스럽다'라는 뜻임을 설명해 준다. 광고 끝부분에 여성이 남자친구를 향해 미소 짓는 모습을 보여주며 채식으로 전환한 후 성욕이 폭발한 남자친구의 거친 섹스에 매우 흡족해하고 있다는 암시를 준다. 황당한 상황 설정에 BWVAKTBOOM이라는 희한한 이름까지 더한 이 광고에서는 어쩔 수 없는 경박함이 느껴진다. 가장 큰 문제는 가정 폭력 방지 캠페인 느낌을 도용한 콘셉트가 보는 이들의 불쾌감을 자아낸다는 데 있다.

한번 물어보자. 과연 이 광고를 통해 PETA가 전달하려는 메시지가 무엇인가? 섹스가 만족스럽다면 두드려 맞고 온몸에 멍이 들어도 된다는 의미인가? 치즈를 먹는 건 나쁘면서 사람들을 다치게 하는 건 괜찮다? 크리스 브라운 Chris Brown과 리한나Rihanna를 캐스팅하지 않았기에 망정이지 잘못짚어도 이렇게 잘못짚을 수가 없는 광고였다.

벨베데레
부드러움을 어필하려다 쓴맛만 보다

2012년은 광고 제작팀들이 사리분별을 제대로 하지 못하는 마의 해였을까? 아마 보드카를 잘못 마셔서 그랬는지도 모르겠다. 보드카라는 특정 주류를 언급한 이유는 폴란드 고급 보드카 업체 벨베데레Belvedere가 버진 모바일 및 PETA와 나란히 성범죄를 우스개로 치부할 수 있는 위험성과 가벼움이 내재된 광고를 선보인 업체로 이름을 올렸기 때문이다. 프랑스 명품 유통업체 LVMH 사가 유통을 맡고 있는 벨베데레 보드카는 폴란드 벨베데레 궁에서 이름을 땄으며 최상급 호밀로 4번 증류한 최고급 보드카를 선보인다. LVMH 홈페이지에 쓰인 설명을 보면 미식가의 입맛을 충족시킬 탁월한 선택이라 묘사되어 있다. 그래서 더 불가사의한 점은 이렇게 고급을 지향하는 브랜드가 왜 그런 저속한 카피를 내세운 싼 티 나는 광고로 스스로의 값어치를 낮추었는가 하는 점이다.

2012년 3월 벨베데레는 자사 공식 페이스북 및 트위터 페이지에 광고 하나를 올렸다. 광고 속에는 음흉한 미소를 띤 젊은 남성이 한 여성을 뒤에서 붙들어 앉고 있고, 여성은 이에 매우 놀란 표정을 하고 있다. 여기에 'Unlike Some People, Belvedere Always Goes Down Smoothly*'라는 카피가 쓰여 있다. 오럴 섹스를 강요받는 여성의 모습이 보드카 광고에 적합하다거나 재미있다고 생각할 소비자는 없다. 벨베데레는 전에도 이런 섹스어필 하는 광고를 내보낸 적이 있다. 한 남성이 여성의 눈을 가린 모습에 '당신의 본능에 맡겨라'라는 카피가 쓰인 광고가 일례이다. 이 정도 광고는 장난으로, 섹스 어필이 있긴 하지만 불쾌하지 않은 수준으로 받아들여질 수 있는 반면, 오럴 섹스를 은근히 강요하는 듯한 카피는 '보편적인 수용'의 수준을 넘어 불쾌감을 유발했다.

술이 성범죄를 유발하는 주요 동기가 된다는 점을 감안하면 벨베데레의 광고는 자살골을 넣는 행위와 다름없었다. 이 광고를 본 소비자들은 벌 떼처럼 들고일어났다. '강간은 장난이 아니다'와 같이 해시태그를 붙이며 '수치스럽다' 혹은 '강간 문화의 끔찍한 상징'이라는 혹평을 쏟아냈다. 광고를 게재한

---

* 표면상 이 문장은 '몇몇 사람들과 달리 벨베데레는 언제나 부드럽게 넘어간다'라는 뜻을 나타내지만 'go down'은 오럴 섹스를 의미하기도 한다.

지 채 한 시간도 지나지 않아 벨베데레는 급히 광고를 내리고 다음과 같은 사과문을 올렸다. '자사 광고와 카피에 불쾌감을 느끼신 여러분께 진심으로 사과의 말씀을 드립니다. 자사는 늘 그래왔듯 건전하고 책임 있는 음주문화의 수호자 역할을 이어나갈 것입니다.' 그러나 소비자들의 분노를 잠재우기엔 역부족이었고, 비판이 거듭되자 찰스 깁Charles Gibb 사장이 나서 직접 사과문을 발표하기에 이르렀다. 깁 사장은 사과문을 통해 이런 광고가 제작된 배경을 철저히 조사하고 다시는 이런 일이 발생하지 않도록 조치하겠다는 입장을 분명히 했다. 또한, 해당 광고는 자사 가치에 철저히 반하는 내용이며, 이에 깊은 유감을 표한다는 말을 전했다. 더 나아가 미국의 대표적인 성폭력 반대 조직인 'RAINNThe Rape, the Abuse and Incest National Network'에 기부 의사를 밝혔다. 이에 대해 RAINN 측은 페이스북을 통해 '실수를 만회할 뿐만 아니라 선행까지 나서는 기업의 모습은 매우 고무적이다'라는 소감을 전했다.

이렇게 상황이 수습되나 했더니 또 하나의 불씨가 남아있었다. 광고에 저급한 카피를 사용한 것도 모자라 광고에 사용된 이미지도 저작권 사용 허가를 받지 않았던 것이다. 해당 이미지는 원래 온라인 단편 코미디 영상 '어색한 순간: 아기 때 사진Awkward Moments: The Baby Picture'에 등장한 장면이다. 강압적인 어머니가 다 큰 딸에게 아기 때 포즈로 가족사진을 찍자고 설득하는 내용으로, 딸 역할은 어린이 만화영화 '미스터 멘 쇼The Mr. Men Show'에 출연한 성우 앨리신 패커드Alicyn Packard가 연기했으며, 제작은 패커드가 공동 소유주로 있는 디지털 미디어 프로덕션 사 스트릭틀리 바이럴 프로덕션Strictly Viral Production이 맡았다. 벨베데레의 광고가 온라인에 잠깐 게재되고 몇 주 지나 패커드는 광고 목적의 개인 사진 무단 사용을 금하는 캘리포니아 주 법에 의거, 무단 도용 및 정신적 피해 보상 소송을 제기했다.

〈헐리우드 리포터The Hollywood Reporter〉에 보도된 소송 사유는 다음과 같다.

'피고가 대부분의 사람들에게 사과 의사를 표명했고 해당 광고가 불쾌
감을 초래할 수 있다고 인정했으나 보드카 판매를 위해 원고의 사진을
무단으로 사용하고, 그로 인해 원고를 부득이하게 성범죄를 희화화한 광
고의 얼굴로 전락시킨 점, 피고가 일으킨 물의로 이 광고가 전 세계 곳곳
에서 회자된 점에 대해서는 원고에게 충분히 사과하지 않았다.'

제품 판매를 위해 오럴 섹스를 소재 삼아 광고를 만든 건 벨베데레가 처음
은 아니다. 2006년 덴마크 화장품 업체 이미딘Imedeen의 싱가포르 광고가 앞서
그 길을 간 바 있다. 이미딘은 싱가포르를 대표하는 연예인 조 테이Zoe Tay를 모
델로 내세워 피부 관리용 알약 홍보에 한창이었다. 순백의 천 위에 매혹적인
자세와 표정으로 누운 조 테이의 모습 옆에는 야하기로 유명한 마일리 사이러
스의 '레킹 볼Wrecking Ball' 뮤직비디오와 흡사한 선정성을 띠는 카피가 쓰여 있
다. '제 아름다운 피부의 비결이 뭐냐구요? 전 삼킨답니다.' 이 광고가 선보이
자 사람들은 도대체 조 테이의 백옥 같은 피부를 만든 '실체'가 뭐냐를 놓고
입방아를 찧어대기 시작했다. 광고가 논란의 중심에 자리 잡자 즉시 수위 조
절이 이뤄졌다. 한 가지 재미있는 점은 2011년 이미딘은 글로벌 제약회사 화이
자Pfizer에 인수되어 한때 저급한 광고를 선보인 추태를 지우나 했으나 화이자
의 대표 상품 중 하나가 '비아그라Viagra'인 점을 감안하면 지우기는커녕 오히
려 대표 주자로 자리 잡은 게 아닌가 하는 생각이 든다.

데일 워펠

성차별적인 광고로 반감을 사다

캐나다 온타리오 주에 위치한 크라이슬러 대리점 데일 워펠Dale Wurfel이 앞서 소개한 이미던 광고 사례에 대해 알고 있었더라면 비슷한 실수를 범하지 않도록 좀 더 주의하지 않았을까 싶다. 2011년 데일 워펠이 선보인 광고 속에는 매우 요염한 자세의 여성이 등장한다. 이 광고는 중고차 판매 홍보를 목적으로 제작되었으나 정작 소비자들 눈에 더 들어온 건 구매 조건이 아닌 진한 메이크업에 노출이 심한 검정 드레스를 입은 요염한 자세의 여성이었다. 상단에 쓰인 카피는 더 가관이었다. '처음 아닌 거 아시잖아요. 뭘 신경 쓰시나요?' 광고가 나가자 불만이 폭주하기 시작했다. 크라이슬러가 크라이시스Crisis, 위기가 되는 건 순간이었다. 사람들은 이 업체가 여성을 중고차에 빗대었다고 비난했다. 이 여성이 처녀가 아니라는 것을 암시하면서 말이다. 버진 계열사라면 이런 카피가 절대 먹혀들지 않았을 것이다.

이 광고는 흥미롭게도 2008년 BMW 사 그리스 중고차 광고와 상당히 유사했는데 그때는 이때처럼 욕을 많이 먹진 않았다. 당시만 해도 트위터가 지금처럼 활발하지 않았다는 점을 유념할 필요가 있다. 소셜 미디어의 사용이 보편화되자 사람들은 광고를 보고 자신들이 느끼는 우려나 불쾌감을 더욱 적극적으로 드러냈으며, 이는 수용적인 혹은 비판적 성향을 띤 사람들과 만나 한층 증폭되는 결과로 이어졌다. BMW 광고가 데일 워펠 광고보다 욕을 덜 먹은 데에는 그리스와 미국 간 문화 차이도 한몫하겠지만, 만약 BMW가 똑같은 광고를 오늘날 선보였더라면 소셜 미디어에서 비난 여론이 훨씬 더 부글부글 끓어올랐을 것이다.

논란이 된 데일 워펠의 광고가 〈런던 프리 프레스The London Free Press〉에 실린

다음 날인 4월 9일, 워펠은 사태를 수습해 보겠다고 캐나다 신문에 또 다른 전면 광고를 게재했다. 원래 광고와 별반 다를 바 없는 이 광고의 차이점이라면 모델이 남자였다. 멋들어진 외모에 나비넥타이를 느슨하게 매고 가슴 털이 보이도록 흰 셔츠의 단추를 풀어헤친 멋진 남성이 광고 모델이었다. 남성을 광고 모델로 세웠으니 이제 공정하지 않냐고 말할 수 있을까? 두 번째 광고는 날림으로 만든 게 아니냐는 의혹이 제기되었고, 남성 모델 역시 어디서 많이 본 사람인 듯한 느낌을 줬다. 사람들은 '가만 보자. 저 모델 톰 포드Tom Ford 아닌가? 패션 디자이너 톰 포드?' 수려한 외모의 디자이너 톰 포드는 내리막길로 접어든 구찌를 다시 소생시킨 장본인이자 자신의 이름을 딴 브랜드 '톰 포드'의 주인공이며, 콜린 퍼스Colin Firth가 주연한 영화 〈싱글맨A single man〉의 감독이기도 하다. 이런 톰 포드가 캐나다 어느 주에 위치한 조그마한 중고 자동차 광고에 나온다고?

그랬다. 그 톰 포드가 맞았다. 데일 워펠은 사실 그 사진 속 인물이 누군지도 모르고 사진만 가져다 썼는데, 결과적으로 개인 사진을 무단으로 도용한 셈이 되어버렸다. 벨베데레와 마찬가지로 칠칠치 못해 벌어진 이런 실수로 호된 꼴을 당한 광고 사례가 어찌나 많은지. 그래서 난 이것만 따로 모아 7장 '믿을 수가 없다'를 통해 보다 자세히 소개하고자 한다. 포드는 데일 워펠의 사고뭉치 광고로 자사 이름이 자꾸 언급되자 불쾌감을 드러냈고, 데일 워펠은 빛의 속도로 해당 광고를 내렸다.

아이러니하게도 이번 광고에 본의 아니게 연루된 포드 역시 마케팅으로 논란의 중심에 선 적이 여러 번 있었다. 구찌 디자이너 시절 진행한 광고가 특히 사람들의 입방아에 자주 오르내렸다. 2002년 저명한 사진작가 마리오 테스티노가 작업하고 슈퍼모델 루이스 페더슨이 음모에 구찌를 상징하는 'G'를 새긴 사진 광고로 포드 역시 성차별주의자라는 맹비난을 받기도 했다.

CMPB
여성을 히스테리적으로 묘사하다

단순한 성적인 어필과 성차별주의를 구분 짓는 명확한 선을 찾기란 사실 불가능하며 사람마다 받아들이는 기준도 다르다. 그러나 분명한 건, 성적인 어필을 딱히 염두에 두지 않은 광고라도 얼마든지 성차별주의적 메시지를 띨 수 있다는 점이다. 차나 커피에 넣어 주로 마시는 우유 같은 '성차별과 별 관련 없을 듯한' 제품도 주류 광고와 유사한 성차별 논란에 종종 휩싸이곤 하는데, 2011년 7월, 우유 판매 촉진을 위해 극단적 조치를 취했던 캘리포니아 우유 가공위원회California Milk Processor Board, 이하 CMPB가 바로 이런 쓴맛을 본 당사자였다. CMPB는 캘리포니아 주 유가공업체 마케팅 담당 기관으로 'Got Milk?'라는 우유 마시기 캠페인을 제작한 것으로 유명하며, 캘리포니아 주 외 'Got Milk?' 상표 사용권 허가 여부도 담당하고 있다. CMPB 회원들로부터 우유 1갤런당 소정의 부담금을 거두어들여 우유 소비 증진을 위한 마케팅에 사용한다.

우유 마케팅의 가장 큰 난제라면 우유는 이미 사람들이 알만큼 알고 있는 제품이라는 점이었다. 매일 아침 시리얼에 부어 먹고 커피에 타 먹는 주식으로 자리 잡았다. 그냥 우유만이 아니라 저지방, 무지방 우유까지 사람들은 각자의 취향에 맞게 우유를 선택할 줄 안다. 이렇다 보니 우유를 홍보할 새로운 틈새를 찾기가 여간 어려운 일이 아닌 것이다. 그러나 2011년 여름, CMPB는 기발한 아이디어를 하나 떠올렸는데, 월경 전 증후군Premenstrual syndrome, 이하 PMS

을 완화시킬 수 있는 간단하고 효과적인 방법 중 하나가 칼슘 섭취라는 학계 연구 결과에 착안한 것이었다. 참고로 한 자료는 1998년 미국 〈산부인학 저널〉에 게재된 「탄산칼슘과 월경 전 증후군: 생리 전 및 생리 중 증후군에 미치는 영향」이라는 제목의 논문이었다. 당시 연구들은 우유 속 칼슘이 아닌 영양 보충제에 든 칼슘을 기준으로 한 것이었다. 사실 우유보다 참깨나 아몬드에 든 칼슘의 양이 더 많지만, 우유는 칼슘의 주 섭취원이라 믿어 의심치 않았던 CMPB는 샌프란시스코 소재 광고업체 굿비 실버스타인&파트너스Goodby Silberstein&Partners와 의기투합해 우유가 PMS 완화에 도움을 준다는 점을 부각시킨 광고 제작에 나섰다.

이들은 우유 속 칼슘의 PMS 완화 효과를 과학적으로 설명하는 대신, PMS로 심기가 불편하고 날이 뾰족이 선 여성들로 인해 주눅 든 남성들의 모습을 드러내는 유머러스한 내용으로 가고자 했다. 온라인 및 옥외 광고용으로 제작된 완성본을 보면 주눅 든 얼굴의 남성들이 벌벌 떨며 우유를 몇 팩씩 양손에 들고 광고상으론 보이지 않는 'PMS를 앓는 여성들'에게 평화를 되찾아 주고자 한다는 암시를 준다. 광고 속에서는 '당신이 한 말을 의미를 생각하지 않고 곧이곧대로 들어서 미안해', '다 내 탓이야. 내가 한 짓이든 아니든 그냥 죄다 미안해', '내가 한 말을 당신이 오해하게 해서 미안해' 등과 같은 카피가 함께 쓰여 있다. 거기다 남성이 PMS의 불쌍한 희생양이라는 점을 만천하에 알리기 위해 '그저 내 죄지 뭐'라는 이름의 웹사이트로 이어지는 링크도 첨부되어 있다.

'PMS 관리의 본거지'라고 주장하는 이 웹사이트는 남성들에게 여성들의 화를 진정시킬 수 있는 '도구'가 되는 법을 일러줬다. 예를 들어 눈을 강아지마냥 불쌍하고 애처롭게 떠서 여성들이 '차마 화를 못 내게끔' 하라는 것이다.

또한, '비이성적Irrational'이란 단어는 '열정적Passionate'으로 대체하라는 등 여성의 심기를 건드리지 않을 단어를 고르는 법이나 급한 상황에서 여성들에게 먹일 '긴급 우유'가 어디에 놓여 있는지, 전 세계 여성들의 PMS 정도, 남자의 잘못이 99.7%라고 나온 차트 등도 올라와 있었다. 이 광고를 탄생시키기 위해 엄청난 노력과 기발한 아이디어가 총동원되었지만, PMS로 마녀가 되어 버린 여성과 그 때문에 기도 못 펴는 남성이란 설정에서 촉발된 성차별주의 논란으로 모든 노력은 물거품이 되고 말았다.

광고를 막 선보이려던 시점에서 스티브 제임스Steve James CMPB 대표는 〈뉴욕 타임스〉와의 인터뷰를 통해 사람들이 이를 어떻게 받아들일지 조금 두렵다는 입장을 밝혔다. PMS를 소재로 하면서 남성을 전면에 등장시킨 건 사람들에게 놀라움을 던져 주고 주의를 환기시켜 소셜 미디어 토론의 장에 이를 올리고자 하려는 의도였다는 게 그의 생각이었다. '그저 내 죄지 뭐'라는 광고 카피는 제임스 대표에게 더 잘 들어맞는 말인 듯하다. CMPB 광고에 대한 사람들의 반응은 예상보다 썰렁했다. 선보인 지 얼마 되지 않아 기존 언론이나 소셜 미디어 할 것 없이 비판 여론이 끓기 시작했고, 그야말로 집중적인 공격이 쏟아졌다. 〈애드위크AdWeek〉 같은 광고 전문지부터 미국 최고最古 신문사 〈하트포드 신보The Hartford Courant〉까지 일제히 비난의 목소리를 냈으며, 하트포드의 경우 '우유 광고로 PMS를 힐난하고 여성을 모독하는 건 분명 잘못이다'라는 제목으로 신랄한 비판을 실었다. 애초의 의도와 달리 광고에 대한 반응이 시원찮다 못해 최악으로 치닫고 비난 여론이 사그라질 줄 모르자 CMPB 사는 2주를 버티지 못하고 광고를 내렸다. '아무튼 다 내 잘못이야' 사이트는 이 광고를 통해 제기된 이슈를 논의하는 토론의 장으로 탈바꿈했다. 또한, 이 사이트에는 CMPB 사의 다음과 같은 사과문도 올라왔다.

'지난 몇 주간에 걸쳐 저희가 선보인 광고에 대해 유감스럽게도 많은 분이 부적절하고 그릇된 내용이라는 점을 지적해 주셨습니다. 불쾌감을 느끼신 분들께는 진심으로 사과드립니다. 일부 사람들은 이 광고에 대해 재미있었으며 교육적이라는 소감을 전하기도 했습니다. 여성뿐만이 아닌 관계 자체에 영향을 미칠 수 있는 주제를 공론화시킨 셈입니다.'

제임스 대표가 광고를 앞두고 두렵다고 생각한 데에는 다 이유가 있었던 셈이다. 광고의 신랄함은 애초에 의도한 것이지만, 제임스와 마케팅팀은 그 신랄함이 초래할 수 있는 격한 반응은 미처 계산에 넣지 못했다. PMS를 웃음거리 삼았다가 후회한 사람은 제임스 대표가 처음은 아니며, 앞으로 또 없으리란 보장도 없다. 그러나 이런 민감한 주제는 코미디 쇼에서나 농담 섞어 유쾌하게 다룰 수 있을까, 광고에서 그렇게 하기엔 무리가 있다. 우리 제품을 구매할 잠재 고객을 화나게 하거나 불쾌감을 주는 행위는 절대 금물이다.

에너지 와치, 팝칩스
뻔한 '차별주의'로 불쾌감을 주다

여태까지 먹혀들지 않은 성차별주의를 살펴봤으니 이제 받아들여지지 않은 인종차별주의 사례를 한번 살펴보자. 2011년 8월, 호주 대표 에너지사 에너지 와치Energy Watch는 인도인을 부정직한 방문 판매원으로 묘사한 광고를 방영했다가 호주 광고심의위원회로부터 방송 금지 처분을 받았다. 허접한 내용이라 딱히 '줄거리'라는 단어를 사용하기도 참 뭐하지만, 아무튼 광고 줄거리는 이렇다. 양복을 차려입은 한 젊은 남성이 집집마다 돌며 홍보 행위를 하고 있다. 한 집 앞에 서서 초인종을 누르니 호주 남성이 나오고, 양복 차림의 남성은 특유의 인도 억양으로 열심히 전기료를 아낄 수 있는 방법에 대해 구구절절 설명한다. 전기료를 25% 할인해 준다는 말에 집주인 남성이 흔쾌히 오케이 하려는 순간, 어디선가 호루라기 소리가 들려오고 심판 차림의 젊은 금발 여성이 문 앞에 나타난다. 이 여성은 다른 곳과 가격을 비교해 보지 않고 외판원의 권유에 선뜻 응하려는 집주인 남성을 꾸짖으며 아무리 솔깃한 권유라도 '에너지 심판' 즉 에너지 와치에 먼저 문의하는 걸 잊지 말라고 조언해 준다. 그런 다음 여성은 호루라기를 불곤 인도계 외판원에게 퇴장 명령을 내리는 시늉을 한다. 그의 판매 행위는 신뢰할 수 없으니 퇴장하라는 뜻인 셈이다.

이 광고가 방송된 후 호주 광고심의위원회에 접수된 불만 건 가운데 자신을 인도 출신이라 밝힌 한 사람은 이렇게 말했다.

> "이 광고는 인종차별적 메시지를 담고 있네요. 호주 TV 광고에 인도인이나 아시아인들이 나오는 일은 거의 없는데 꼭 이럴 때만 우리를 써먹곤 하더군요. 푸른 눈의 백인이 아시아인들에게 호루라기를 불고 빨간 카드를 들이미는 게 가능하다면 히틀러가 참 뿌듯해하겠어요."

자기주장이 강하고 개성도 강한 에너지 와치의 벤 폴리스Ben Polis 대표가 이 광고 제작을 총괄했다. 사건이 일파만파 커져 나갈수록 문제가 된 건 광고만이 아니었다. 방송 금지 처분이 내려지고 2주 후, 호주 경쟁소비자위원회는 에너지 와치와 폴리스 대표가 자사를 통해 소비자가 얼마나 많은 에너지를 절약했으며 앞으로 그러할 예정인지를 부풀려 홍보한 혐의를 들어 연방 법원에 소송을 제기했다. 2012년 4월 5일, 폴리스 대표에게 설상가상의 상황이 닥쳤다.

에너지 와치가 후원하던 스포츠 클럽 세 곳 '멜번 빅토리축구팀', '멜번 레블스 럭비', '멜번 풋볼 클럽호주식풋볼'이 폴리스 대표가 페이스북에 게재한 인종차별적 발언을 이유로 후원 계약을 해지하겠다는 입장을 밝힌 것이다. 일이 터진 당일, 폴리스 대표는 제 손으로 세운 회사를 떠나라는 압박을 받았고, 얼마 지나지 않아 이 회사는 청산에 들어갔다. 경쟁소비자위원회는 전에도 에너지 와치를 상대로 승소한 전적이 있었는데, 청산 상태임에도 소송을 취하하지 않았다. 2012년 7월 13일 법원 판결을 통해 에너지 와치는 195만 호주 달러, 한화로 약 16억 7천 원의 벌금을 선고받았고, 폴리스 대표는 라디오 광고에 출연해 인종차별 발언을 한 혐의로 6만5천 호주 달러, 한화로 약 5천6백만 원의 벌금을 구형받았다.

재판을 담당한 마샬 판사는 다음과 같은 판결을 내렸다.

> "에너지 와치가 호주 국민을 기만한 정도는 상당히 심각한 수준이다. 폴리스 대표의 브리즈번 라디오 방송 출연도 그러한 맥락으로 볼 수 있다. 에너지 와치의 수장으로서 성우를 사용하지 않고 자신의 목소리로 직접 그릇된 정보로 대중을 오도했다는 점에서 그 죄질이 상당히 나쁘다고 하겠다. 본 법정은 에너지 와치와 폴리스 대표가 불공정 사업 행위로 호주 국민을 기만하고 오도한 점을 결코 가벼이 여길 수 없다는 판단에 도달했다."

백인 우월주의에 변명의 여지가 없는 광고를 내보낸 에너지 와치를 조금이나마 변호해 주자면 그래도 이 업체는 그 옛날처럼 백인에게 흑인 분장 혹은 아시아인 분장을 시키지는 않았다는 점이다. 이런 구시대적 실수 사례를 또 찾으려면 과연 얼마나 시간을 되돌려야 할까? 안타깝게도 시간을 돌릴 필요 없이 비슷한 시기에 또 유사한 사례가 발생했다.

2012년 5월, 과자 브랜드 팝칩스Popchips는 인기 배우 겸 감독 애쉬튼 커쳐 Ashton Kutcher를 광고 모델로 발탁했다. 미국 드라마 〈두 남자와 1/2The Two and a Half Men’으로 인기몰이를 한 커쳐는 외로운 솔로들이 짝을 찾아 나서는 내용의 데이트 주선 사이트 홍보 영상을 패러디한 팝칩스 광고 ‘World Wide lovers’에 출연했다. 그는 사랑이 고픈 네 총각의 모습을 1인 4역으로 소화했는데, 여기 엔 유명 패션 디자이너 캐릭터도 포함되어 있었다. ‘달Darl’이란 이름의 디자이 너 연기는 샤넬의 수석 디자이너 칼 라거펠드Karl lagerfeld에 대한 경의로 본다고 쳐도 39세 발리우드 제작자 라즈Raj 연기는 그렇지 못했다. 커쳐는 갈색 피부로 분장하고 인도인 억양을 사용해 라즈라는 캐릭터를 표현했다. 이 영상은 순 식간에 퍼져 나갔고, 트위터에서 비난 여론이 확산되기 시작했다. 뉴욕에 거 주하는 한 기술 사업가이자 투자자 겸 블로거인 아닐 대시Anil Dash는 자신의 블 로그를 통해 광고 제작자들이 사람들에게 상처와 모욕을 줌으로써 세상을 더욱 악화시켰다며, ‘팝칩스의 인종차별주의적 광고를 바로잡는 법’이라는 제 목으로 다음과 같이 가차 없는 일갈을 날렸다.

"좀 구식인 건 알지만 제발 질 좋은 제품으로 승부 볼 생각을 하라! 그 방법이 훨씬 낫다고 장담할 수 있다. 최근 이혼으로 떠들썩했던 스타를 섭외해 얼굴에 갈색 칠을 시켜 대중에게 각인시키려는 노력보다 훨씬 오 래갈 것이다."

스트랜드
'고독한 남자' 광고로 고독하게 사라지다

극단적인 경우 무분별한 광고로 브랜드 자체가 사라지는 경우도 있다. 아무리 광고가 잘 만들어지고 사람들의 뇌리에 기억되기 쉬워도 말이다. 지금은 아니지만 TV 담배 광고가 가능하던 시절 존재했던 영국 담배 브랜드 스트랜드Strand가 바로 이런 사례에 해당한다. 1780년대 영국 브리스톨의 조그마한 담배가게에서 시작한 W.D&H.O 윌리스가 임페리얼 토바코 자회사로 있던 1959년 출시된 이 제품 광고는 포스터, 언론 및 TV를 통해 이루어졌고, 제품 교환 쿠폰을 배포하는 형식으로도 마케팅이 진행되었다. 광고업체 S.H 벤슨이 제작을 맡고 존 메이가 카피를 쓴 TV 광고에는 영화배우 테렌스 브룩Terrence Brook이 멋들어진 트렌치코트와 중절모를 쓰고 비 내리는 런던 거리에서 담배를 태우며 배회하는 장면이 나온다. 브룩은 당시 쿨한 매력의 선두주자였던 가수 겸 영화배우 프랭크 시나트라Frank Sinatra를 닮았다는 이유로 캐스팅되었다. 분위기 있는 흑백 영화 같은 분위기에 작곡가 클리프 애덤스의 고뇌에 찬 듯 멜랑콜리한 느낌의 배경 음악이 잘 어우러졌다. 광고 끝에 나지막이 나오는 성우의 목소리로 '스트랜드와 함께라면 당신은 결코 혼자가 아니다. 바로 그 순간을 위한 담배'라는 카피가 나온다. 비록 카피는 두 줄이지만 프랭크 시나트라를 쏙 빼닮은 주인공은 철저히 고독한 모습을 하고 있다.

광고 속 주인공의 모습과 배경 음악은 대히트를 기록했다. 전파를 타고 얼마 지나지 않아 사람들은 배경 음악을 레코드로 살 수 없는지 문의하기 시작했다. 절호의 기회다 싶었던 작곡가 클리프 애덤스와 오케스트라팀은 즉시 레코딩을 위한 스튜디오를 잡아 '고독한 남자 테마곡The lonely Man Theme'을 싱글 앨범으로 녹음했고, 이 앨범은 1960년 판매 순위 40위권에 진입했다. 또한,

당대 최고의 코미디언 토니 행콕Tony Hancock이 이 광고 패러디물을 만들었던 걸 보면 이 광고가 얼마나 인기를 끌었는지 또 한 번 알 수 있다. 패러디물에서는 스트랜드 담배 대신 이름도 참 평범한 식품 브랜드 '그림스비 필차드Grimsby Pilchards' 제품이 나온다. 여기에 더해진 '정어리Pilchard와 함께라면 당신은 결코 혼자가 아니다'라는 우스꽝스러운 카피는 오늘날까지도 회자되고 있다.

이 광고로 스트랜드의 브랜드 인지도는 엄청나게 상승했다. 윈스턴 플레처Winston Fletcher가 쓴 『설득의 힘Powers of Persuasion』을 보면 1950년부터 2000년까지 영국 광고사의 내막이 담겨 있는데, 이 광고가 방영되기 시작한 후 스트랜드의 브랜드 인지도가 2주 만에 90% 이상 뛰어올랐다며, 이런 적은 전에도 없었고 앞으로도 좀처럼 깨지기 어려운 기록으로 남게 될 것 같다는 내용이 담겨 있다. 대단한 성과였지만 한 가지 결정적인 오류가 있었다.

광고는 그렇게나 인기가 많았는데 정작 제품은 팔리지 않았던 것이다. 광고 속 '고독한 남자'의 고독한 모습이 대중들의 눈에 어딘가 불편하게 느껴졌기 때문이었다. 담배를 친구 삼는 이 남자는 친구 관계를 유지하기가 어려운 별종인가? 사람 친구보다 담배 친구가 더 좋은 니코틴 중독자인가? 대인 관계에 실패했거나 아니면 죽음으로 누군가와 생이별해야 해서 혼자인 건가? 우울증인가? 광고의 파급 효과만큼이나 담배와 상관없는 광고 속 '고독한 남자'에 대한 사람들의 상상력도 어마어마한 수준이었다. 또한, 광고 카피는 이후 정어리 광고가 아닌 우울증과 자살 충동에 시달리는 이들을 위해 전화 상담 기관을 홍보하는 용도로 활용되기까지 했다. 고독으로 고통받는 이들의 감정을 어루만져 줄 서비스를 묘사하기에 탁월한 카피라고 할 수 있겠으나 새로이 시장에 출시될 담배 광고에 사용하기엔 그리 신통치 않았다. 좀 더 긍정적인 느낌을 주고 소비자의 개성에 호소해 사고 싶게 만드는 카피가 더 적절했을 터였다. 광고에

비해 매출이 턱없이 부족하자 스트랜드는 결국 시장에서 철수하고 말았다.

또 하나의 비극적인 사건이라면 이 '고독한 남자' 광고를 패러디해 대히트를 쳤던 천재 코미디언 토니 행콕은 이후 일이 제대로 풀리지 않아 술에 찌든 나날을 보내야 했다는 것이다. 1968년 파혼 후 쇠락의 길을 걷던 그는 결국 필로폰 및 알코올 중독으로 옆에 빈 보드카 병 하나와 함께 자택에서 숨진 채 발견되었다. 슬픈 결말을 맞은 어느 고독한 남자의 모습이었다.

• 미국 캘리포니아 주 엔시니타스 101번 고속도로 대형 옥외 광고판에 걸린 선글라스 업체 스카이 옵틱Sky Optic의 광고는 2012년 9월, 올린 지 1주 만에 철거되었다. 옥외 광고 업체 클리어 채널 아웃도어Clear Channel Outdoor는 광고 카피가 부적절하다는 이유를 들었는데, 광고판에는 '네 얼굴을 깔고 앉으니 기분 좋은걸Happy to sit on your face*'이라고 쓰여 있었다.

• 온라인 할인 쿠폰 업체 그루폰Groupon은 2011년 광고료가 비싸기로 소문난 슈퍼볼 선데이 시간대에 배우 티머시 허턴Timothy Hutton을 모델로 내세운 TV 광고를 내며 대대적인 자사 홍보에 나섰다. 그러나 이 광고는 티베트인들의 고통을 폄하했다는 이유로 여론의 뭇매를 맞았다. 광고를 보면 티베트인들의 영상과 함께 허턴의 차분한 목소리로 이들이 고통받고 있으며, 티베트 문화가 위험에 처해 있다는 내레이션이 나온다. 그다음 식당에 앉은 허턴이 밝은 목소리로 이렇게 말한다. '그러나 티베트 사람들은 여전히 이 맛있는 생선 카레를 만듭니다. 그루폰에서 쿠폰을 구매한 200명의 여러분은 30달러 음식을 15달러에 맛볼 수 있습니다.' 선행을 주로 하는 유명인을 패러디한 이 광고는 결국 내리쬐는 태양 아래 남겨진 생선 요리처럼 고약한 냄새만을 풍기고 사라져 버렸다.

• 2007년 미국 초콜릿 제조업체 마스Mars 역시 슈퍼볼 시간대에 광고를 냈다가 동성애 혐오주의 논란을 일으켰다. 광고를 보면 자

● 여기에는 성적인 의미가 담겨 있다.

동차 정비공 두 사람이 스니커즈 초코바를 먹다가 엉겁결에 입맞춤을 하게 되는데, 온라인으로 공개된 추가 버전에는 스포츠 선수들이 그 입맞춤 장면을 보고 비웃는 모습이 담겨 있다. 동성애자 권리 단체는 이는 동성애를 비꼬는 광고라며 마스에 책임을 추궁했고, 이 광고는 즉시 방송이 중단되었다.

• 싱가포르 통신사 M1은 〈스트레이트 타임스The Straits Times〉에 실은 자사 광고에 경쟁사 스타허브StarHub의 고객 관리 번호를 포함하는 실수를 범했다.

• 아마존 킨들은 워싱턴 DC 옥외 광고판에 게재한 광고로 스포일러 소리를 들어야 했다. 수잔 콜린스의 3부작 소설 『헝거 게임Hunger Games』의 최종 편 '모킹제이Mockingjay' 첫 페이지를 고대로 광고로 실었는데, 여기에 1편과 2편의 줄거리가 고스란히 들어가 있어 아직 이 소설을 읽지 않은 이들에게 내용을 미리 일러준 셈이 되었기 때문이다. 이럴 수가!

• 2012년 킴벌리클라크Kimberly-Clark는 유아용 기저귀 하기스Huggies 광고에서 남성을 애 돌보는 데 서툰 모습으로 그렸다가 1천 명이 넘는 아버지들로부터 '우리는 아빠지 마네킹이 아니라고!'라는 탄원서 폭탄을 받는 호된 경험을 했다. 이 광고는 똥 싼 기저귀마냥 속히 새 걸로 갈아치워졌다.

• 독일 치보Tchibo 커피는 전국 700여 에소Esso 매장에 '제각각 취향에 맞게'라는 뜻의 'Jedem den Seinem'이란 카피가 담긴 홍보물을 걸었다가 불만이 쏟아지자 즉각 철수에 나섰다. 이는 나치 시절 부헨발트Buchenwald 강제 수용소 입구에 써 있던 문구Jedem das Seine*와

• '너희는 당할 이유가 있어 여기 왔다'라는 뜻이다.

거의 흡사했기 때문이다. 독일 내 유태인 중앙 위원회는 〈프랑크푸르트 룬트샤우Frankfurter Rundschau〉 기고를 통해 치보 광고는 전혀 감흥이 없을뿐더러 역사에 대해 무지하다며 맹비난했다. 노키아, 버거킹, REWE독일 슈퍼마켓, 메르쿠어 은행 등도 광고물에 논란이 될 만한 문구를 실어 호된 경험을 한 바 있다.

• 2010년 폭스바겐의 미국 제타Jetta 광고는 난폭 운전을 촉발할 수 있다는 불평이 쏟아져 문제가 된 사례이다. 광고에는 한 부부가 나온다. 스스로를 '점잖은' 운전자라고 묘사하는 이들은 제타 신차를 끌고 고속도로에 나와 시험 운전 중이었다. 갑자기 기분이 고조된 아내가 '트럭 사이를 뚫고 가요!'라며 소리 지르자 남편은 엄청나게 가속 페달을 밟으며 대형 트럭 사이 공간을 비집고 지나가고, 베테랑 트럭 운전수들과 도로 안전 도우미들은 놀란 모습을 한다.

• 프랑스 의류 브랜드 라 루트La Route는 수영복 입은 아이들 4명의 모습이 담긴 광고 사진을 홈페이지에 올렸다가 미처 발견하지 못한, 아이들 뒤로 보이는 나체 남성의 모습이 함께 찍혔다는 제보에 급히 광고를 내리기도 했다.

• 라 루트의 이 광고 사례를 보면 궁금증이 하나 생기는데, 아예 아무것도 입지 않은 상태와 입긴 입었는데 젖은 상태 중 어떤 것이 더 불쾌할까? 이에 대해 확실히 답을 구하려면 또 다른 의류 브랜드 하비 니콜스Harvey Nichols의 사례를 살펴보면 된다. 2012년 이 업체는 세일 기간을 맞은 독자들의 즐거움을 표현하기 위해 가랑이 부분이 오줌 싼 듯 젖어 있는 모델의 모습과 함께 '신나도 좀 참으세요'라는 카피를 넣었다. '윽!' 소리 나는 이 광고에 〈파이낸셜 타임스The Financial Times〉는 빵점을 줬다.

☑ 유머는 사람들의 뇌리에 광고가 잘 기억되고 해당 브랜드에 각별한 애정을 품도록 돕는 역할을 하는 한편 사람들의 불쾌감을 초래할 수도 있다. 어떤 말을 할지뿐만 아니라 어떻게 말할지에 대해서도 신중해야 한다.

☑ 아무리 규모가 작은 혹은 저비용 광고라도 아랫사람에게 모든 걸 위임하지 말 것. 아무리 '작은' 고객층을 대상으로 한다 해도 주요 언론의 집중 조명을 받거나 안 좋은 입소문이 급속도로 퍼지면 그 피해는 결코 '작지' 않다.

☑ 광고에 사용할 모든 이미지나 카피, 문구 등은 항상 저작권 저촉 여부를 확인한다.

☑ 광고에서 언급하는 내용은 모두 입증 가능해야 한다. 대부분의 시장에 유통되는 광고는 당국에 의해 적법성, 신뢰성, 정직성 및 수위에 대한 심사를 거치게 된다.

☑ 확인하고, 확인하고, 또 확인할 것. 사실과 관련된 오류나 철자 오류는 마감이 아무리 임박했다고 해도 소홀히 할 수 없는 부분이다. 광고 효과를 최대화할 수 있도록 미리 홍보 계획을 마련하라. 그래야 소셜 미디어에서 부정적 여론이 형성되어도 재빨리 대처할 수 있다. 사과 입장을 표명해야 하는 경우에는 포괄적으로, 신속하고 진정성 있는 자세로 임해야 함을 잊지 말자.

CHAPTER 02

도대체
뭔 난리들이야?

돌발 상황으로 엉망이 된 홍보 사례

수집용 장난감부터 시리얼용 그릇까지, 미니 Xbox 게임부터 메이저리그 관련 상품까지 켈로그Kellogg's 사는 지난 수십 년 간 시대의 흐름에 맞는 판매 홍보 전략을 펼치는 업체로 명성을 유지해 왔다. 이베이eBay 사이트를 보다 보면 켈로그 로고가 붙은 여러 가지 판촉 아이템을 쉽게 찾아볼 수 있다. 켈로그의 마스코트로 유명한 스냅Snap과 크래클Crackle, 팝Pop 피규어 인형이 다가 아니다. 이들 외에도 켈로그와 그 계열사의 성공을 뒷받침할 수 있는 모범적인 홍보 사례는 무수히 많다. 사람들의 입맛처럼 기술과 규제도 꾸준히 변화의 바람을 거쳐 왔고, 판촉 전략 역시 그와 같은 길을 걸어왔다. 코카콜라는 최근 '코카콜라로 마음을 전하세요Share a Coke' 캠페인을 통해 병 라벨에 자사 로고 대신 우리 주변에서 흔히 볼 수 있는 이름 100여 가지를 대신 새겨 넣어 대량 생산품의 개인화를 시도했다. 우리가 알던 그 코카콜라이면서 동시에 '엠마Emma'나 '조시Josh', '압둘Abdul'이 되는 셈이다. QRQuick Response 코드와 디지털 인쇄, 온라인 커뮤니티가 보편화한 오늘날 기업들이 저마다의 창의적인 홍보 활동에 나설 수 있는 장場이 그 어느 때보다 넓어졌다. 그러나 이 말은 실수하면 그 파장도 그만큼 크다는 뜻이기도 하다. 특히 애초에 전제부터 어긋난 경우, 그 결과는 정말 무시무시한 상황으로 나타난다.

맥도날드
올림픽 후원사의 올림픽급 실수

지정학적으로 본 1984년의 세계는 오늘날과 참 다른 모습을 하고 있었다. 로널드 레이건Ronald Reagan 정부가 이끄는 미국과 콘스탄틴 체르넨코Konstantin Chernenko 소련 공산당 서기장의 소비에트 연방이 대립하던 냉전의 시기였고, 미하일 고르바초프Mikhail Gorbachev 러시아 대통령이 등장해 글라스노스트 Glasnost● 정책을 펴기 1년 전이었다. 미소 관계는 냉랭했다. 1979년, 소비에트 연방이 아프가니스탄을 침공하자 미국은 서방 국가들을 주도해 이듬해1980년 열린 모스크바 하계 올림픽 불참으로 응수했다. 4년 후 로스앤젤레스 올림픽이 개막했고, 미국은 이 거대한 스포츠 행사 주최에 들뜬 상태였다. 맥도날드는 LA 올림픽 주요 후원사 중 하나로 올림픽 수영경기장 신축에 3백만 달러를 투자하기도 했다. 후원사라는 이점과 한껏 고조된 미국 선수들의 애국심을 적극적으로 활용하기 위해 맥도날드는 '미국이 승리하면 여러분도 승리합니다'라는 대규모 판촉 행사를 진행했다.

맥도날드는 '카드 긁기 이벤트에 참여하고 미국 대표팀의 일원이 되어 보세요!'라는 메시지를 담은 TV 광고를 선보이며 대대적인 홍보에 나섰다. 카드에

● 개방을 뜻하는 러시아어로 정치 및 일상에서 표현과 조직의 자유를 증진시키기 위해 실시한 정책을 말한다.

금색으로 칠해진 부분을 긁으면 경기 종목이 쓰여 있는데, 이 경기에서 미국이 금메달을 획득할 경우 맥도날드 대표 버거인 빅맥을 무료로 지급한다는 것이었다. 그 밖에 은메달을 딸 경우에는 감자튀김, 동메달을 딸 경우에는 콜라를 지급하기로 했다. 맥도날드는 주력 상품인 빅맥을 공짜로 너무 많이 지급하지 않으면서 매장을 찾는 소비자 수를 늘려 매출도 올리고 올림픽 후원사임을 적극적으로 홍보하려는 심산이었다. 당시 빅맥의 입지는 전설의 미국 육상 스타 칼 루이스^{Carl Lewis}에 비견할 만했다.

미국이 직전에 열린 모스크바 올림픽에 참가하지 않았기에 맥도날드는 8년 전 1976년 몬트리올 올림픽 성적을 참고했다. 당시 미국 팀이 획득한 메달 수는 총 94개였는데, 그중 금메달은 34개였다. 맥도날드는 이에 착안해 무료 빅맥을 얼마나 지급해야 하는지, 판촉 비용이 얼마나 들지 계산기를 두드려 보았다. 미국이 LA 올림픽에서 이와 비슷한 성적을 내기만 하면 판촉은 대성공인 셈이었다. 그러나 서구권의 모스크바 올림픽 불참에 앙심을 품은 동구권 국가들이 이번엔 LA 올림픽 불참을 선언하자 1976년 데이터를 기준으로 한 '예측'은 더 이상 유효하지 않았다. 동구권 국가들의 불참으로 올림픽의 위상은 큰 타격을 입었을 뿐만 아니라 미국 선수들의 메달 획득 가능성도 대폭 늘어났다. 맥도날드에겐 그다지 좋은 징조가 아니었다. 몬트리올 올림픽에서 미국은 소비에트 연방과 동독에 이어 3위를 기록했다. 그러나 이들 동구권 선수들이 없는 LA 올림픽의 순위 양상은 이와 크게 달라질 수밖에 없었다.

결과적으로 LA 올림픽에서 미국 팀이 따낸 금메달 수는 무려 83개에 달해 8년 전 몬트리올 올림픽에서의 성적^{34개}을 가볍게 따돌렸다. 자국의 화려한 성적에 들뜬 국민들은 맥도날드 판촉 행사에 적극적으로 참여했으며, 무료 빅맥을 얻기 위해 맥도날드 매장으로 몰려들었다. 수많은 고객에게 공짜 빅맥을 모두 지급하기 위해 맥도날드는 당초 예상보다 수백만 달러를 더 쏟아부어야 했다. 이쯤 되니 이 행사는 '미국이 승리하면 여러분도 승리합니다'가 아니라 '미국이 승리하면 우리는 쫄딱 망합니다'라고 이름을 다시 붙여야 할 판이었다.

맥도날드의 이런 '자폭' 판촉 사례는 대중문화에까지 뻗어나가 심슨 시즌4 '리사의 첫마디Lisa's First world' 편에서 풍자되기도 했다. 극 중 인물인 크러스티가 경영하는 크러스티 버거 역시 올림픽 홍보 행사를 진행하는데, '공산 국가들이 절대 패하지 않는' 경우에만 공짜 버거를 지급한다는 조건을 내걸었지만 동구권 국가들이 모조리 불참을 선언하는 바람에 크러스티는 결국 4천4백만 달러의 손해를 보게 된다. 열 받은 크러스티가 "50번째로 만드는 버거마다 침을 뱉겠어!"라고 말하자, 이에 호머 심슨은 "난 그런 돌발 변수가 좋더라"라고 답한다.

심슨 에피소드는 재미있자고 만든 풍자지만, 호머가 언급한 '돌발 변수'는 마케팅 상에선 상당히 중요하다. 판촉 행사가 완전히 어긋나는 건 애초에 기획 단계에서 변수를 아예 고려하지 않았거나 어떤 결과가 발생할지 생각해 보지 않았기 때문이다. 어떤 판촉 행위건 철저히 위기를 분석하고 비용 계획을 세우는 건 기본 중 기본이다. 최근 몇 년간, 초기 예상보다 환수율이 높아 곤란해 하는 브랜드들이 몇몇 있었다. 상황이 이렇게 되면 예상보다 많은 비용이 들 뿐만 아니라 판촉으로 인해 창출된 수요를 충족시킬 제품이 충분치 않은 상황이 발생하고, 이는 곧 브랜드 이미지를 악화시키고 소비자들의 반감을 유발한다.

맥도날드의 올림픽 판촉 행사의 경우 소비자가 아닌 당사자가 더 큰 타격을 입었다. 그러나 2006년 일본에서 진행한 판촉 행사에서 사은품 결함이 발견되자 즉시 사과 입장을 표명하고 위기 관리 모드로 신속히 전환하는 기민함을 보였다. 코카콜라 뚜껑에 쓰인 코드 번호 중 당첨 번호를 발견한 이들에게 10곡이 담긴 mp3 플레이어를 지급하는 행사였고, 홍콩의 한 마케팅 업체가 제작한 mp3 1만 개가 사은품으로 준비되었다. 이론상으론 참 그럴듯한 판촉 행사였으나 정작 사은품을 수령한 고객들이 mp3를 컴퓨터에 연결하면서 비극이 시작되었다. 일부 사은품이 악성코드에 감염되어 연결된 컴퓨터까지 감염시키는 바람에 사용자들의 개인 정보가 유출될 수 있는 사태로 이어진 것이다. 맥도날드는 즉시 홈페이지를 통해 대책 방안을 제시하며 악성코드를 치료할 백신 다운로드 방법을 공지했다. 또한, 전담 고객상담센터를 두고 모든 mp3를 악성 코드에 감염되지 않은 새 제품으로 교환해 주었다. 매우 송구스럽다는 사과 입장을 밝히며, 악성코드 감염 사태가 어떤 경위로 발생했는지 조사에 착수했다.

티머시 커피
늑장 대응에 혼쭐나다

사람들의 입소문을 타고 전파되는 온라인 판촉 행사 역시 리스크를 수반한다. 여러 조건 및 제반 사항이 분명히 정해지지 않은 데다가, 소비자들에게 이러한 사항이 분명히 전달되지 않으면 공급 대비 수요가 걷잡을 수 없이 늘어나서 애초에 의도한 '판촉'은커녕 브랜드 이미지만 버리는 결과로 이어진다. 캐나다 커피 체인점 티머시 커피Timothy's Coffees of the World가 바로 이런 호된 경험을 한 바 있다. 2011년 12월, 크리스마스 시즌을 맞아 티머시 커피는 고객들에게 여분의 시즌 한정 커피를 사은품으로 제공하는 행사를 진행했다. 12월 16일 페이스북을 통해 '좋아요'를 눌러 준 고객들에게 퍼펙틀리 펌킨 커피

Perfectly Pumpkin Coffee 캡슐 24개들이 팩을 보내 드리겠다는 공지를 올렸다. 한 팩에 17 캐나다 달러인데 4팩을 공짜로 주겠다니… 산타클로스도 식은땀 나게 할 화끈한 판촉 행사가 아닐 수 없었다.

공짜 싫다는 사람 누가 있을까? 이후에 펼쳐진 상황은 안 봐도 뻔했다. 통 큰 티머시 커피의 제안에 고객들은 열광하며 너도나도 '좋아요' 버튼을 눌러 댔고, '저게 말이 돼?' 하며 냉소적인 반응을 보이는 사람들은 극히 일부에 불과했다. 그러나 티머시 커피라는 브랜드 평판 덕분에 이 행사에 대한 입소문이 급속도로 퍼져 원래 티머시 커피를 마시지 않는 사람들도 밑져야 본전이었기에 '좋아요' 버튼 누르기에 동참했다. 급기야 가격 비교 사이트에도 이 행사에 대한 정보가 올라왔다. 3일 만에 티머시 커피가 준비한 모든 재고가 동났다. 그러나 이들이 표현한 대로 '불미스러운 기술적 결함'이 발생해 '좋아요'를 누른 모든 이들에게 '곧 사은품을 배송할 예정입니다'라는 이메일이 전송되어 버렸다.

크리스마스가 가까워질수록 사태는 더욱 악화되었지만 판촉 담당자들은 사태가 어떻게 돌아가는지 아직도 파악하지 못하고 있었다. '좋아요'를 누른 모든 이들에게 사은품을 다 지급할 수 없을 게 뻔했지만 티머시 커피는 새해가 되도록 아무런 공지도 내보내지 않은 상태였다.

결국 1월 4일이 되어서야 해당 사은품 지급은 '선착순'이었으며 지급 대상이 아닌 분들에게도 이메일이 발송되었다는 공지를 올렸다. 이에 대한 페이스북에서의 반응은 극명하게 엇갈렸다. 사은품을 받은 고객들은 '후한 선물'에 고맙다는 인사를 전한 반면, 받지 못한 고객들은 실컷 개인 정보를 써서 신청했더니 결국 헛수고였다며 불만을 표출했다. 그로부터 1주일이 지나 티머시 커피는 영상을 통해 사과 입장을 표명했다. 마리 클로드 데수르노Marie Claude

Dessureault 마케팅 서비스 이사는 사은품을 수령받지 못한 고객들에게 12팩 커피 교환 쿠폰을 제공하겠다는 말과 더불어 자사가 수집한 모든 개인 정보는 철저히 폐기하겠다고 약속했다.

시간이 지난 후 티머시 커피 사태를 돌이켜 본 마케팅 담당자들은 어떤 교훈을 배웠을까? 티머시 커피의 모회사인 퀘백Quebec 소재 그린마운틴커피로스터Green Mountain Coffee Roasters 래티티아 소리베Laetitia Sorribes 마케팅 이사는 내게 상대적으로 통제가 수월했던 기존의 마케팅과 달리 소셜 미디어를 통한 마케팅이 불러올 수 있는 갖가지 변수들에 대해 보다 명확하게 인식하는 계기가 되었다는 소감을 전했다.

> "제대로 배울 수 있었던 기회였습니다. 우리는 그런 반응을 전혀 예상치 못했거든요. 소셜 네트워크를 통한 커뮤니케이션을 처음 해 본 것이었는데, 정보가 그렇게나 빨리 퍼진다는 점을 새삼 실감했네요. 정신바짝 차리고, 고객의 반응에 기민하게 대응하는 자세가 필요합니다. 고객은 우리에게 신속하고 직접적인 반응뿐만 아니라 정직함, 기대 이상을 요구합니다."

티머시 커피는 소셜 미디어 전문가의 자문을 바탕으로 사과 영상을 제작했고, 소리베 이사는 소셜 미디어에서의 마케팅 활동이 잘못된 경우 소비자의 신뢰를 잃지 않기 위해서는 즉시 사과하고 경위를 설명하는 자세가 필요하다는 점을 통감했다. 그래서 요즘엔 판촉 행사를 구상할 때 더욱 조심하고 신중을 기한다고 한다. 2011년 12월 사태의 경우 기술적 결함이 주원인이었지만, 준비한 재고가 소진되는 추이를 보여줄 '카운터'가 있어야 했다. 바로 여기서 문제가 터진 것이다. 이때 호되게 당한 탓에 지금은 판촉 행사 시 기술적인 부분과 관련해서는 철저히 베타테스트beta test® 가 이뤄진다고 한다. 또한 고객에게 실망을 안겨 주지 않기 위해 행사에 사용하는 제품 물량을 더욱 넉넉히 확보했으며, 휴가 기간에 판촉 행사를 진행했다가 제대로 대응하지 못한 경험을 반영해 행사 진행 시기도 신중히 선택한다고 소리베 이사는 전했다. 요즘은 판촉 행사를 대부분 월요일에 시작해 주중 진행 추이를 모든 팀이 눈여겨보며 문제가 발생하면 즉시 대응한다고 한다.

물량을 넉넉히 준비하지 않으면 고객의 원성을 사기 쉽고, 브랜드 이미지에도 부정적 영향을 미친다. 이런 실수가 티머시 커피 또는 캐나다에서만 벌어진 건 아니다. 로레알L'Oreal 역시 랑콤 신제품 향수 트레졸 미드나잇 로즈Tresor Midnight Rose 판촉 행사에서 셈을 잘못해 쓴맛을 본 적이 있다. 해리포터 스타인 엠마 왓슨Emma Watson을 광고 모델로 내세운 이 제품을 홍보하기 위해 자정부터 5일간 향수 샘플 2천 개를 무료로 증정하는 행사를 진행했으나, 행사를 시작하자마자 2분 만에 3천 명이 몰려들어 로레알 서버는 다운되고 준비한 샘플 물량도 동이 났다. 마리 조제 라모스Marie Josee Lamothe 로레알 캐나다 최고 마케팅 담당자는 이 사건으로 다음과 같은 교훈을 얻었다고 말했다.

"기회를 놓친 고객들에게 큰 실망감을 안겨 주었고, 우리 생각을 바로잡는 계기가 되었습니다. 그렇게 접속자가 폭주할 거라 예상치 못했습니다. 요즘은 페이스북 판촉 행사 시 예상 참여자 수를 훨씬 넉넉하게 잡으려 합니다. 고객들의 실망감이 클수록 원성도 높아지기 때문입니다."

● 제품을 공식적으로 출시하기 전에 오류가 있는지 발견하기 위해 선발된 고객에게 일정 기간 제품을 무료로 써 보도록 하는 테스트

맞는 말이다. 다음 사례에서도 볼 수 있듯 고객들은 실망할 경우 이 실망감을 드러내는 걸 전혀 주저하지 않는다. 소셜 미디어가 아직 없던 20세기에도 고객에게 실망감을 안겼던 브랜드는 요즘만큼이나 혹독한 대가를 치러야 했다.

후버
역사상 최악의 판촉 사례

후버Hoover는 진공청소기 및 가전제품 생산 업체로 그 명성이 자자하며, 알 만한 사람은 다 아는 브랜드이다. 브랜드 이름●처럼 후버는 한때 자사 제품으로 청소 가전 시장을 거의 싹쓸이하다시피 했고, 요즘에도 다이슨Dyson과 같은 경쟁사와 겨루고 있긴 하지만 여전히 명맥을 유지하고 있다. 이렇게 청소 가전의 '좋은 예'로 통하는 후버는 그러나 판촉 행사 측면에서 보면 '지극히 나쁜 예'이다. 통제 불가능한 마케팅 대참사의 '좋은 예'라고 할까.

'판촉 대참사'의 불씨는 1992년 여름, 영국 사우스 웨일스South Wales에서 시작되었다. 후버 영국 본사 임원진은 불경기 속에서 어떻게 매출을 올리고 재고를 처분할 수 있을지 여러 가지 아이디어를 떠올리던 중 항공 마일리지 및 항공권을 지급하자는 아이디어가 가장 호평을 얻었고, 후버의 미국 측 모회사 메이택Maytag으로부터 즉시 여행사와 접촉해 판촉 행사를 추진해 보라는 지시를 받았다. 아이디어 자체는 놀라울 정도로 간단했다. 청소기나 세탁기 등 후버 제품을 100파운드 이상 구매하는 고객들에게 유럽 내 여섯 개 지역 중 한 곳에 다녀올 수 있는 왕복 항공권을 지급하겠다는 것이다. 일부 판촉 행

● hoover는 '진공청소기로 청소하다'라는 뜻의 단어이다.

사 리스크 관리 업체들은 이에 대해 심각한 부작용이 있을 수 있다며 우려를 표했다. 리스크 관리 업체 PIMS-SCA의 마크 킴버Mark Kimber 이사 역시 그런 우려를 표현한 인물 중 하나였다. 소비자가 지불하는 금액 대비 너무 고가인 사은품은 말이 안 된다는 것이 그의 주장이었다. 그는 "그거 나중에 감당 못 하게 될 겁니다"라고 경고했지만, 후버는 절대 '쫄지 않고' 그냥 밀어붙였다.

대개 청소기나 세탁기 등은 '때가 돼야 사는' 제품들이다. 전에 쓰던 제품이 고장 나는 등 더 이상 사용할 수 없어질 때 새로 사는 경우가 많다. 판촉 행사를 막 시작했을 땐 반응이 정말 좋았다. 매출이 엄청 뛰었는데, 대부분 '살 때가 되어서' 사는 것이 아닌, 경품 때문에 그냥 구매한 고객들이었다. 반응이 너무 좋아 후버는 2차 행사에 돌입하기로 하고, 이번에는 미국행 항공권을 경품으로 내걸었다. '왕복 항공권 2장: 믿을 수 없죠'라는 광고 카피를 내세워 TV 시청자 공략에도 나섰다.

정말이지 믿을 수 없는 건 후버가 그렇게 스스로를 자폭의 구렁텅이로 몰아넣었다는 점이다. 판촉 행사를 담당하는 여행사는 이미 1차 행사 때 약속한 유럽 항공권도 아직 다 제공하지 못한 상태였는데 이제는 TV 광고까지 내서 미국 항공권을, 그것도 시가보다 싼 가격에 주겠다니! 제품 수요를 맞추기 위해 후버 공장은 일주일 내내 24시간 전면 가동에 들어갔고 직원도 75명이나 충원했다. 그러나 소비자의 구매량이나 속도를 따라잡기엔 역부족이었다. 항공권 경품을 얻으려고 제품을 구매하는 사람들이 대부분이다 보니 가장 저렴한 제품이 불티나게 팔려 나갔고, 곧 중고 시장은 포장도 뜯지 않은 후버 새 제품들로 넘쳐 났다. 경쟁업체들은 뚝뚝 떨어지는 매출에 경악을 금치 못했다. 그러나 이들의 상황은 앞으로 후버에 닥칠 상황에 비하면 새 발의 피였다.

후버는 당초 항공권 경품 행사에 5만 명 정도 응모할 것으로 예상했으나 실제 응모자는 30만 명이 넘었다. 담당 여행사도 직원을 충원해 수요 조달에 총력을 쏟았으나 할인 항공권을 충분히 확보하기엔 역부족이었다. 상황이 이렇게 되자 후버는 왕복 항공권을 시가보다 더 비싸게, 웃돈을 주고 구입해서 경품을 지급해야 할 판이었다. 항공사들은 후버가 지금 어떻게든 미국행 항공권을 손에 넣으려고 혈안이 되었으니 부르는 게 값이란 사실을 곧 깨달았다. 후버 경영진은 이렇게 치솟는 항공 요금을 감당하느라 수백만 파운드를 더 끌어모아야 했다. 이 계획을 세탁 건조기에 넣고 돌려도 이렇게 난장판이 되진 않았을 터였다. 후버는 고객들이 교환권에 조그맣게 적힌 항공권 지급 안내문을 못 보고 제발 교환하러 오지 않길 바랐지만, 애초부터 항공권 때문에 제품을 구매한 고객들이 이를 놓칠 리 만무했다. 또한 매장에서 고가 제품들도 쑥쑥 팔리길 바랐지만 어차피 경품에만 관심 있던 고객들은 고가 제품에 별로 관심이 없었다. 또한, 항공권 수령 고객들이 여행사를 통해 여행자 보험이나 렌터카 및 숙박 예약 등 옵션 구매를 하지 않을까 기대했지만 '공짜 항공권'만 보고 제품을 구매한 고객들이 추가 비용이 발생하는 옵션에 눈을 돌릴 리도 만무했다.

어떻게든 항공권 교환 건수를 줄여 보려고 후버는 갖가지 수를 썼다. 고객 센터 연결이 원활히 이뤄지지 않도록 했고, 연결돼도 원하는 일정과 목적지는 이미 매진되었다고 알렸다. 그러자 고객들은 하나둘 '이거 사기 아니야'라는 생각을 품기 시작했고, 언론을 통해 그런 불쾌감을 표출하기 시작했다.

후버는 이미지에 큰 타격을 입고, 이를 막기 위해 알게 모르게 노력했지만 부실 판촉 행사로 인한 피해는 눈덩이처럼 커져 갔다. 고객들은 후버의 기만 행위에 진심으로 분노했다. 영국 해병대 코만도 부대원으로 2차 대전에 참전했던 샌디 잭Sandy Jack은 후버의 소비자 기만 행위에 대해 처음으로 소송을 제기했고, 법정 공방에 대한 소식과 더불어 장기전이 될 수도 있는 이 싸움을 끝까지 해 나가겠다는 그의 결연한 모습이 언론을 통해 전해지자 많은 사람이 '對 후버' 싸움에 합류했다.

잭은 해리 시치Harry Cichy와 함께 1993년 분노한 소비자들이 함께 모여 후버에 약속을 지킬 것을 촉구하는 '후버 압력 단체'를 만들었다. 또한, 영국 공정거래청과 BBC 소비자 권익 프로그램 〈와치독Watchdog〉'에 제보해 후버 조사를 당부했으며, 영국 여왕에게 탄원을 보내 후버가 획득한 왕실보증서Royal Warrant 무효화를 요청했다. 〈와치독〉 제작팀은 소비자 불만 사례 조사에 들어갔고 후버의 미심쩍은 구석을 캐내기 위해 비밀 조사원을 심어두었다. 이 사태는 심지어 영국 하원에까지 흘러들어 갔다. 1993년 3월, 후버는 무리한 판촉 행사로 최소 2천만 파운드의 비용을 쏟아부었으며 중역 3명이 이에 책임을 지고 사임했다고 밝혔다. 그러나 이렇게 사태를 매듭지으려고 했다면 천만의 말씀이었다.

두 달 후, 영국 컴브리아Cumbria 출신 경주마 조련사 데이비드 딕슨으로 인해 후버의 안이한 태도가 또 한 번 도마 위에 올랐다. 그는 경품으로 받은 항공권으로 가족들과 함께 미국 플로리다로 떠나기 위해 계속해서 문의했지만 제대로 되질 않았고, 급기야 구매한 후버 세탁기마저 고장을 일으켜 A/S를 불렀다. 수리를 위해 도착한 A/S 기사는 '세탁기 하나 사면 미국행 티켓 2장을 준다는 말은 바보나 믿지'라는 실언을 해 딕슨의 심기를 있는 대로 건드렸다. 열받은 딕슨은 자신의 트럭으로 후버 차량을 막고 언론에 이를 제보했다. 후버가 항공권을 교환해 줄 때까지 이를 인질 삼아 놔주지 않은 것이다.

언론은 이 건수를 덥석 물었다. 한 신문사는 그에게 미국행 항공권을 제공하겠다고 제안했고, 또 다른 신문사는 후버 관련 소송비용의 일체를 떠안겠다고 제안해 왔다. 딕슨의 집에 경찰이 도착했지만 경찰은 이를 민사 문제로 보고 개입을 거부했다. 후버에 항공권 교환 건으로 문의했지만 '뺑뺑이 돌리기'를 당한 소비자 80여 명이 딕슨에게 연락해 왔다. 이렇게 후버에 분노한 소비자들이 또 한 번 결집할 수 있는 사건이 발생해 '후버 압력 단체'에 합류한 이들의 수는 더욱 늘어났다.

잭과 시치는 후버의 미국 모회사 메이택 주식을 소량 매입하는 똑똑한 전략을 취해 아이오와 주 뉴튼에서 열리는 메이택 연차총회에 참석했다. 모든 주주들이 모인 자리에서 잭이 나와 후버 사태에 대한 발언을 했고, 각종 언론사와 인터뷰도 진행했다. 이후 이야기는 급속도로 퍼져 아이오와 지역 신문〈디모인 레지스터Des Moines Register〉의 1면을 장식했을 뿐만 아니라 전국 TV 방송과〈USA 투데이USA Today〉나〈워싱턴 포스트Washington Post〉와 같은 저명 일간지에도 실렸다. 연차 총회에 참석하기 전 잭과 시치는 CEO 렌 해들리와 만나기로 했지만, 해들리는 막바지에 약속을 취소하고 커뮤니케이션 총괄 짐 파월Jim Powell을 대신 약속 장소에 보냈다. 시치는 당시에 대해 이렇게 말했다.

"그는 우리를 메이택 본사에서 쫓아내려고 소위 말하는 어깨들을 대기 시켰어요. 그러나 언론이 워낙 주시하고 있는 상황에서 그러면 안 되겠다 싶었나 봅니다. 그 어깨들은 메이택이 고용한 뉴튼 지역 경찰로 총도 소지하고 있더군요! 게다가 사설 탐정 한 무리가 뉴튼에서 내내 우리 뒤를 밟았고 영국으로 돌아갈 때까지 그랬죠. 어느 유명 변호사가 제게 '이 회사와 안 좋게 얽히지 말라'고 신신당부하더군요. 평생 잊지 못할 말이 될 겁니다."

그러나 시치와 잭은 쫄지 않았다. '후버 압력 단체' 회원 수도 정점에 달해 8천 명에 육박했고, 집단 소송도 진행 중이었다. 이들은 또한, 후버를 상대로 소송을 진행하는 수백 명의 소비자 돕기에 나서기도 했다. 시치는 그때의 상황에 대해 다음과 같이 이야기했다.

"후버는 전국 곳곳에서 진행되는 소송을 전담할 법률팀을 구성했어요. 후버가 경품으로 제공한 항공편보다 항공 발송된 소장 수가 더 많았을 거예요. 후버는 사실상 법정 밖에서 고객들과 합의를 본 경우가 많았는데, 합의가 된 이들에겐 기밀유지 조항에 서명하도록 해 합의 조건을 누설하지 못하도록 했습니다."

후버를 상대로 한 법적 소송은 1998년까지 계속되었는데, 판촉 행사 후 6년이나 더 소요된 셈이다. 이 사태에 후버가 쏟아부은 돈은 무려 5천만 파운드, 한화 약 876억 원이었고, 이후 후버는 모회사 메이택이 이탈리아 캔디^{Candy}에 매각되어 새로운 경영진을 맞았다. 결국 후버의 경품 항공권 혜택을 누린 이들은 22만 명인 것으로 집계되었고, 항공권을 수령받지 못한 이들의 수는 여전히 38만 명에 이른다. 시치의 말을 들어 보자.

"소비자 한 사람은 화가 나도 대처에 나서기 쉽지 않아 포기하곤 합니다. 그러나 이들이 모여 조직을 이루고 언론과 인터넷, 속도의 힘을 빌리면 포기하지 않아도 됩니다. 우리는 포기하지 않았고, 후버의 매출이 하락하고 제 살 깎아 먹는 모습을 보았습니다."

닥터 페퍼

불경한 보물찾기 놀이

탄산음료 브랜드 닥터 페퍼Dr. Pepper가 23가지 맛으로 이루어졌다는 사실, 알고 계신지? 2007년 닥터 페퍼는 이를 홍보하기 위해 상금 170만 달러를 내건 판촉 행사를 진행했다. '더 찾아보세요The Hunt for More'라는 이름의 이 행사는 동전 23개에 저마다 다른 금액을 적어 넣어 미국과 캐나다 곳곳에 숨긴 뒤 고객들이 찾아내도록 했다. 동전에 쓰인 최고 금액은 1백만 달러였고, 닥터 페퍼는 고객들에게 행사에 적극적으로 참여할 것을 권했다. 동전이 어디에 위치해 있는지를 알려줄 힌트 30개가 따로 제공되었는데, 각 힌트는 태평양 시간으로 매일 자정에 행사용 홈페이지에 올라왔다. 그러나 힌트를 열람하려면 닥터 페퍼 병에 쓰인 새로운 암호를 입력해야 했다. 이를 통해 매출 상승을 꾀한 것이다. 동전이 실제로 숨겨진 곳과 보물찾기를 시작하는 지점은 상당히 멀리 떨어져 있었다. 힌트가 하나씩 나올 때마다 사람들은 나침반과 GPS를 활용해 위치를 가늠해 볼 수 있었기에 마지막 힌트가 나올 때까지 기다렸다가 최종 상금을 노리기만 하면 됐다. 당시는 위치 찾기 놀이가 제법 주목받을 때였고, GPS 기술이 막 상용화된 시점이었다. 사람들은 우편번호를 입력하면 위치 조회가 가능하다는 점을 활용해 숨은 동전 찾기에 나섰다.

동전 찾기 놀이에 푹 빠져 있던 23세 대학교 졸업생 로라 재니쉬Laura Janisch에 의해 1백만 달러 동전이 처음 발견되었지만, 이는 상당한 반향을 불러일으켰다. 닥터 페퍼와 제휴한 마케팅 업체가 무슨 이유에서인지 사설탐정을 고용해 이 동전을 350년 된 보스턴의 유서 깊은 그래너리 묘지Granary Burying Ground에 숨긴 것이다. 이 묘지는 미국 독립 선문에 서명한 새뮤얼 애덤스Samuel Adams, 존 행콕John Hancock, 로버트 트리트 페인Robert Treat Paine을 비롯한 건국의 아버지들이 잠든 곳으로도 널리 알려져 있다. 또한, 독립 전쟁 당시 영국군의 접근을 알리기 위해 어두운 밤을 내달렸던 애국심 투철한 은세공인 폴 리비어Paul Revere가 묻힌 곳이기도 하다. 그 외에도 보스턴 시민 5천여 명 및 지역과 국가를 위해 힘쓴 여러 인사들이 이곳에 잠들어 있으며, 약 2천5백 개 묘지가 여기 안치되어 있다. 벤자민 프랭클린Benjamin Franklin 부모의 묘를 비롯한 일부 묘지나 비석 등은 상태가 악화되어 보수가 필요한 상태였다.

다른 힌트와 마찬가지로 보스턴 지역에 숨겨 놓은 동전에 대한 최종 힌트도 태평양 시간으로 자정 즉 매사추세츠 주 시간으로 오전 3시에 공개되었다. 한시라도 빨리 동전을 손에 넣고 싶었던 사람들은 즉시 숨겨진 장소로 달려갔고, 이미 묘지 앞엔 이른 새벽 시간부터 어둠과 추운 겨울 날씨에 아랑곳없는 많은 사람이 모여들어 있었다. 그러나 그래너리 묘지의 문은 닫혀 있었고, 해가 뜬 후에도 문은 열리지 않았다. 묘지 관리를 담당하는 보스턴 공원 및 휴양 관리부서는 닥터 페퍼의 판촉 행사에 대해 전혀 들은 바가 없었고, 혹한으로 묘지 곳곳이 얼어붙어 노면이 미끄러웠기에 미연의 사고를 방지하기 위해 당일 묘지를 임시로 폐장시킨 상태였다. 날이 밝자 해당 부서 사무실엔 기다리다 못해 화난 사람들이 도대체 언제쯤 묘지 문을 여는지 문의하는 전화가 빗발치기 시작했다. 일부 묘지 상태가 썩 좋지 않다는 점과 마음이 급한 사람들이 자칫 추워서 얼어붙은 묘지 이곳저곳을 돌아다니면 낙상 사고가 일어날 게 뻔하다는 생각에 담당자는 묘지를 개방하지 않기로 했다. 매리 힌스 공원 관리부 대변인은 당시를 떠올리며 이렇게 말했다.

"묘지 문이 닫혀 있었기에 망정이지… 신이 도운 거라고 생각해요. 사람들의 접근을 막을 수 있었으니까요."

이후 사람들의 출입을 막기 위해 묘지 일대에 경찰이 배치되었다.

닥터 페퍼는 보스턴 지역은 판촉 행사에서 제외시켰고, 상금 1백만 달러의 주인은 추첨을 통해 선정되었다. 그래너리 묘지에 동전을 숨겨 놓은 사설탐정 티머시 L. 설리번Timothy L. Sullivan이 직접 나와 동전을 회수했다. 검정 가죽 주머니에 담긴 동전은 200년 된 지하실 입구 근처에 묻혀 있었다. 닥터 페퍼 브랜드를 소유한 캐드버리 슈웹스Cadbury Schweppes는 묘지를 택한 건 경솔한 행위였다는 점을 시인했다. 토니 폴락Toni Pollak 보스턴 공원 관리위원은 〈보스턴 글로브Boston Globe〉와의 인터뷰를 통해 이렇게 말했다.

"정말 무례한 짓입니다. 이곳에 잠들어 있는 우리 조상들에 대한 모욕이에요."

캐드버리 슈웹스가 마케팅 실수로 보스턴 시내 테러 경보를 발령시킨 소동이 일어난 지 아직 한 달도 채 안 된 시점에서 또 이런 일이 발생하자 보스턴 시 당국은 이에 상당히 예민하게 반응했다. 시 당국의 불편한 심기를 누그러뜨리기 위해 캐드버리는 그래너리 묘지에 1만 달러를 기부하고 경찰 동원 비용 전액을 부담했다.

도노프리오
말 안 듣는 거래처 때문에 골치 썩다

앞서 늦겨울 미국에서 벌어진 소동을 살펴봤으니 이젠 늦여름 페루에서 벌어진 소동을 살펴보자. 2009년 3월, 네슬레 소유의 도노프리오D'Onofrio는 여름 내내 페루 시장에서 아이스크림 매출이 상당히 호조를 보이자 고객들에게 고마움을 전하기 위해 '고마워요, 페루Gracious Peru'라는 사은 행사를 진행했다. 오랜 역사를 자랑하는 이 업체는 페루 아이스크림 시장에서 따를 자 없는 선두 주자로 자리매김했다. 페루 시내 곳곳에서는 도노프리오 아이스크림을 판매하는 삼륜 오토바이 노점상들을 쉽게 만나볼 수 있다. '고마워요, 페루' 행사 기간 동안3월 27일 금요일부터 28일 토요일까지 노점에서 판매하는 모든 도노프리오 아이스크림은 종류에 관계없이 개당 1솔페루 화폐 단위에 살 수 있었다. 보통 하나에 3.5솔 정도 하니 상당히 파격가인 셈이다. 행사에 대한 소문은 급속도로 퍼져 나갔고, 사람들의 기대도 매우 컸다.

그러나 행사가 시작되자 곧 문제점이 드러나기 시작했다. 일단, 아이스크림을 사려고 해도 거리에 노점이 없었다. 또한 장사를 하는 노점이라고 해서 꼭 판촉 행사대로 물건을 파는 것도 아니었다. 어떤 데는 비싼 아이스크림은 다 팔리고 없다질 않나, 어떤 데는 하나만 공짜고 그 이상 살 때는 제값을 내야 한다질 않나. 작렬하는 태양 아래 사정없이 녹아버리는 아이스크림처럼 행사에 대한 사람들의 신뢰도 사정없이 사라져 버렸다. 기만당했다고 느낀 사람들은 소셜 미디어에 불쾌감을 표출하고 신문 및 라디오 전화 연결을 통해 마음 상한 사연을 털어놓았다. 도노프리오로선 참 당혹스럽기 짝이 없었다.

왜 진행 과정에서 일이 이렇게 꼬여버린 걸까? 그 이유는 도노프리오가 중간 상인들을 제대로 관리하지 못했기 때문이었다. 헬라데로스Heladeros라 불리는 이들 노점 상인은 개별 업자로서 도매가로 제품을 구매한 후 웃돈을 붙여 소매가로 소비자들에게 판매하고 있었다. 그래서 이문 남기기에 눈이 먼 일부 상인들이 판촉 기간에 균일가로 제품을 모두 1솔에 파는 대신, 재고를 남겨 두고 행사가 끝난 후 팔아버리고자 한 것이다. 도노프리오는 판촉 행사 전부터 중간 상인들에게 철저히 지침에 따라 달라고 당부하고 확약을 받았어야 했는데 그러지 못했다.

당초 약속대로 '모든 아이스크림을 1솔 균일가에' 판매하지 못한 도노프리오에 대한 페루인들의 반감이 거세지자 페루 소비자 협회ASPEC는 네슬레를 페루 공정거래소비자보호국Indecopi에 제소했다. 네슬레는 형편이 어려워 고가 아이스크림을 좀처럼 사 먹기 힘든 아이들에게 기회를 제공했다는 점을 강조했지만 별로 먹혀들지 않았고, 2011년 3월 소비자 기만에 대한 책임을 물어 벌금 1백30만 솔, 한화로 약 5억 6천 원을 선고받았다. 소비자에게 보답하려 기획한 판촉 행사가 제대로 '이행'되지 않은 탓에 결국 소비자를 화나게 한 경우였다. 이를 통해 행사에 가담하는 모든 관계자가 일괄된 기준으로 행사를 진행해야 한다는 교훈을 배울 수 있다.

뉴코번트가든, 워커스, 캐드버리
당첨자가 없는 좌충우돌 판촉기

소비자에게 상금이나 경품을 제공하는 당첨식 판촉 행사는 너무 쉬워도, 너무 어려워도 곤란하다. 너무 쉬우면 업체의 부담 금액이 많아지고, 너무 어려우면 사람들은 사기라고 생각해 불평과 불만을 쏟아낸다.

영국 뉴코번트가든 수프New Covent Garden Soup와 비스킷 브랜드 워커스Walkers의 사례가 양극단으로 치달은 마케팅의 예시를 잘 보여준다. 2011년 10월, 뉴코번트가든 수프와 자매회사 팜하우스 페어Farmhouse Fair는 '농장 주인이 되어 보세요'라는 이름의 판촉 행사를 시작했다. 1등 1명에겐 50만 파운드를, 2등 50명에겐 줄스Joules의 레인부츠를 경품으로 내걸었다.

수프나 푸딩 제품 팩 상단에 적힌 번호를 이벤트 홈페이지에 접속해 입력하면 당첨 여부를 알려주는 방식이었다. '우승자는 자신만의 농장이나 현금이 가득 든 레인부츠를 고를 수 있습니다'라는 위풍당당한 홍보 문구가 홈페이지에 적혀 있었다. 26만 명가량이 행사에 응모했는데 정작 1등 당첨자는 나오지 않았다. 레인부츠 당첨자조차 거의 나오지 않았다. 당첨 번호가 적힌 팩은 쓰레기통으로 버려진 모양이었다. 제품을 구매한 사람들이 귀찮아서 번호 입력을 하지 않았거나 아니면 이런 데 관심이 없거나, 이런 행사가 진행 중인지도 몰랐거나 제품을 개봉한 후 알아차려 이미 수프나 푸딩 내용물이 묻어 번호를 알아볼 수 없는 경우였을 수도 있다.

이번 판촉 행사는 시작 전 '판매 촉진 협회'의 사전 검수를 통해 법적으로나 판촉 규칙으로나 문제가 없다는 점을 확인받은 행사였지만, 26만 명이 참가했는데도 당첨자가 없다는 건 분명한 에러였다. 뉴코번트가든 수프 홈페이지와 페이스북을 통해 불만의 목소리가 터져 나오기 시작했다. 소비자들은 당첨자가 나오질 않으니 기만당했다고 생각한 것이다. 언론에서 이 사태를 다루자 해당 업체의 이미지는 크게 실추되었다. 〈텔레그라프Telegraph〉는 '농장 주인이 되라고 해 놓고 쓴맛만 안겨준 수프 회사의 판촉 행사'라는 제목으로 비판 글을 실었고, 〈더 메일The Mail〉은 '당첨자 없는 경품 행사: 분노한 26만 명을 상대해야 하는 수프 업체, 그러나 50만 파운드의 주인공은 어디에도 없다'라는 제목으로 이야기 형식의 긴 기사를 게재했다. 농장에는 늘 가축 배설물이 어느 정도 있게 마련이지만, 판촉 행사를 이런 식으로 하는 건 배설물의 양을 필요 이상으로 가득 채우는 꼴밖에 안 된다.

판촉 위험 관리 전문가 마크 킴버의 말을 들어보자.

"레인부츠 당첨자가 한 명밖에 안 나올 경우, 사람들은 이 행사가 완전 바가지라고 생각합니다. 당첨자 수를 보다 재치 있게 배분할 필요가 있었어요. 50명 중에 딱 한 명에게만 1등을 줄 것이라면 2등, 3등 상품도 넉넉히 준비해야 사람들의 신뢰를 얻을 수 있습니다. 어리석은 마케팅 사례의 전형이죠."

펩시콜라가 소유한 비스킷 브랜드 워커스는 '비가 내리면 10파운드를 드립니다'라는 판촉 행사를 진행한 바 있는데, 난 이 업체가 이 행사를 또 하면 내 손에 장을 지지겠다고 말할 수 있다. 워커스가 2010년에 진행한 이 행사는 영국 지도를 2만1천 곳으로 나눠 번호를 매긴 뒤 비스킷 포장지에 표시한 다음 그 번호를 홈페이지에 입력하는 소비자들이 '비가 내릴 것 같은 곳'을 하나 택해 응모하고, 진짜 비가 올 경우 10파운드를 상금으로 주는 방식이었다. 영국 기상청은 공정함을 기하기 위해 매일 강우 데이터를 제공했다. 아무리 영국 날씨에 대해 잘 모르는 사람이라도 이다음에 어떤 상황이 벌어졌을지 가늠하고도 남을 거라 생각한다. 무슨 아타카마 사막도 아니고 비가 자주 내리는 걸로 둘째가라면 서러울 '영국'에서 이런 행사를 하다니⋯ 결국 당첨자만 12만8천 명이 나왔고, 워커스는 상금으로만 130만 파운드, 한화로 약 22억 원을 썼다. 돈을 이렇게 썼으니 브랜드 이미지에 타격을 입을 일은 없었지만 업체로서는 과소비를 한 셈이다. 차라리 워커스 브랜드가 새겨진 우산을 경품으로 나눠주는 게 더 낫지 않았을까 싶다.

판촉 행사를 어떤 방식으로 진행하든 업체나 소비자 모두 그 '방식'에 납득할 수 있어야 한다. 또한, 브랜드마다 들어맞는 방식은 저마다 다르다. 이 업체가 해서 성공한 방식이라고 해서 저 업체가 해도 성공할 거란 보장은 없다. 영국 슈퍼마켓 체인 세인스버리Sainsbury는 2005년 이후 매년 '액티브 키즈Active Kids' 캠페인을 성공적으로 진행해 오고 있다. 이는 학교 및 기타 기관이 스포츠 장비로 교환하거나 스포츠 체험이 가능한 쿠폰을 제공하는 캠페인이다. 축구선수 데이비드 베컴Daivd Beckham과 패럴림픽 수영선수 엘리 시먼즈Ellie Simmonds가 2013년 캠페인 홍보 대사로 활약한 바 있다. 또한, 세인스버리는 이 캠페인의 일환으로 5만여 기관에 1억 2천만 파운드에 달하는 스포츠 장비 및 체험 기회를 제공하기도 했다.

그러나 식품회사 캐드버리Cadbury가 이와 비슷한 '캐드버리 겟 액티브Cadbury Get Active' 캠페인을 2003년에 선보였을 당시에는 비난이 폭주했다. 영국의 독립 식품 감시단체 '식품 위원회The Food Commission'는 '캐드버리가 제공하는 가장 값비싼 장비를 얻으려면 학생들이 초코바 5,440개를 먹어야 한다는 말인데, 이는 지방 33kg에 준하는 양이다'라며 혹평했다. 영국영양사협회 역시 〈가디언〉과 정부 자문 기관, 국제 비만 태스크포스® The International Obesity Task force 설립 자인 필립 제임스Philip James 교수와의 인터뷰를 통해 운동과 초콜릿을 상관관계로 엮으려는 생각의 오류를 지적했다. 다음은 제임스 교수의 말이다.

"이는 식음료 업계가 자신들이 전 세계적으로 비만의 주원인을 제공한다는 사실을 망각하고 있는 전형적인 사례입니다. 항상 운동으로 사람들의 주의를 돌리려 하지요. 연구에 따르면 캐드버리 슈웹스는 어린이 영양에 가장 부정적으로 작용하는 성분의 음식을 생산하는 업체로 드러났습니다."

• 특별한 임무 수행을 위해 다방면의 전문가를 한곳에 모아 문제를 검토하고, 해결책을 수립하는 기구

캐드버리는 즉시 이 캠페인을 중단했지만, 2년 후 비슷한 캠페인을 선보인 세인스버리는 성공을 거두었다. 성패의 이유를 따지기 전에, 그냥 생각만 해 봐도 초콜릿을 파는 업체보다는 채소와 과일을 파는 업체가 '건강 증진' 캠페인에서 성공을 거두기 더 쉽다는 건 너무나 자명하다.

그 외 안타까운 판촉 행사 사례

- - - - - - - - - - - - - - - -

- 식품 업체 발두치^{Balducci}의 뉴욕 지점은 2007년 유대교 축제를 기념하기 위한 '하누카 기념 육^肉' 행사를 진행했다. 뭐가 잘못되었을까? 사실 그 고기는 코셔[●] 인증을 받지 않은 '햄'이었던 것. 유대인들은 코셔 인증을 받지 않은 식재료는 먹지 않는다.

- 아메리칸 어패럴^{American Apparel}은 허리케인 샌디가 2012년 10월 미국 동부 해안을 강타하자 '허리케인 샌디 세일'을 진행해 된통 욕을 먹었다. 고객들에게 보낸 홍보 메일에서 '태풍 때문에 지루하실 여러분들을 위해' 36시간 동안 모든 제품을 20% 할인 판매한다고 쓴 것이다.

- 1994년 미국 월드컵 당시 하이네켄^{Heineken}은 자사 맥주병 뚜껑 하단에 결승전 진출국 국기를 새겨 넣었다. 그러나 그중 엄격한 이슬람 국가인 사우디아라비아가 포함되어 있었다. 사우디 국기에는 신앙 고백 내용이 담긴 '샤하다^{Shahada}'가 새겨져 있는데, 종교적 의미를 담은 이 국기를 마케팅으로 활용한 건 경솔한 행위였고, 주류 제품 홍보에 국기를 사용하는 것 역시 이슬람 교리상 절대 용납될 수 없는 행위였다. 이 문제가 불거지자 하이네켄은 즉시 모든 제품을 회수하고 판촉 행사를 중단할 수밖에 없었다.

- 영국의 한 자그마한 제과 업체 '니드 어 케이크^{Need a Cake}'는 2011년 그루폰을 통해 할인 쿠폰을 판매했다가 주문이 폭주하는 바람에 말 그대로 주문에 깔릴 지경이었다. 손해를 감수하고 75% 할인

● Kosher; 유대교 율법에 의해 식재료를 선정해 조리하는 것

판매를 진행했더니 수제 케이크 10만2천 건 주문이 밀려들어 왔다. 보통 한 달 판매량은 100여 개 남짓이었다. 보유 직원 수가 10명도 채 안 되는 이 영세 업체는 주문을 다 소화하기 위해 25명을 충원했고, 결국 그해 이윤은 완전히 물 건너갔다. 창업주 레이첼 브라운 Rachel Brown은 이 소동에 대해 '사상 최악의 결정'이라 말했다.

• 2011년 12월 〈뉴욕 타임스〉는 최근 정기 구독 기간이 만료되거나 구독을 중단한 300여 명의 고객들에게 16주간 구독료 50%를 할인해 주겠다는 판촉 이메일을 보냈다. 그러나 전송이 잘못되어 이들 300명이 아닌, 기존 구독자를 포함한 마케팅 대상 800명에게 이메일이 전달되었다. 일부 트위터 사용자들은 혹시 〈뉴욕 타임스〉가 해킹을 당해 구독자 개인 정보를 털린 것이 아닌지 의혹을 표했고, 기존 구독자는 자신도 이메일에 쓰인 대로 특가 할인을 받을 수 없는지 줄줄이 문의하고 나섰다. 처음 몇 시간 동안은 이들의 요청을 받아주려 했던 이 신문사는 문의 건이 끊임없이 들어오자 이러다 적자가 되겠다는 판단에 고객들에게 사과문을 발송하고 적용 불가 방침에 대해 알렸다. 자사 신문 1면에 대문짝만하게 실리기 전에 현명하게 잘 대처한 셈이다.

• 콜게이트 Colgate는 자사의 기존 전동 칫솔 모델을 사용하던 고객들의 제품을 신제품 프로클리니컬 A1500 ProClinical A1500으로 교환해 주는 판촉행사를 진행했다. 솔깃한 고객들은 행사 당일, 2013년 7월 9일 오전 5시부터 행사장인 런던 워털루 역에 줄을 서기 시작했다. 준비된 물량 150개는 금방 동이 나고 말았다. 혼잡이 예상되자 영국 철도시설공단 네트워크 레일 Network Rail은 워털루 역을 폐쇄했고, 콜게이트는 이에 소셜 미디어를 통해 사과 입장을 표해야 할 처지였다. 설상가상으로 다음 날 경쟁사 필립스 Philips가 전략적으로

자사 전동칫솔 소니케어^{Sonicare} 홍보를 위해 '인생 최고의 제품들은 공짜가 아닙니다'라는 제목으로, 콜게이트가 소동을 치른 워털루 역 전광판에 콜게이트를 겨냥한 광고를 게재했다. 또한 '#칫솔교환'이란 해시태그를 올려 콜게이트의 심기를 건드렸지만 콜게이트는 온라인 판촉 진행으로 무료 교환 행사를 더욱 폭넓게 진행하며 보복에 나섰다. 소셜 미디어상의 '전동칫솔 한판 승부'나 다름없었다.

팁과 교훈

- ☑ 소비자 참여도가 얼마나 될지 현실적으로 예측하라.

- ☑ 판촉 행사를 시작하기 전 법에 저촉되는 사항이 있는지 확인하라.

- ☑ 행사를 진행하는 소매점이나 식당 직원이 지인들에게 쿠폰을 임의로 나눠주지 않도록 주의하라.

- ☑ 제품 겉면에 행사용 번호를 기입하는 경우 사람들이 제품을 구매하지 않고 스마트폰으로 촬영하기만 할 수도 있다는 점을 유념하라.

- ☑ 준비한 행사 물량이 동날 경우 소비자들에게 예상치 못한 실망감을 안기거나 언론에 부정적인 사건으로 회자되지 않도록 '재고 소진 시까지'라는 문구를 반드시 삽입하라.

- ☑ 판촉 행사에 가담하는 모든 이들이 일관된 규칙과 지침을 준수해야 한다.

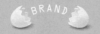

CHAPTER 03

소셜 미디어에서의 추태

분별없는 발언이 초래한 소동

소셜 미디어로 마케팅 활동의 명운이 갈릴 수 있다. 사소한 실수로 말이 나오거나 비난 여론이 형성될 수도 있다. 브라질에서는 맥주 업체 하이네켄이 사람들에게 웃음을 가져다주는, 간단하지만 참 똑똑하기 그지없는 아이디어로 소셜 미디어 마케팅을 성공적으로 이끌었다. 누군가 하이네켄 페이스북에 '좋아요'를 누르면 하이네켄 사무실 직원이 녹색 풍선을 불기로 한 것. '좋아요' 수가 올라갈수록 불어야 할 풍선도 많아져 풍선으로 가득 찬 사무실에서 풍선 부느라 정신없는 직원의 모습이 담긴 사진이 온라인에 올라와 사람들의 웃음을 자아냈다.

빨간 풍선이 등장하는 성공적인 홍보 사례도 있다. 호주 멜버른 철도 공사가 지하철 이용 안전을 당부하기 위해 제작한 '어이없이 죽는 방법Dumb Ways to Die'이란 공익 광고 영상인데, 어이없는 안타까운 사망 사례를 젤리빈처럼 생긴 귀여운 캐릭터들을 사용해 묘사했다. 내용은 무겁지만 유쾌한 연출과 귀에 쏙 들어오는 로고송으로 사람들의 뇌리에 쉽게 각인되는 이 영상은 소셜 미디어상의 많은 이들을 매료시켜 각종 국제 대회 광고상을 휩쓸었고, 유튜브 조회 수 5천만, 리트윗 수 10만, 페이스북 '좋아요' 3백만을 각각 기록했다. 누구를 겨냥한 광고인지를 분명히 정해 분명한 메시지를 담아 분명한 의의를 갖는 광고가 거둘 수 있는 효과를 제대로 보여준 적절한 사례였다. 그러나 안타깝게도 호주에서는 소셜 마케팅 대실패 사례도 벌어진 적이 있다.

콴타스 항공
트위터 참사

콴타스 항공의 서비스는 범세계적으로 광활한지 몰라도 노사 협의 문제만큼은 지극히 편협한 행보를 보였다. '호주의 정신'임을 자처하는 이 업체는 2011년 노사 쟁의를 원만히 해결하지 못해 쓰디쓴 맛을 봐야 했다. 사 측과 노조 측이 요구하는 임금 및 근무 조건 합의가 좀처럼 이뤄지지 않았고, 날이 갈수록 의견 차이는 더욱 벌어져 갔다. 7월에는 1960년대 이후 처음으로 국제선 조종사들이 파업에 돌입했고, 이들은 기내에서 승객들에게 자신들의 고충에 대해 알리기도 했다. 동시에 지상에선 엔지니어들이 파업에 돌입해 서비스 장애가 발생하고, 항공편 운항에 차질이 빚어졌다. 사 측이 8월에 1천 명을 해고하고 아시아 지역 중심으로 항공편을 개편하는 내용을 골자로 한 구조조정안을 발표하자 노사 관계는 더욱 악화되었다.

구조조정안이 발표되자 호주 국제조종사협회AIPA 대변인인 콴타스 소속 조종사 네이선 세이프Nathan Safe는 〈오스트레일리아Australia〉와의 인터뷰에서 이렇게 말했다.

"항공 업계에는 이런 말이 있습니다. '안전이 비싸다는 생각이 든다면 사고를 한번 겪어봐라.' 왜 몇 푼 아끼자고 90년간 이어져 온 안전 운항을 포기하려 합니까?"

서로에 대한 적대감이 갈수록 고조되어 해결의 기미가 보이지 않았고, 파업은 9월을 지나 10월까지 계속되어 피해 규모는 주당 1천5백만 달러에 달했으며, 항공사의 신뢰도 역시 큰 타격을 입었다. 한 치의 양보도 없이 팽팽히 맞선 노사 관계는 교착 상태에 빠졌다. 그러자 10월 말, 콴타스는 교착 상태에 종지부를 찍기 위해 허를 찌르는 과감한 승부수를 던졌다. 자사 전략 및 브랜드 이미지를 손상시킨 데 책임을 물어 타협이 이뤄질 때까지 모든 직원의 출근을 금지하고, 모든 항공기 운항을 중단하는 '직장 폐쇄'에 돌입한 것이다. 이로 인해 전 세계 곳곳의 승객 7만여 명의 발이 묶였다. 줄리아 길라드Julia Gillard 당시 호주 총리는 항공기 전면 운항 중지가 자국 경제에 미칠 부정적 영향에 대해 우려를 표했다. 호주 경제와 관광산업에 미칠 피해를 최소화하기 위해 길라드 총리는 국가적 이해관계 차원에서 이 사태를 종식시키기 위해 호주 공정근로위원회에 이를 회부했고, 10월 31일 이른 아침, 해당 위원회는 모든 파업을 즉각 끝낼 것을 콴타스 노사 측에 명령했다.

시간은 계속 흘러 2011년 11월에 접어들었고, 콴타스는 승객 불만 건을 처리하면서 동시에 항공편 서비스도 정상화해야 했고, 공정근로위원회 판결을 뒤집기 위해 소송을 진행한 AIPA를 비롯해 여전히 적대적인 노조 측도 상대해야 했다. 이런 총체적 난국에, 소셜 미디어에서 좋은 소리를 못 들을 게 뻔한 상황인데도 '여러분이 꿈꾸는 고급 기내서비스는 무엇인가요'라는 참 시의적절하지 못한 홍보 이벤트를 진행했다. 좁은 시야에 사로잡혀 최근 발생한 사태로 승객들의 불편을 초래하고, 노조와의 관계가 경색된 큰 그림을 보지 못한 채 트위터를 통해 사람들에게 '#콴타스럭셔리'라는 주제로 승객이 원하는 양질의 서비스에 대한 얘기를 들려 달라는 트윗을 올렸다. 결과는 뻔했다. 상황 파악도 못하고 '양질' 타령을 하는 사람들은 콴타스에 조롱 섞인 글과 노조에 대한 강경한 태도를 비판하는 글만 잔뜩 선사했다.

콴타스 홍보팀 직원들은 '우리도 고생하는데 왜 우리 고생은 아무도 몰라주는 거지'라고 생각할지 모르겠다. 그러나 어쨌든 트위터 홍보는 첫 단추부터 원하는 대로 끼워지지 않았다. 악셀 브런스Axel Bruns는 자신이 바라는 양질의 서비스는 '비행기가 별 차질 없이 시간 맞춰 도착했으면. 직원들 모두 적절한 임금을 받았으면. 호주인 직원들의 서비스를 받을 수 있었으면'이라는 글을 남겼다. 스티븐 단Stephen Dann이란 남성은 '경영진이 멋대로 서비스를 중단하지 않아 제때 운항되는 항공편'이라며 살짝 비꼬는 글을 남겼고, 어떤 이는 10개월 된 딸이 너무 보고 싶은데 콴타스 비행편이 결항되어 못 가고 있다는 한 맺힌 사연을 남기기도 했다. 본의 아니게 당시 파업 사태로 불편을 겪어 맺힌 게 많은 고객이 한풀이할 수 있는 완벽한 무대를 마련해 준 셈이 됐다. 날이 갈수록 비판 여론은 더해갔고, 더 많은 사람이 한풀이를 하러 몰려들었다. 이 홍보 행사에는 경품도 마련되어 있었지만 사람들은 여기엔 안중에도 없이 콴타스 골탕 먹이기에 더 혈안이 된 듯 보였다. 공교롭게도 그 경품은 1등석 객실용 잠옷이었는데, 몽유병 걸린 듯 지각없는 홍보 행위로 '마케팅 재앙'을 자초한 콴타스의 상징으로 딱 적절해 보였다.

몇 가지 트윗을 보면 참 재미있으면서도 정곡을 찌른 내용들이 있다. 키위 칼리Kiwi Kali는 '콴타스 본사 어딘가에서 중년 관리자가 소셜 미디어 "전문가"인 젊은 세대에 '모두 그만두라고 소리치는 모습. 푸하하'라는 글을 남겼고, 제러미 시어Jeremy Sear는 '호주 기업들에게: 직원을 자를 때는 트위터 홍보 활동은 할 생각 마세요'라고 전했다. 외부에서는 이번 캠페인을 놓고 '소셜 미디어에서 일어난 힌덴부르크호 참사*'에 비유했고, 호주 ABC 방송의 샐리 새라 Sally Sara 기자는 아프가니스탄 소요 사태를 보도하며 '#콴타스럭셔리 홍보팀이 시드니-카불 첫 항공편에 흔쾌히 탑승할지 의문'이라며 비꼬기도 했다. 소셜 미디어에서 콴타스가 처참하게 깨지는 모습은 계속되었고, 사 측은 마침내 '이런 식으로는 #콴타스럭셔리 캠페인이 잘되었는지 아닌지 판단하는 데 꽤나 시간이 걸릴 듯하다'라며 수그러진 태도를 보였다. 무슨 소리! 판단은 이미 났다. 누가 봐도 완전히 망한 캠페인이었다.

한동안 #콴타스럭셔리는 호주 트위터에서 가장 인기 있는 주제로 자리 잡았다. 좋은 말이 오갔더라면 온라인 홍보 성공 사례로 남았겠지만, 그렇지 않았던 까닭에 사태의 원흉은 고객과의 공감대 형성에 실패한 콴타스의 몫으로 고스란히 돌아갔다. 1920년, 퀸즐랜드&북부 항공 서비스Queensland and Northern Territory Aerial Service, QANTAS에서 출발해 비행기 꼬리에 호주를 상징하는 캥거루 무늬가 새겨진 비행기로 우리 눈에 익은 이 업체는 세계 최고最古의 역사를 자랑하는 항공사 중 하나이자 호주를 대표하는 브랜드이며, 그간 고객들로부터 얻은 존경과 관심을 꾸준히 쌓아온 기업이었다. 역사가 오래된 만큼 콴타스에 거는 호주인들의 기대도 컸지만, 그 기대에 부응하기는커녕 일방적인 서비스 중단과 의사결정 방식을 보였고, 이는 사람들의 신뢰를 깎아 먹는 결과로 이어졌다. 트위터 홍보 캠페인을 벌이기엔 정말이지 적절치 않은 타이밍이었다.

● 1937년 독일을 출발해 미국에 착륙하려다 기체 내부에 저장한 수소가 폭발해 추락한 체펠린 사의 비행선

맥도날드
#빅맥 해시태그 소동

소셜 미디어를 통해 브랜드 및 서비스에 대한 소비자들의 생각을 들려주십사 하는 건 분명 위험을 수반한다. 패스트푸드 업체 맥도날드 역시 2012년 1월 자사 공식 트위터에 올린 트윗 두 개로 큰코다친 경험이 있다. 소고기, 감자, 상추 등 맥도날드 제품에 들어가는 식재료를 납품하는 업체들을 칭찬하는 글에 #McDstories라는 해시태그를 넣었고, '맥도날드에 매일 질 좋은 식재료를 납품하기 위해 수고하는 사람들을 만나보세요'라는 글 아래에는 이들이 열심히 일하는 모습이 담긴 영상을 볼 수 있는 맥도날드 홈페이지 링크가 걸려 있었다. #McDstories라는 표현을 여러 번 사용해 사람들의 참여를 장려했고, 자사 트윗이 사용자들 눈에 잘 띄게끔 하는 유료 서비스까지 신청했다. 그러나 드라이브 스루Drive Through®로 햄버거를 주문했는데 차창 너머로 받으려다 그만 손이 미끄러져 순식간에 떨어져버린 햄버거처럼, 이 이벤트 역시 순식간에 나락으로 떨어지기 시작했다. 원래 납품업체를 칭찬하기 위해 작성한 글은 #MeetTheFarms라는 해시태그로 작성되어 있었지만 사람들은 #McDstories에 더 관심을 갖고 맥도날드와 빅맥에 대한 자신들의 경험과 소감에 대해 이야기하라는 의미로 받아들여 갖가지 이야기를 쏟아내기 시작했다.

그러나 그 이야기들이 대부분 '불만' 사례였다. 맥도날드에서 불쾌한 경험을 한 적이 있는 고객들이 적극적으로 나서 자신들의 안 좋은 경험담을 올려댔다. 햄버거에서 손톱이 나왔다는 이야기부터 토한 손님들 이야기까지, 'McDialysis**? I'mlovingit!'이라고 비꼬아대는 이들도 있었다.

● 차에 탄 채로 쇼핑할 수 있는 상점
●● Dialysis는 '투석'을 뜻하는 단어로 'd'로 시작한다는 점을 활용해 말장난을 한 것이다.

미국 일리노이 주 오크브룩Oak Brook에 위치한 맥도날드 본사에서 이를 지켜보던 릭 와이언Rick Wion 소셜 미디어 이사는 캠페인이 예상과 어긋난 방향으로 진행되고 있다는 걸 이내 간파했고, 1시간 내에 해당 트윗을 삭제했다. 당초 계획대로 #McDstories 대신 #MeetTheFramers로 바꿔 홍보 메시지를 작성하는 걸로 계획을 수정했다. 맥도날드에 따르면 이날 #McDstories와 함께 작성된 고객들의 불평·불만보다 에그 맥머핀에 대한 호평이 더 많이 올라왔다고 한다. 이를 의심할 이유는 없다. 맥도날드라는 기업의 덩치와 특성은 서비스에 만족하는 고객들의 관심을 많이 끌고, 매일 맥도날드 트위터 페이지에 올라오는 트윗 수만 해도 2만 건이 넘는다. 그렇다고 해도 소셜 미디어에서의 실수를 하찮게 여기는 건 적절치 않다. 이런 식으로 홍보 활동이 잘못되면 어쨌든 언론상에서 이에 대해 말이 나오기 때문이다. 아니나 다를까, 전 세계 웹사이트와 신문 등은 이를 신나게 보도했고, 일부 신문은 기발한 패러디 제목을 붙였다. 〈포브스Forbes〉는 '해시태그가 배시태그°가 되다'로, 캐나다의 〈글로브 앤드 메일Globe and Mail〉은 '맥도날드, 통제 불가능한 해시태그 캠페인은 싫어요'로 이름 붙였다.

#McDstories를 급히 내려 원위치시키자 폭주하던 불만 사연도 점차 수그러들기 시작했다. 맥도날드는 이날 불만 사례를 올린 고객들에게 일절 대응하지 않았는데, 트위터에서 자사 맥너겟이 기계적 분리육°°으로 만들어진다고 주장한 PETA에게는 예외였다. PETA의 주장은 옳지 않으며 맥너겟 제품은 미국 농무부 심사를 거친 백색육으로 만들어진다고 적극적으로 해명하고 나선 것이다. 이 사태는 햄버거 업체라면 흔히 겪는 통과의례 같은 소란으로 비쳤

• 트위터 등 SNS에서 비난적, 모욕적 언급을 만드는 데 사용되는 해시태그
•• 살코기와 뼈를 분리하기 위해 고압을 가해 체에 거른 육류를 말하며, 주로 되직한 형태를 띤다.

지만, 한편으론 2011년 경쟁사 웬디스Wendy's의 트위터 마케팅 실패 사례를 주의 깊게 봤더라면 하는 아쉬움을 준다. 해시태그가 사람들로 하여금 '안 좋은 이야기'를 올려도 된다는 암묵적 메시지를 담고 있다면 브랜드 소유주는 해시태그 잘못 썼다가 괜히 피해만 볼 수 있는 가능성이 농후하다. 그러니 최소한 햄버거와 감자튀김 포장에 드는 시간 이상을 들여 해시태그를 꼼꼼히 검토할 필요가 있다.

웨이트로즈, 콜스
곤란해진 문장 완성형 홍보 행사

영국 슈퍼마켓 체인 업계에서 테스코Tesco, 아스다ASDA, 세인스버리Sainsbury 및 모리슨Morrisons보다 한층 고급 브랜드로 인식되어 있는 웨이트로즈Waitrose는 '내가 웨이트로즈에서 쇼핑하는 이유는…'이라는 문장을 고객이 완성하는 형식의 홍보 행사를 진행했다가 말장난 폭탄을 맞았던 적이 있다.

- '내가 웨이트로즈에서 쇼핑하는 이유는 클라리사네 조랑말이 아스다에서 파는 싸구려 빨대는 쓰지 않으려 하기 때문이다.'
- '내가 웨이트로즈에서 쇼핑하는 이유는 주중에 해롯Harrods에서 쇼핑하는 건 너무 과하기 때문이다.'
- '내가 웨이트로즈에서 쇼핑하는 이유는 상점 인테리어 색상이 내 레인지 로버 차량과 잘 맞기 때문이다.'
- '내가 웨이트로즈에서 쇼핑하는 이유는 6세 꼬마가 '아빠, 레고도 메를로Merlot처럼 뒤에 't'가 있는데 발음 안 하는 거예요?'라고 묻는 걸 들었

기 때문이다.'

- '내가 웨이트로즈에서 쇼핑하는 이유는 헬리콥터 연료 1통을 사면 샴페인 10%를 할인해 주기 때문이다. 이런 할인 행사가 마음에 든다.'
- '내가 웨이트로즈에서 쇼핑하는 이유는 '10개 혹은 그보다 덜'이 아닌 '10개 혹은 그 이하'라고 말하기 때문이다.
- '내가 웨이트로즈에서 쇼핑하는 이유는 유로밀리언 당첨 복권을 테스코 쇼핑봉투로 다시 포장해서 아무도 알지 못하게끔 하려는 목적이다.'

그래도 이때는 웨이트로즈가 가진 가치와 입지를 훼손하지 않는, 어느 정도 선을 지킨 유머와 말장난이 대부분이었고, 오히려 중산층 고객들에게 자사의 고급 이미지를 각인시킬 수 있었다는 장점도 있었다. 그러나 자사의 일부 품목의 경우 테스코와 같은 경쟁 업체와 별반 가격 차이가 없다는 점을 강조하며 시장을 조금 더 넓히고자 했던 노력은 물거품이 된 셈이다.

웨이트로즈는 이 '말장난 소동'에 대해 트위터에 다음과 같은 입장을 밝혔다.

"'#WaitroseReasons'에 재미있고 유쾌한 이야기들을 보내주셔서 감사합니다. 웨이트로즈는 여러분의 생각을 기꺼이 듣고자 하며 보내주신 사연 모두 재미있게 읽었습니다."

이 행사가 자연스레 입소문을 타고 퍼져 나가면서 점점 애초에 의도한 방향과는 멀어지기 시작했다. 그러나 대부분 악의 없는, 점잖은 내용들이었다. 웨이트로즈의 홍보대사이자 미슐랭 3스타를 획득한 분자 요리의 원조 헤스톤 블루멘탈Heston Blumenthal의 까다로운 기준을 맞추기 위해서는 고객들의 어떠한 쓴소리도 달게 들어야 할 것이다.

호주 슈퍼마켓 그룹 콜스^{Coles}도 2012년 '우리 집에서 안 사면 안 되는 물건 은…' 이라는 문장을 던져 주고 고객들의 참여를 유도한 트위터 이벤트를 진행한 적이 있는데, 순식간에 사람들이 글을 올리기 시작했다. 어떤 이는 '생산자들이 먹고살 만한 가격에 판매하는 빵과 우유'라는 글을 올려 납품업체에 대한 콜스의 부당 대우를 꼬집었다. 이 이벤트는 한 시간도 채 되지 않아 중단되었고, 이런 트윗이 올라왔다.

'문장을 직접 마무리 짓지 않는 건 소셜 미디어에서 범죄입니다. 트위터들이 들으라고 한 얘기는 아닙니다!'

케네스 콜, 해비타트, 마이크로소프트, 갭
인재를 마케팅 재(災)로 둔갑시키다

최근 화제가 되고 있는 사안에 편승한 마케팅 전략은 상당한 비용 절약 효과가 있을뿐더러 시대의 흐름에 발맞춰 가는 모습으로 비칠 수 있는 장점이 있다. 그러나 트위터에서는 이야기가 조금 다르다. 잘못된 '화제'를 고른다거나 트윗의 맥락이나 시기를 잘못짚었다가는 냉혈한 소리, 기회주의자 소리를 듣기에 딱 좋다. 브랜드와 잘 맞아떨어지기만 한다면 정치적 사안보다는 스포츠나 문화 관련 사안을 활용하는 편이 더 안전하며, 정당한 이유 없이 재난이나 위기 상황과 관련해 자사 브랜드를 덧붙이는 건 그리 좋은 생각이 아니다. 인간이 고통받는 일은 어떤 상황에서든 브랜드 홍보 행위에 적합하다고 볼수 없기 때문이다. 이를 모르는 사람은 없을 테고, 스스로도 그리 탁월한 전략이 아님을 알 수 있을 것이다.

아랍의 봄으로, 민중 봉기로 중동 전역에서 유혈 소요 사태가 발생했다. 민중 소요 사태는 소셜 미디어의 힘과 합쳐서 기존 정권의 몰락을 가져왔다. 2011년 1월과 2월에 걸쳐 이집트에서는 시위대가 거리로 쏟아져 나와 대동단결해 오랜 시간 독재자로 군림해 온 호스니 무바라크 전 대통령 타도를 외치고 나섰다. 여기에 폭력이 더해지자 사태는 걷잡을 수 없는 양상으로 치달았다. 2011년 2월 11일 무바라크가 마침내 자리에서 물러날 때까지 시위 과정에서 846명이 희생되었으며 6천4백여 명이 부상했다. 일촉즉발의 위기 상황이었다.

이 위기 사태가 어떤 결과를 낳을지에 전 세계 모든 이들의 이목이 집중된 상황에서 패션 디자이너 케네스 콜Kenneth Cole은 이런 상황을 자신의 최신 컬렉션 홍보에 대입시키는 무시무시하게 무신경한 전략을 취했다. 2011년 2월 3일 그가 올린 트윗을 보자. '#카이로에서 수백만 명이 들고일어났다. 우리 봄 신상 컬렉션의 온라인 판매가 시작되었다는 소식을 들었다는 소문이 있다.'

돈 좀 벌어보겠다고 이 심각한 상황을 쉽게 입에 올리는 그의 처사에 즉각 반발 여론이 일었다. 격분한 이들의 메시지와 더불어 이런 '무개념' 트윗에 대한 갖가지 이야기들이 트위터에 속속 올라왔다. '뉴올리언스 주민들은 현재 케네스 콜 상점으로 물밀 듯이 밀려들어 가고 있다!•', '우리 신상품이 월드 트레이드 센터보다 더 빠른 속도로 떨어져 내리고 있다••' 등 @KennethColePR 계정으로 콜이 한 무개념 실수와 비슷한 패러디물이 올라오기 시작했다. 이집

• 원문은 'People of New Orleans are flooding into Kenneth Cole stores!' 뉴올리언스 지역의 잦은 폭우 피해에 빗댄 표현이다.

•• 원문은 'Our new looks are dropping faster than the World Trade Center.' 월드트레이드센터가 붕괴된 9.11 참사를 빗댄 표현이다.

트 시위 현장은 장난이 아닌 심각한 상황인데도 이를 장난스럽게 브랜드 홍보와 엮은 안이한 태도는 해당 브랜드 및 관계자들을 타인의 고통에 무심하고 비정하다고 욕먹을 빌미를 준 셈이다.

트위터 사용자들의 격노한 반응을 그냥 지나치기란 불가능했을 터. 콜은 즉시 해당 트윗을 삭제하고 유감을 표했다. 더불어 논란이 확산되는 걸 막기 위해 자신의 페이스북 페이지에 다음과 같은 정식 사과문을 게재했다.

> '이집트 사태에 대한 제 실언으로 불쾌감을 느끼신 모든 분께 사과드립니다. 저는 그간 심각한 사회 문제에 대한 인식을 고취시키는 데 큰 노력을 기울여 왔습니다. 그러나 압제를 벗어나 자유를 갈망하는 이집트 국민들의 모습을 유머로 풀어내려 했던 저의 이번 시도는 돌이켜 보니 상당히 부적절하고 경솔했습니다. 대표 케네스 콜 올림.'

이 사태를 보면 코믹 연기로 널리 알려진 영화배우 벤 스틸러Ben Stiller가 주연한 영화 〈주랜더Zoolander〉에서 패션 세계를 허영과 멍청함의 온상에 빗댄 것이 아예 틀린 것도 아니겠단 생각이 들 법하다. 패션 세계에 대해 이런 선입견을 갖기에 앞서 한 가지 짚고 넘어가야 할 부분은 중동의 정치적 사태에 대해 이런 식으로 실언을 한 사람이 케네스 콜이 처음이 아니라는 점이다. 2009년 당시 영국 가구업체 해비타트Habitat는 트위터를 통해 회원 가입한 사람들 중 추첨을 통해 1천 파운드 상당의 상품권을 증정하겠다는 이벤트를 진행하면서 사람들을 끌어모으기 위해 자사와 관계없는 #이란대선, #무사비 등의 키워드를 함께 끼워 넣은 적이 있다. 무사비는 당시 이란 대선에서 마무드 아흐마디네자드 당시 이란 대통령과 맞붙은 상대 후보였다. 해비타트는 이런 수법을 상습적으로 이용했는데, 애플 아이폰이나 TV 프로그램 '마스터셰프 오스트레일리아' 등의 키워드를 사용해 사람들을 낚기도 했다. 전혀 관계없는 키워드로 검색했는데 해비타트 상점으로 링크가 연결되는 등 황당한 경험을 한 온라인 사용자들이 점차 늘어나면서 해비타트의 이런 얌체 행위에 대한 비난 여론이 확산되었다.

해시태그를 통한 '낚시' 파문이 확산되자 해비타트는 의욕이 과한 인턴의 소행이었다며 사과 입장을 밝혔다.

트위터라는 최신 유행의 산물은 나이 든 관리자들이 제대로 이해하기 어렵다는 혹은 그리 중요한 게 아니라는 그릇된 생각으로 말단 직원에게 관련 업무를 전적으로 맡겨버리는 실수를 범하는 기업은 비단 해비타트뿐만이 아니다. 이는 변명의 여지가 없는 판단 착오이며, 앞으로 몇 년이고 '소셜 미디어 사용의 나쁜 예'로 두고두고 회자되며 대가를 치르게 될 것이다. 그래도 해비타트는 이 뼈저린 경험을 통해 제대로 배운 듯하다. 최근 트위터에서는 상품 정보나 인테리어 디자인 팁, 소비자 서비스 문제 등 '관련' 사항을 주로 다루는 모습을 보여주고 있기 때문이다.

재해에 묻어가는 마케팅 전략을 취한 경우는 2011년에도 찾아볼 수 있다. 앞서 소개한 케네스 콜 소동이 벌어진 지 몇 주 지나지 않아 일본 도호쿠 해안에 진도 9.0 규모의 지진 및 해일이 발생해 1만9천여 명이 사망한, 2차 대전 이후 최대 규모의 대참사가 일어났고, 이로 인해 후쿠시마 제1원전이 무너져 내렸다. 세계 최대 IT업체 마이크로소프트가 긴급 구호 작업을 돕기 위해 2백만 달러의 현금 지원을 약속하고 나선 것까진 좋았는데 이다음이 문제였다. 자사 검색 엔진 빙Bing 트위터 계정에 '#일본돕기에나서주세요-http://biged.it/fEh7iT. @Bing에 리트윗 할 때마다 1달러씩, 최대 10만 달러가 일본 지진 피해자들을 위해 적립됩니다'라고 올린 것이다.

몇몇 이들은 이게 뭐가 문제될 게 있느냐며, 일본 지진 피해자들을 돕는 선행을 위한 모금 활동이니 기꺼이 리트윗 하겠다고 나섰지만 일각에서는 마이크로소프트가 검색 엔진 시장에서 부동의 1위를 차지하고 있는 구글을 제쳐 보겠다고 일본의 딱한 상황을 활용해 Bing 사용을 유도하는 마케팅 행위를 펼치는 것으로 받아들였다. 해당 트윗은 일파만파 퍼져 나갔지만, 문제는 상황이 마이크로소프트에 유리하게 돌아가지 않고 있는 것이었다. 이를 비열한, 기회주의적 처사로 본 사람들은 #funkyoubing과 같은 과격한 표현을 서슴지 않고 비난했으며, 많은 온라인 사용자들이 Bing 페이지에 다음과 같이 격양된 감정을 쏟아냈다.

- 개봉 박두! 마이크로소프트의 쓰나미 기념 머그와 티셔츠가 곧 선을 보입니다! 제품 판매 수익의 20%는 선행에 쓰입니다!
- 이봐요, 구글은 실종된 일본인 피해자 찾기를 위해 '피플 파인더A people finder'를 고안했지만 자랑 한마디 하지 않았거든요?
- 마이크로소프트여, 일을 그런 식으로 하면 쓰나. 우선 먼저 좋은 일을 해 놓고 그다음에 바랄 걸 바라야지.
- 곧 'bing'이란 단어의 뜻은 남의 불상사를 이용해 먹는다는 뜻으로 바뀔 듯.

마이크로소프트의 당초 의도는 정말 '선의'였는지 몰라도, 사람들은 비극적 재난이 벌어진 상황을 자사 홍보에 이용하려 한 기미만으로도 이렇게 노발대발했다. 이들은 '순수하게 이타적 차원에서 아무런 보상도 바라지 않고 기부하면 그냥 하는 거지 Bing은 왜 갖다 붙이는 거지?'란 생각에 괘씸했던 것이다. 마이크로소프트는 이에 대한 사과문을 발표했다.

'자사가 올린 트윗이 부정적으로 해석될 수 있었던 점에 사과드립니다. 많은 사람들이 쉽게 일본을 도울 수 있는 방법을 제공하자는 것이 애초 의도였습니다. 저희는 일본 피해 복구 지원을 위해 10만 달러를 기부했습니다.'

동일본 대지진만큼 피해 규모가 컸던 건 아니었지만, 2012년 10월 미국 동부 해안을 강타한 허리케인 샌디 역시 엄청난 피해를 남겼으며, 뉴욕 주 피해 규모만 328억 달러에 달했다. 의류 소매업체 갭Gap은 도대체 무슨 생각에서였는지 이를 온라인몰 홍보에 활용해 '#샌디 피해자 여러분들, 부디 안전하시길 바랍니다. 오늘 Gap.com에서 쇼핑할 시간이 많을 것 같군요. 여러분은 어떠신가요?'라는 트윗을 올렸다.

트위터 사용자들에게 비옷 사 입고 밖에 나가서 춤추라고 할 셈인지! 갭이 진행한 'Be Bright' 캠페인이 아이러니하기 짝이 없을 정도이다.

키친에이드, 듀렉스
농담 아닌 농담으로 된통 당하다

2012년 10월, NBC 대선 후보 토론회에 출연한 버락 오바마 미국 대통령은 라이벌인 공화당 미트 롬니 후보로부터 어떤 공격을 받아도 받아쳐 낼 만반의 준비가 된 상태였다. 이 모든 준비를 도운 오바마 재선 캠프의 일원이자 커뮤니케이션의 달인 데이비드 액설로드David Axelrod는 어린 시절 오바마 대통령에게 큰 영향을 미친 할머니 매들린 리 페인 던햄Madelyn lee Payne Dunham과 관련해 나올 수 있는 질문에도 충분히 대비했다. 매들린 여사는 2008년 대선에서 오바마가 승리해 미국 최초의 흑인 대통령이 되는 쾌거를 이루기 불과 1주 전에 눈을 감았고, 이 토론에서 오바마 대통령은 자신의 자랑스러운 할머니에 대해 이야기하기도 했다. 그러나 액설로드와 같은 제아무리 뛰어난 정치 지략 전문가라도 상대 당 후보가 아닌 유명 주방 가전 업체가 트위터를 통해 대통령의 조모를 무례하게 언급하는 경우에는 미처 대비하지 못했다.

이런 간 큰 발언을 한 주인공, 미국 주방용품 전문업체 키친에이드KitchenAid는 '오바마 대통령의 할머님도 일이 잘 풀리지 않을 걸 알고 계셨어요. 대통령이 되기 3일 전에 돌아가셨으니까요'라는 농담도 뭣도 아닌 발언을 트위터에 올렸다. 제과용 반죽기를 주로 만드는 업체가 이런 말을 할 거라고 어느 누가 예상이나 했을까? 이 업체는 도대체 무슨 이유로 이런 실언을 날려 정치적 진흙탕 싸움에 스스로 뛰어들었을까?

내막인즉슨 SNS 담당자가 개인 트위터 계정에 올린다는 걸 그만 키친에이드 회사 계정에 올려 버린 것이다. 우연이긴 했겠지만 친구들과 웃자고 내뱉은 말이 기업의 대외홍보수단을 통해 대중 앞에 던져진 까닭에 다시 주워 담을 수도 없는 노릇이었다. 비난의 목소리가 터져 나온 건 당연했고 소셜 미디어를 통해 여기저기 리트윗 되기 시작했다. 불쌍한 키친에이드.

다행히 키친에이드는 매우 효과적으로 사태를 재빨리 수습해 나갔다. 논란이 된 메시지는 즉각 삭제하고 사과문을 올렸다. 소셜 미디어에서 벌어진 실수에 대한 사과문은 진정성이 반쯤 결여된 경우가 많지만, 키친에이드의 임원인 신시아 솔레다드Cynthia Soledad는 오바마 대통령과 그의 가족을 비롯해 트위터의 모든 이들에게 개인적으로 사과 입장을 표명했다. 더불어 '대통령 조모에 대한 무례' 사건을 취재하려고 혈안이 된 언론에 다음과 같은 사과문을 전달했다.

> '오늘 대선 후보 토론회가 진행되는 중 자사 트위터 팀 직원이 자사 트위터 계정을 개인 계정으로 혼동해 부적절한 내용을 담은 글을 올렸습니다. 트위터에 올라간 무분별한 내용은 자사가 지향하는 가치와 전혀 일치하지 않으며, 해당 직원은 직무 해제되었습니다. 키친에이드라는 브랜드를 이끄는 사람으로서 모든 팀은 제 소관하에 있습니다. 오바마 대통령과 가족분들, 트위터 사용자분들 모두에게 심심한 사과 말씀 드립니다. 읽어주셔서 감사합니다.'

두어 시간 내에 사과문은 곳곳에 퍼져 나갔고 부하 직원의 실수에 전적으로 책임지고 나선 솔레다드의 진정성 역시 여실히 드러났다. 〈로스앤젤레스 타임스Los Angeles Times〉부터 〈허핑턴 포스트Huffington Post〉까지 여러 언론사들은 이 황당한 이야기를 앞다퉈 다뤘지만 솔레다드 이사의 발 빠른 대처 덕분에 브랜드에 미치는 악영향은 어느 정도 완화시킬 수 있었다. 이는 소셜 미디어에서 회사 계정과 개인 계정을 함께 관리하는 사람에게 제대로 경각심을 일깨워 준 사건이었다. 정신 똑바로 차리고 헷갈리지 말 것! 그래도 헷갈린다면 차라리 말이라도 예쁘게 하라. 그게 훨씬 낫다.

소셜 미디어에서의 말실수를 논할 때 콘돔 및 섹스 용품 브랜드 듀렉스Durex를 빼놓을 수 없다. 2011년 11월, 듀렉스 남아공 지사는 @DurexSA 트위터 페이지에 #DurexJoke 해시태그를 붙인 성적인 농담을 몇 개 올렸다. 과연 이런 상황이 아무런 문제 없이 그냥 넘어갈 수 있을까? 웬만한 실력이 아니고 서야 불가능하다. 야한 농담을 하나하나씩 던져댄 이 업체가 도를 넘는 건 시간문제였다. 결국 다음과 같은 사고를 치고 말았다. '왜 신은 남성의 성기를 그런 모양으로 만들었을까요? 여성들의 입을 다물게 할 적어도 한 가지 방법이 될 수 있기 때문입니다.'

이런 천박한 농담 뒤에 숨은 여성 비하적 의미는 어디서도 좋게 비칠 리 없었다. 성희롱이 만연한 남아공에서조차 이는 신경을 거슬리게 하는 발언이었다. 실제로 강간 경험이 있는 남아공 남성들은 25%나 되며, 이들 중 절반은 최소 1회 이상 그러한 경험을 했다고 2009년 남아공 의학연구위원회 조사 결과 드러났다. 이런 놀라운 연구 결과는 당시 전 세계에 보도된 바 있으며, 이에 대한 최신 연구 자료는 BBC나 가디언 웹사이트를 통해 찾아볼 수 있다.

이렇게 강간이 만연한 사회에서도 해당 트윗은 즉각적인 반발을 불러일으켰다. 이에 경악을 금치 못한 사람들은 반감을 드러냈고, 해당 뉴스는 급속히 인터넷을 통해 전파되었다. 얼마 지나지 않아 페미니스트 그룹 SA의 젠 소프Jen Thorpe의 귀에도 이 소식이 전해졌다. 소프는 자신의 트위터 계정을 활용해 듀렉스의 트윗은 여성을 대상으로 한 성폭력을 부추긴다고 지적했고, 이에 듀렉스는 사과 입장보다는 무시하는 투의 답변을 올렸다.

'@FeministSA 우리 타임라인을 보면 아시겠지만 이런 식의 농담은 그간 여러 번 올렸습니다. 그리고 여성을 대상으로 한 폭력을 부추기지도 않았어요! 다시 읽어보세요!'

듀렉스의 발언에 자극받은 소프는 유창하고 딱 부러지는 어투로 페미니스트SA 사이트를 통해 남아공은 경악할 만한 강간 문화를 보유한 국가이며, 여기엔 몇 가지 이유가 있다고 덧붙였다. 우선 성범죄자들의 기소율이 현저히 낮고, 형사 처벌 체계가 허술해 피해자들이 신고를 꺼린다. 또한, 여성을 하대하는 역사가 그간 쭉 있어왔으며, 양성 평등이 이뤄지지 않기 때문이라는 것이 그 이유였다. 더불어 여성을 대상으로 한 성폭력을 묵인하는 이런 농담을 그냥 웃어넘기기 때문이라며, 강간은 절대 농담도 아니고 웃긴 일도 아니라는 말로 글을 마무리 지었다.

듀렉스의 경솔한 언행에 비판 여론이 점차 가중되어 무시할 수 없는 지경에 이르렀다. 마침내 듀렉스는 트위터 페이지를 통해 다음과 같은 내용의 사과문을 게재했다.

'오늘 저희가 올린 불쾌한 발언에 사과드리며, 어떤 특별한 의도가 있었던 건 아니었습니다. 저희는 여성의 권리와 안전한 섹스를 추구합니다. 저희의 과오를 바로잡아 주셔서 감사합니다.'

이 농담은 사람들의 불쾌감을 초래했을 뿐만 아니라 타이밍도 기가 막히게 나빴다. 듀렉스가 일을 저지른 날은 남아공에서 매년 16일간 개최되는 여성 및 어린이 폭력 반대 운동 시작일을 하루 앞둔 시점이었기 때문이다. 이런 상황에서 이런 유머를 하니 반발이 더 거셀 수밖에 없었다. 여성을 대상으로 한 성폭력을 용인하려는 의도가 없었는지는 몰라도 그렇게 해석될 수 있는 여지는 남긴 셈이다. 그러나 섹스에 관해서는 신중하게 접근해서 나쁠 게 없듯 이와 관련된 유머 역시 불필요한 위험을 초래하지 않도록 최대한 신중할 필요가 있다. 생각 없는 경솔한 발언은 브랜드 이미지만 실추시킬 뿐이다.

듀렉스는 논란이 된 트윗에 대해 최초로 불만 여론이 터져 나왔을 때 제대로 대처하지 않아 사태를 악화시켰다. 사태가 딱 터졌을 때 싹을 자르는 대신 불난 집에 부채질을 해 버린 셈이었다. 결국 사과문을 들고 나섰을 때 듀렉스는 자사의 책임 소재를 전적으로 받아들이지 않고 마케팅 업체인 유로RSCG 남아공 지사도 슬쩍 끼워 넣었다. 물론 트위터 홍보를 담당한 건 마케팅 업체지만 대중은 어쨌든 그 불쾌한 농담을 '듀렉스'의 이름으로 기억하는 셈이다. 마케팅 업체에 책임을 전가하는 모습은 상당히 소인배 같은 모습으로 비춰져 이번 '불쾌한 농담 사태'의 또 다른 일면으로 자리 잡았다.

시간이 흐르면서 듀렉스는 점차 소셜 미디어에서 더 나은 입지를 구축해 갔다. 흥미롭게도 2013년 듀렉스 남아공 공식 트위터 페이지에 쓰인 프로필을 보면 '상호 합의하에 하는 안전한 섹스, 여성 대상 성폭력 반대 운동을 지지합니다'라고 쓰여 있다. 지난날의 방종을 통해 깨달음을 얻고 새로이 태어났다. 콘돔 브랜드로서는 적합한지 모르겠지만 교훈을 참 세게도 배운 셈이다.

듀렉스는 섬세한 자사 상품들처럼 SNS 마케팅 시 한층 더 섬세한 행보를 보이고 있다. 그러나 섬세하다고만 해서 실수를 완전히 방지할 수 있는 것은 아니다. 2013년 듀렉스는 'SOS 콘돔'이라는 콘돔 배달 서비스를 기획했다가 사람들의 장난에 휘말렸던 적이 있다. 듀렉스는 데이트를 하다가 불타오른 연인들이 콘돔을 필요로 할 경우 즉시 콘돔을 배달하는 어플리케이션을 개발했고, 온라인 사용자들을 대상으로 어떤 도시가 이 서비스에 가장 적합할지에 대해 조사했다. 한번 SNS 마케팅 실패를 호되게 경험한 업체이니 신중에 신중을 기해야 마땅하겠지만 이번에도 부주의함을 떨치지 못하고 선택 가능한 도시에 제한을 두지 않는 실수를 범했다. 장난칠 기회를 포착한 사람들은 긴급 상황에서 콘돔이 필요한 건 도시가 아니라 배트맨Batman일 거라며, 터키에 실제로 존재하는 '배트맨 시'를 꼽은 것이다. 배트맨 시가 1위 후보를 달리면서 '그럴 줄 알았다니까. 마스크를 쓰고 있어도 로빈을 보는 시선이 뭔가 끈적거린다는 걸 충분히 알 수 있어'라며 배트맨의 성생활에 대해 우스갯소리를 늘어놓는 사람도 있었다. 결국 투표에서 쿠알라룸푸르, 싱가포르, 파리, 뉴욕, 런던 및 모스크바 등을 제치고 배트맨이 1등을 차지했다. 터키 남동부에 위치한 무슬림 도시로 매우 보수적인 배트맨 시에서 '콘돔' SOS 서비스를 요청할 일이 있을 리 만무했다. 꽝! 이 이벤트는 배트맨을 가지고 노는 조커 같은 온라인 장난꾼들에 의해 조종당한 꼴이 되었다.

수전 보일
헷갈리게 쓴 초대장

우리 인생과 마찬가지로 소셜 미디어상에서도 웃기려는 의도가 아닌데 완전 웃긴 상황이 되어 버리는 경우가 종종 발생한다. 영국 가수 수잔 보일Susan Boyle의 새 앨범 'Standing Ovation'을 홍보하기 위해 제작사가 마련한 파티에서도 의도하지 않았는데 심한 웃음을 주고 만 상황이 연출되었다. 〈브리튼스 갓 탤런트Britain's Got Talent〉에 출연해 탁월한 노래 실력을 인정받은 스코틀랜드 출신 가수 수잔 보일은 새 앨범에 대한 사람들의 관심을 끌어모으기 위해 팬들과의 질의응답 시간이 마련된 파티의 주인공으로 나섰다. 2012년 11월에 열린 이 행사에 대한 소식은 #susanalbumparty라는 해시태그와 함께 트위터에 퍼져 나갔다.

조금이라도 기회만 있으면 어린아이 같은 짓궂은 장난을 하려 드는 트위터 사용자들에게 마침 좋은 기회가 딱 주어졌다. 이 행사에 사용된 해시태그 속 단어를 조금만 다르게 분리하면 희한한 뜻이 되어버린다는 점을 포착한 것이다. 'susan album party' 초대장은 트위터 사용자들 손에 들어가 'su's anal bum party' 초대장으로 재탄생했고 이런 초대장을 받은 사람이라면 '선약이 있어서요, 정말 죄송합니다'라는 핑계를 대고 다들 빠질 게 뻔하다. 이는 순식간에 전 세계적으로 퍼져 나갔다. 사태가 가시화되자 원래 트윗은 즉각 삭제 조치되었지만 그렇다고 한번 시작된 짓궂은 소동이 쉽게 사그라질 리 만무했다. 어느 면에서 보나 긍정적인 역할을 하지 못할 트윗임엔 분명했다. 이 트윗이 점점 퍼져 나가는 만큼, 수잔 보일이나 음반 제작사가 느끼는 당혹감도 커져 갔다. 애초에 스티븐 손더하임의 '어릿광대를 보내주오 Send in the Clowns'가 음반에 삽입될 때부터 알아봤어야 했다.

우스갯거리가 된 건 제쳐 두더라도 트윗이 이런 식으로 조롱의 대상이 될 수 있다는 사실은 경고로 받아들여야 한다. 잘못 해석되거나 의도적인 오해를 불러올 수 있는 해시태그는 사용하지 마라! 트위터에서의 이런 단어 혼동이 발생한 건 처음이 아니다. 마거릿 대처 전 총리는 생존 인물이 아니라는 뜻의 #nowthatchersdead는 'Now That Cher's Dead'로 잘못 해석되기도 했다. 비슷한 맥락으로 어떤 중의적 의미를 나타낼지 심사숙고하지 않고 용어를 만드는 건 가만히 앉아서 대참사를 기다리고 있는 것과 마찬가지이다. 2012년 7월 영국 패션 소매업체 셀레부티크 CeleBoutique가 딱 이런 실수를 저지른 바 있다. '킴 카다시안을 뮤즈로 한 셀레부티크의 오로라 드레스가 유행을 이끌고 있다!'라는 카피를 내세웠는데, 이는 사실이 아니었다! 카다시안을 뮤즈로 해서 만든 드레스도 뉴스거리긴 했지만 #오로라라는 해시태그는 배트맨 시리즈 영화 〈다크 나이트 라이즈 Dark Knight Rises〉가 상영 중이던 영화관에서 발생한 총기 난사 사건 현장의 이름으로 더 널리 알려져 있었다.

더불어 트위터에서 다른 사용자를 언급할 때에는 경솔한 발언을 하지 않도록 주의해야 한다. 2013년 트위터를 통해 복지 개혁에 대해 이야기하려던 데이비드 캐머런David Cameron 영국 총리는 이안 던컨 스미스Ian Duncan Smith 노동 복지 장관에게 트윗을 보내려다 그만 장관인 척하는 인물의 계정에 글을 보내고 말았다. 캐머런 총리가 트위터 사용이 익숙지 않아 덤벙댄 건 맞지만 트위터에서 발생 가능한 불리한 상황들에 대해 전혀 모르고 있었다고 말할 수는 없다. 2009년 트위터에 가입하기 전 그는 라디오 생방송 인터뷰에서 왜 소셜 네트워크를 하지 않느냐는 질문에 이렇게 답했다.

"급속히 전파되는 속도는 트위터가 가진 위험성입니다. 한낱 등신 같은 발언에 지나지 않는 트윗이 너무나도 많습니다."

방송이 나간 후 캐머런 총리는 즉시 과격한 표현을 사용한 데 사과 입장을 표했지만, 이를 보면 트위터에 글로 쓰는 거나 트위터에 대해 말실수하는 거나 별 차이가 없어 보인다.

네슬레
이렇게까지 할 필요가

그래도 수잔 보일 사태는 가볍게 웃어넘길 수 있는 반면, 2010년 네슬레가 겪은 트위터 난難은 꽤 심각했다. 세계 최대 식품 업체이자 수십억 매출을 달성하는 브랜드를 거느린 이 스위스 글로벌 기업은 이 사태로 전 세계적 비난 여론의 도마 위에 올랐다. 1970년대 중반 네슬레는 개발도상국에 모유 대신 분유를 먹이라는 공격적인 마케팅에 나섰다가 소비자들로부터 구매 거부를 당했던 트라우마를 갖고 있어 최근엔 자사 분유 제품이 세계보건기구WHO의 모유 대체품 마케팅 국제 기준에 부합한다는 점을 강력히 어필하고 있다. 이런 걸 보면 네슬레가 '평판'에 상당히 신경 쓰는 기업임을 미루어 짐작할 수 있는데 왜 트위터에서 환경단체 그린피스와 그렇게나 진흙탕 싸움을 벌인 건지 참 모를 일이다.

이 사건의 발단은 분유가 아니라 네슬레가 자사 제품 초콜릿 바 킷캣Kit Kat의 주재료인 팜유를 인도네시아 업체 시나르 마스Sinar Mas로부터 공급받는다는 데 있었다. 그린피스는 시나르 마스의 몰지각한 사업 행태로 인도네시아 삼림을 파괴시켜 멸종 위기 동물의 생존을 위협한다고 주장했다. 2010년 3월 그린피스는 '현장 검거 -네슬레의 팜유 사용이 우림과 기후, 오랑우탄 생존에 미치는 치명적 악영향'이라는 제목의 보고서를 발간했다. 보고서 내용에 따르면 팜유 농장 건설을 위해 우림을 헐고 도로를 내 그곳에 서식하는 오랑우탄의 개체 수가 최근 몇 년에 걸쳐 급격히 감소했다는 것이다. 그린피스는 지난 3년간 전 세계로 유통될 킷캣 제품 생산을 위해 팜유 사용을 32만 톤으로 늘린 네슬레를 주범으로 지목했다. 보고서에는 '5분마다 에펠탑 높이만큼 쌓을 수 있는 양의 킷캣이 생산된다'라고 쓰여 있다.

네슬레의 사업 방식을 바꿔놓고자 했던 그린피스는 지지자들을 끌어모으기 위해 SNS에 배포할 동영상을 하나 제작했다. '좀 쉬어갑시다Have a Break'라는 제목의 60초짜리 영상에는 네슬레의 킷캣을 활용한 섬뜩한 이야기가 담겨 있다. 따분해 보이는 회사원이 지겨운 문서 분쇄 작업을 하다가 잠시 쉬면서 킷캣 봉지를 뜯는다. 그다음 장면이 상당한 반전인데, 봉저 안에 든 건 우리가 아는 그 초콜릿 바가 아니라 털이 수북한 오랑우탄 손가락이었다. 회사원이 한입 베어 물자 그의 턱에서 피가 흘러나오고, 동료들은 그 모습을 보고 경악한다. 킷캣 포장지에 사용된 빨간색과 흰색을 활용해 영상을 보는 이들에게 오랑우탄을 보호하자는 메시지를 전달하고, 파괴된 삼림의 모습과 함께 영상의 마지막을 '네슬레가 더 이상 우림을 파괴하는 업체들로부터 팜유를 사들이지 못하도록 합시다'라는 메시지로 마무리했다.

　이렇게 감정을 건드리는 홍보물을 만드는 건 그린피스를 비롯한 비정부기구들의 주특기지만, 그럼에도 충분한 지지자를 확보하기란 좀처럼 쉽지 않으며 '좀 쉬어갑시다' 역시 유튜브에 게재했지만 조회 수는 1천 건에 불과했고 소수 지지자들을 확보하는 데 그쳤다. 그러나 네슬레가 저작권 침해라는 이유로 유튜브에서 영상을 내리는 강경 대응에 나서자 이로 인해 오히려 더 많은 사람들이 이에 관심을 갖게 되었다. 이때다 싶었던 그린피스는 비메오Vimeo라는 사이트에 잽싸게 영상을 올려 유튜브 영상을 강제로 내린 네슬레의 무자비함을 강조했다. 자사에 불리한 발언을 하는 이들을 입막음하려 한 건 그리 현명한 방법은 아니었다. 환경 파괴도 모자라 이제 검열 의혹까지 받게 된 네슬레에 반대하는 그린피스 지지자들 및 일반 대중들의 곱지 않은 시선은 더욱 확대되어 갔다. 그 와중에 '좀 쉬어갑시다' 영상은 계속해서 확산되어 비메오 하루 조회 수가 8만 건에 달하기도 했다. 그린피스는 더욱더 적극적으로 나서며 지지자들이 네슬레에 비판의 메시지를 담은 이메일, 전화, SNS 메시지 등을 남길 것을 촉구했고, 네슬레는 그야말로 사면초가의 상황에 처했다. 매일 20만 통의 메일이 쏟아졌고, '좀 쉬어갑시다' 영상 조회 수는 150만 건을 돌파했다. 처음 영상을 내놓았을 때에 비하면 1천5백 배나 늘어난 수치이다. 네슬레가 팬을 끌어모으기 위해 마련한 페이스북 페이지엔 매일 수천 건의 부정적인 메시지들이 쏟아져 들어왔다. 90만여 명에 달했던 '한때' 팬들이 이제는 비난 세력이 되어 버린 것이다. 몇몇 사람들은 네슬레 킷캣 로고를 '킬러 killer'로 패러디해 올렸고, 그린피스는 이를 웹사이트에 올려 사람들에게 널리 퍼트릴 것을 당부했다. 이 꼴을 그냥 두고 볼 수 없었던 네슬레는 해당 이미지를 삭제해 자사의 입장과 반대되는 견해를 가진 이들은 그냥 묵살한다는 인상만 더욱 심화시켰다.

'여러분들의 의견은 언제나 환영하지만 프로필 사진처럼 저희 로고를 임의로 변경하지 마시기 바랍니다. 발견 즉시 삭제 조치될 것입니다'라는 메시지가 네슬레 페이스북 페이지에 올라왔다.

네슬레의 이런 대응이 사람들로부터 좋은 반응을 얻을 리 만무했다. SNS 사용자들은 기업이나 브랜드가 온라인상에서 고객들과 대화하기 위해서는 아무리 쓴소리라도 우선 고객 개인의 발언권을 존중해야 마땅하다고 생각했다. 정말 극단적인 성격의 것이 아닌 이상 어떠한 게시물도 '함부로 삭제할 수 없음'은 SNS의 원칙으로 자리 잡았고, SNS라는 공간에서 활동하기 위해 기업 및 브랜드가 획득해야 하는 허가와도 같다. 그러나 네슬레는 자사 입장과 대치되는 이미지나 의견, 링크 등을 삭제하는 모습을 보였고, 이는 SNS를 통해 이 업체와 접점을 형성하고자 했던 온라인 사용자들에게 용서할 수 없는 모욕을 안겨 주었다. 개념 없는 태도와 오만함, 여기에 대인 관계에 대한 요령도 심히 부족했던 네슬레는 트위터에 다음과 같은 메시지를 던지며 표현의 자유에 대한 중요성을 인식하지 못하는 결함을 보였다.

네슬레: 여기 저희가 정한 규칙이 있습니다. 다른 곳에서도 마찬가지로 적용됩니다. 상황을 정리하자고 만든 겁니다.

폴 그리핀: 당신네 페이지, 당신네 규칙, 다 좋습니다. 대신 고객을 잃었어

요. 싸움은 이긴 대신 전쟁은 졌네요. 만족합니까?

네슬레: 이런… 저희가 좋은 평가만 들으려고 모든 걸 다 검열한다는 식으로 말씀하시네요.

페이스북에서 이뤄진 또 다른 설전에서 훈계하려 드는 무례한 말투는 계속됐다.

헬렌 콘스터블: 전 진짜 궁금한 게 여기서 네슬레 편드는 분들은 네슬레 알바인가요? 정말 궁금하네요. 이런 어이없는 업체도 좋다고 편들어 주는 팬이 있나 보군요.

네슬레: 'not'이란 단어를 빠뜨리신 것 같네요.

헬렌 콘스터블: 네, 제가 아침에 'NOT NESTLE' 커피를 마시는 걸 깜빡해서요. 그쪽은 매너를 빠뜨리셨나 보군요.

네슬레 페이스북, 트위터 및 기타 SNS 페이지에 끊임없이 밀려들어 오는 비난 메시지에 대한 빈정거림은 계속되었고, 이는 재앙의 전조나 다름없었다. 네슬레의 대응은 불난 집에 부채질해 상황을 더 악화시킬 뿐이었고, SNS에서 '이렇게 하면 안 된다'의 모범으로 삼기에 딱 좋았다. 추락은 당연한 수순이었다. 상황이 이렇게 되자 네슬레는 페이스북에 다음과 같은 메시지를 올리며 수습에 나섰다.

네슬레: 이삭제표시는 저희가 사과 입장을 표해야 하는 실수라고 생각하며, 무례한 태도를 보인 점에도 사과드립니다. SNS 게시물을 삭제하고 무례

한 태도를 전면 중단했습니다.

소셜 미디어를 통해 반성의 기미를 보인 네슬레의 변화도 변화지만, 그린피스 캠페인을 통해 얻은 중요하고 가시적인 성과도 있었다. 그린피스의 한 관계자는 다음과 같이 말했다.

"우리를 검열하려던 네슬레는 결국 온라인 자유를 수호하는 대규모 집단을 건드린 셈이 되었고, 네슬레 사태가 아니었으면 저희는 이들 집단과의 연대를 이뤄내지 못했을 겁니다. 이들 집단의 반응은 온라인상에서 엄청난 화제가 되었고, 이는 다시 오프라인 언론으로 확대되었습니다. 이렇게 어떤 뉴스가 온라인에서 오프라인으로 움직이는 모습을 본 건 저희도 처음입니다. 결국 이는 네슬레의 행동 변화를 이끌어내는 쾌거로 이어졌습니다. 우리는 사람들에게 SNS를 네슬레와 소통하는 장으로 활용할 것을 당부했지만 사실 어떤 결과로 이어질지는 몰랐습니다. 올인을 한 셈이라고 할까요. 네슬레가 한 것처럼 '여러분의 의견은 환영하지만 우리 로고를 임의적으로 바꿔서 올리지 마시기 바랍니다'와 같은 말은 더욱 반감을 불러일으켜 청개구리 짓만 부추길 뿐입니다."

비난의 뭇매를 맞은 네슬레는 시나르 마스의 팜유를 더 이상 구매하지 않았으며, 그린피스와 자사 팜유 생산망에 대해 논의하는 자리를 만들었다. 2010년 5월, 네슬레는 지속 가능한 팜유 원탁회의에 참석해 환경을 파괴하는 팜유 생산 공정을 없애는 방향으로 이야기를 진전시켰다. 2011년 9월 16일, 인도네시아 언론은 시나르 마스가 더욱 엄격한 환경 규제를 준수하는 생산 방식을 채택했고, 이에 네슬레와 다시 거래키로 했다는 소식을 보도했다. 시나르 마스 역시 우림 파괴를 막기 위한 자체적 노력의 일환으로 삼림 보전 정책 도입과 관련해 환경 단체 '포레스트 트러스트Forest Trust'와의 협업에 나섰다. 그린피스는 이들의 환경 보호 노력이 해이해지지 않는지 계속해서 예의 주시했다. 이 모든 일련의 과정은 소셜 미디어가 갖는 엄청난 힘을 고스란히 보여 주었다. 네슬레 같은 공룡 기업도 저항할 수 없는 변화를 불러오는 힘 말이다. 기업이나 브랜드가 독재주의적 마인드로 비판 의견을 무력화시키려 할수록 상황은 더욱 악화될 뿐이다.

2010년 한 해 호된 경험을 한 네슬레는 이런 SNS 대재앙이 또 다시 반복되는 것을 막기 위해서는 변화가 필요하다는 사실을 인지했다. 이에 2011년 3월, 스위스 브베Vevey 본사로 미국 디지털 마케팅 전문가 피트 블랙쇼Pete Blackshaw를 영입해 디지털 및 소셜 미디어 수장으로 앉혔다. 오늘날 블랙쇼는 2010년 사태를 일컬어 네슬레가 '한 수 배운 계기'라 칭하며, 회사 내에서 자신이 차지하는 비중이 곧 달라진 네슬레를 보여줄 증거라고 말했다. 그는 네슬레 마케팅 및 기업 커뮤니케이션 최고 책임자들과 직접 의사소통하며, 이런 보고 라인이 형성되었다는 것 자체가 제품 브랜드 이미지, 매출 및 브랜드 평판에 대한 네슬레의 인식이 180도 달라졌음을 여실히 보여 준다. 네슬레는 조직적 변화를 통해 대외 커뮤니케이션 개선을 꾀했고, 블랙쇼는 이를 '현저히 낮아진 장벽'이라 칭한다.

블랙쇼가 네슬레에 합류한 후 가장 먼저 했던 일 중 하나는 임직원들에게 소셜 미디어에서의 행동 지침을 배포하고 공감하는 목소리로 다가가는 법을 알려주는 작업이었다. 소셜 미디어에서 로고가 잘못 사용되었을 때 까칠하지 않게 상황을 해결하는 방법 역시 마련되었다. 최근 블랙쇼는 네슬레가 24시간 열려 있는 SNS에 적절히 대응하며 과거의 과오를 되풀이하지 않기 위한 방법을 고안하고 탐색하는 보다 폭넓은 사안들에 집중하고 있다. 누구를 커뮤니티 관리자로 앉힐 것인지, 이를 위한 자금은 어떻게 마련할 것이며, 커뮤니티 관리를 상시화할 수 있는 방안은 무엇인지 등의 사안을 말한다. 전에는 마케팅 에이전시나 소셜 미디어에 관심이 있는 브랜드 관리자가 이를 담당하곤 했다. 블랙쇼는 이는 '땜질 처방'이라며 더욱더 본질적인 조직 개편이 필요하다고 주장했다. 더불어 디지털은 커뮤니케이션 채널인 동시에 운영 원리에 해당한다는 것이 그의 생각이었다.

"온라인 플랫폼이 발달한 오늘날의 환경에서 우리 서비스는 어떻게 운영되어야 하며, 새로이 부응하는 기대치에는 어떤 것들이 있는지를 면밀히 살펴보고 있습니다. 페이스북 등의 SNS를 통해 모든 고객들에게 언제나 곁에 있는 브랜드, 언제나 쉽게 다가갈 수 있는 브랜드라는 이미지를 심어줄 수 있지만, 정작 현실적으로 콜센터는 6시면 문을 닫고 주말에는 운영하지 않습니다. 이는 매우 까다로운 운영상의 문제입니다. 상점 운영 시간을 어떻게 설정해야 하는지 등 실질적인 문제인 셈입니다. 우리가 고객에 할당하는 시간이란 개념을 완전히 다르게 잡아야 합니다. 콜센터는 그간 비전략적 원가 개념에 해당했습니다. 그래서 고객 한 사람에게 쓰는 시간을 줄여야, 고객을 최대한 덜 받아야 인센티브가 주어졌습니다. SNS가 보편화된 오늘날의 세상에서는 대화 채널을 열고 꾸준히 유지하는 방식으로 얻을 수 있는 이익이 매우 큽니다. 이른바 '미디어 효과'이지요."

네슬레와 같은 범세계적 공룡 기업은 그 덩치에 맞는 해법을 찾아야 한다는 숙제를 안고 있다. 페이스북 하나만 놓고 봐도 전 세계 630개국으로부터 1억 3천만 명의 팬을 보유하고 있으며, 트위터나 링크트인Linkedln과 같은 기타 SNS는 아직 계산에도 넣지 않았다. 1일 평균 네슬레는 SNS에 1천5백 개의 콘텐츠를 배포하는데, 이를 통해 얻고자 하는 건 고객들이 이를 마음에 들어 하는지, 참여하고자 하는지, 공유하고자 하는지, 아니면 마음에 들지 않아 거부하는지 등에 대한 정보이다. 마케팅 활동이 어떻게 받아들여지는지, 자사 제품이나 고객 서비스에 대한 반응이 어떤지에 대해 제대로 파악하기 위한 네슬레의 노력은 매일 이루어지는 엄청난 양의 데이터 채굴 작업으로 표현되는 셈이다. 몇 년 전보단 훨씬 기술과 친해진 모습인 건 분명하다. 네슬레로서는 선뜻 인정하기 어려울 수도 있겠지만 그린피스와의 불편한 관계는 전화위복이었는지도 모른다.

헹켈
치킨 맛 주방세제의 탄생

퍼실Persil, 프릿Pritt 및 슈바르츠코프Schwarzkopf 등의 브랜드를 보유한 독일 업체 헹켈Henkel은 2011년 봄 크라우딩소싱®을 통해 자사 신제품 주방세제 프릴Pril을 홍보키로 했다. '나만의 프릴을 탄생시켜 주세요'라는 제목으로 제품 라벨 디자인 공모전을 열어 페이스북을 통해 가장 많이 추천받은 작품을 고르기로 한 것. 1등 디자인은 실제 프릴 제품 라벨에 삽입되어 정식 시판될 예정

● 대중을 제품이나 창작물 생산 과정에 참여시키는 방식

이었다. 표면적으로 봤을 때 이는 윈윈 전략이었다. 업체는 고객을 마케팅에 참여시켜 아이디어를 얻고, 고객은 자신의 창의적 결과물에 대해 만족할 만한 결과를 얻을 뿐만 아니라 실제 자기 작품이 상품 및 마케팅에 반영되는 뿌듯함을 느낄 수 있었기 때문이다.

그러나 헹켈이 미처 예상치 못한 부분이 있었으니, 그건 바로 피터 브로이어Peter Breuer라는 이름의 남성이 내놓은 '짓궂은 작품'이었다. 브로이어의 작품은 컴퓨터 그리기 도구로 대충 그린 구운 통닭에 '치킨 맛이 나요!'라는 문구가 쓰여 있었다. 브로이어가 이를 페이스북에 올리자 대충 그려 마케팅 효과는 별로 없어 보이는 이 그림에 사람들은 상당히 열광적인 반응을 보이며 수천 표를 던졌다. 제품과는 동떨어진 이 그림이 큰 인기를 얻자 사람들은 '엉뚱한 그림'을 하나둘씩 들고 나타나기 시작했다. 공모전이 점점 산으로 가자 헹켈의 세탁 및 홈 케어 사업부 브랜드 PR팀의 베티나 클링켄은 다음과 같이 공지했다.

'유감스럽게도 자사 제품과 관계없는 무례한 이미지나 저작권 침해 가능성이 있는 이미지를 출품하시는 분들이 많습니다. 그래서 저희는 프릴 편집팀의 수정과 검토를 거쳐 출품할 만하다고 판단되는 작품만 받기로 결정했습니다.'

이벤트 시작부터 헹켈은 저작권 및 기타 권리 침해가 발생할 수 있거나 종교적, 윤리적 근거를 훼손할 수 있는 이미지에 한해 임의로 삭제할 수 있고, 내용과 관련해 권고할 수 있다는 규정을 분명히 내세웠지만, 문제는 이를 충분히, 눈에 띄게 드러내지 않아 이에 대해 제대로 아는 참가자가 거의 없었다. 너도나도 부적절한 디자인을 출품한 탓에 헹켈이 개입할 수밖에 없는 상황으로 치달았고, 페이스북상에서 이에 대한 비난 여론이 들끓기 시작했다. 헹켈의 개입을 민주적 표현의 자유에 대한 침해이자 자신들의 의견을 무시하는 처사로 여겼기 때문이다.

당초 헹켈이 제시한 규정에는 부당한 방법으로 이득을 취하기 위한 투표 조작 행위는 용납되지 않으며, 적발 시 행사 참가 자격을 박탈하겠다는 내용도 포함되어 있었다. 실제로 대대적인 투표 조작으로 특정 참가자에게 표가 몰렸고, 이에 다른 참가자들이 불이익을 본 사실이 헹켈 측에 포착됐다. 그러나 사건의 전말을 잘 모르는 사람들에겐 그냥 헹켈이 투표를 조작한 것으로만 보여 온라인상에서 이를 규탄하는 이들이 하나둘 늘어났고, 이는 곧 주류 언론으로 퍼져 들어가 'PR 참사' 등으로 회자되기에 이르렀다.

이 논란이 벌어지고 있는 와중에 한동안 상위권에 머물며 인기를 유지했던 '맛있는 치킨'을 디자인한 브로이어는 상황이 하도 어이없게 돌아가자 자신의 이미지를 페이스북에서 내려 버렸다. 헹켈은 규정을 준수하지 않은 득표수는 무효 처리된다고 밝혔고, 그 결과 상위 30개 디자인의 순위에 상당한 변화가 일어났다. 가장 큰 변화는 1위가 3위로 떨어진 일이었다. 이 비극의 주인공은 성난 눈매를 한 남성이 빽 소리를 지르고 있는 모습에 Priiiiil이란 단어가 쓰여 있는 그림이었다. 이 그림에는 모로 보나 납득이 가는 '열 받은 남자Rage Guy'라는 제목이 붙었다.

이 행사에 참가한 상당수의 사람들은 정당한 방법으로 1위를 차지한 디자인이 헹켈 때문에 피해를 봤다고 생각했지만 헹켈의 생각은 이와 달랐다. 이 행사의 규정은 처음부터 분명했다. 가장 많은 득표수를 기록한 10개 디자인 중에서 판정단이 최종 2개를 선택하는 방식이었다. 이 규정에 따르면 '열 받은 남자'는 최대 득표수를 기록한 디자인에 속하니 상을 받을 자격이 충분했다. 그러나 결과적으로 이 디자인은 최종 선택되어 상품화되지 못했다. 헹켈의 입장에서 판정단이라는 최종 장치를 마련해 둔 이유는 '자사 이미지에 맞는' 작품을 채택하기 위함이었다. 디자인 면에서 우수하면서도 잔뜩 쌓인 설거짓거리처럼 재미있는 요소도 갖춘 디자인이어야 했다. 즉 헹켈이 보는 시각과 사람들이 보는 시각에 큰 격차가 있었다. 헹켈은 자사 의도대로 가지 않는 상황을 '바로잡은' 것인데 사람들은 '기만당했다'고 느꼈고, 결국 페이스북상에서는 헹켈이 투표를 조작했다는 비난 여론이 들끓었다. PR 담당자 클링켄은 이렇게 말했다.

> "이번 행사에 참가한 이들에게 미리 규정을 제대로 알리고 동의를 구해야 했지만 그러지 못했습니다. 애초부터 가장 많은 득표수를 얻은 10개 작품 중 최종 우승작은 판정단의 결정으로 판가름 난다고 확실히 설명했더라면 상황이 달랐을 테니까요. 판정단은 이벤트 페이지 외에 규정에 대해 자세히 쓰인 별도의 페이지를 마련해 놓았음에도 별 소용이 없었습니다. 이번 사태를 통해 얻은 중요한 교훈이라면 향후 유사한 이벤트 진행 시 규정을 곳곳에 눈에 확 띄게 써 놓아 참가자들이 어디서나 쉽게 이를 볼 수 있도록 해야 한다는 점입니다."

　헹켈은 또한 디자인 공모전을 여는 건 곧 불쾌하고 천박한 이미지가 올라올 가능성 또한 감수해야 한다는 점과 향후 이런 이벤트를 진행할 때에는 1차 검토를 거친 작품들을 등록시켜야 한다는 점을 배웠다. 또한, 아이패드와 같은 경품을 내걸면 이벤트 참여도를 높일 수 있는 반면 잿밥에만 관심 있는 제

3자가 등장해 결과를 조작할 수 있는 가능성이 다분하다. 이번 사태를 통해 헹켈은 1등에 경품을 지급하는 방식이 아닌, 추첨을 통해 지급하는 방식이 더 나은 해법이라는 교훈도 얻었다.

프릴 이벤트에 대한 호응은 어쨌든 대단했다. 출품된 디자인 수만 5만 개 이상인 데다 총 160만 명의 사람들이 투표에 참여했고, 이는 당초 예상치를 뛰어넘는 수준이었다. 2011년 가을, 마침내 프릴 라벨에 들어갈 최종 우승 디자인 두 점이 발표되었다. 온라인 투표에서 1등을 차지한 '열 받은 남자'에 성의를 표하는 차원으로 헹켈은 이 디자인이 들어간 제품을 888개 한정 생산했고, 이 한정판은 온라인상에서 엄청난 히트를 기록했다. 이베이eBay를 통해 판매된 '열 받은 남자' 777개는 판매 시작 56분 만에 매진될 정도였다. 또한, 111개는 프릴 페이스북 페이지를 통해 경품으로 제공되었는데, 이에 대한 수요도 상당했다. '열 받은 남자 한정판'을 특히 마음에 들어 한 사람들은 제품의 인기에 헹켈이 눈 하나 깜짝하겠냐고 투덜댔지만 헹켈도 나름 덕을 톡톡히 봤다. 또한 '열 받은 남자'에 대한 소수의 열렬한 지지는 어딘가 모르게 코믹한 느낌을 주는 데가 있었는데, 이 열혈 지지자들은 직접 그림을 프린트해 프릴 제품이 진열된 매장으로 달려가 라벨 위에 이를 붙여 특수 부대 세제 팀 요원마냥 인증 사진을 찍어 올리는 '자체 게릴라 마케팅'에 나서기도 했다. 결국 공식 우승 작품은 아니지만 '열 받은 남자'는 비공식 우승 작품으로 어떻게든 오프라인 상점에서 한자리를 차지하고 말았다. PR 담당자 클링켄의 말을 들어보자.

"저희는 페이스북에서 주를 이루고 있는 비판적 의견에 기반해 언론이 저희를 매우 부정적으로 다루는 걸 보고 놀랐습니다. 사실 그 비판적 견해는 다수가 아닌 소수의 의견이었거든요."

비록 소수일진 몰라도 이번 사태를 보면 소수라고 무시할 수 있는 건 아닌 듯하다. 대중을 참여시킬 때에는 제일 목소리 큰 소수가 나머지 긍정적 다수를 충분히 잠식시킬 수 있음을 항상 기억해야 한다.

닥터 페퍼
뭐 더 안 좋은 일이 있겠어?

탄산음료 닥터 페퍼Dr. Pepper TV 광고를 본 사람이라면 '닥터 페퍼, 뭐 더 안 좋은 일이 있겠어?'라는 카피가 매우 익숙할 테다. 머릿속에 광고 음악이 계속 맴돈다면 이런, 미안합니다. 상당히 귀에 꽂히는 데다 의기양양한 느낌을 주는 카피이다. 약간 거슬리긴 하지만 사람들의 뇌리에 브랜드를 각인시키기엔 충분했다. 광고 내용은 '뭐 더 안 좋은 일이 있겠어?'라는 카피와 달리 '지지리도 재수 없는' 상황에 말려들어 창피를 당하는 사람들의 모습을 담고 있었다. 늘 이런 코믹한 콘셉트를 유지했던 걸 감안하면 이를 디지털 플랫폼에서 확장시켜 나가려 했던 홍보 담당자들의 시도도 충분히 이해가 된다. 2010년 4월, 영국 닥터 페퍼를 소유한 코카콜라가 10대를 겨냥한 판촉 활동을 위해 마케팅 업체 린 민 파이팅 머신Lean Mean Fighting Machine을 택한 것도 바로 그런 '코믹한 유쾌함'을 살리기 위한 차원이었다.

본격적인 홍보 활동은 한 달 후부터 시작되었다. 닥터 페퍼 페이스북 페이지를 통해 앱을 다운받고 '뭐 더 안 좋은 일이 있겠어?'라는 주제로 생각지 못한 황당하고 창피한 상황에 대해 담벼락에 글을 남기는 이들 중 추첨을 통해 1천 파운드를 주는 행사를 진행했다. '샤워하면서 쉬하는 게 뭐 어때서?', '내가 가장 아끼는 담요를 잃어버렸어요. 잠 어떻게 자야 하지?'와 같이 별 내용은 없지만 남의 이목에 굉장히 신경 쓰고 쿨한 것에 목숨 거는 10대 특유의 허세에서 나오는 재미난 사연이 올라올 거란 기대 속에서 진행된 행사였다. 마케팅 업체는 '자신을 속일 수 있는 수백 가지 방법'을 올려 달라며 행사 홍보에 나섰다. 청소년들은 우스꽝스러운 자신의 모습을 드러낼 수 있는 기회에 혹했지만 정작 어떻게 해야 할지 몰랐다. 바로 이런 점이 이 행사가 노린 점이었다.

이벤트는 순조로이 진행되었다. 그러나 7월, 재앙이 찾아왔다. 14살 딸아이가 인터넷으로 뭘 하는지 확인 중이던 어머니가 페이스북에 딸이 올려놓은 사연을 보고 깜짝 놀라 이에 대해 학부모 사이트 〈멈스넷Mumsnet〉에 올린 것이다.

'저는 페이스북에 들어갔다가 딸이 담벼락에 써놓은 글을 보고 경악을 금치 못했습니다. 〈2 girls one cup〉을 본 후로는 계속 땡겨'라고 쓰여 있더군요. 이게 무슨 말인지 모르시는 분이 있다면 굳이 알려고 들지 마시기 바랍니다. 하지만 아시는 분이라면 제가 어떤 심정인지 충분히 아실 거예요. 더 심각한 건 딸아이 사이트 방문 기록을 보니 〈2 girls one cup〉이 뭔지 열심히 찾아본 흔적이 있더군요. 유해사이트 차단 기능이 설치되어 있어서 천만다행이었습니다.'

경악을 금치 못한 이 부모처럼 나 역시 〈2 girls one cup〉이 포르노라는 사실 외에 자세한 설명을 덧붙이진 않겠다. 그러나 닥터 페퍼라는 브랜드와는 어쨌든 상당히 맞지 않는 하드코어 페티시 영화라는 점은 분명히 해 두고 싶다. 문제는 청소년들이 이 영상을 보고 영향을 받아 소위 '반응 동영상Reaction Video'

을 만들려고 한다는 데 있었다. 실제로 온라인상에 이런 반응 동영상이 넘쳐 났고, 유튜브나 비메오 등의 사이트에서 찾아보기도 어렵지 않았다. 이걸 본 10대들이 원동영상을 보고 싶은 생각을 갖는 건 어찌 보면 당연했다.

이 행사를 기획한 린 민 파이팅 머신 측은 이런 상황에 대해 충분히 숙지하고 있었지만, 코카콜라 마케팅 담당자들은 이런 사태가 불거질 거라 미리 예상하지 못하고 행사를 승인했다. 100% 잘못한 일이다. 당연히 비난 여론이 빗발쳤고, 멈스넷에 올린 사연을 본 부모들의 격한 감정이 담긴 댓글이 속출했다. 얼마 지나지 않아 언론이 이를 포착해 '페이스북에서 저지른 코카콜라의 실수'라는 제목으로 기사가 올라오기 시작했으며, 스카이 뉴스Sky News의 저녁 황금 시간대에 방송되는 90분짜리 프로그램에서 이에 대한 대대적인 토론이 이뤄졌다. 〈멈스넷〉 설립자 저스틴 로버츠Justine Roberts는 인터뷰를 통해 문제가 된 행사 자체뿐만 아니라 아이들에게 사생활을 털어놓으라고 유도한 행위에 격한 불만을 토해냈다.

코카콜라는 이에 전적으로 책임이 있다며 사과 입장을 표했고, 페이스북에 올라온 모든 내용을 삭제하고 행사를 즉각 중단시켰다. 코카콜라 측 대변인은 이 행사를 승인했을 당시 이런 상황이 초래될 줄 예상치 못했다며, 그러나 이에 전적으로 책임지겠다는 입장을 밝혔다. 더불어 진상 조사가 현재 진행 중이며, 이런 일이 다시는 재발하지 않도록 조치를 취하겠다고 덧붙였다. 린 민 파이팅 머신 역시 코카콜라로부터 즉시 계약 해지 통보를 받으며 대가를 톡톡히 치렀다.

린 민 파이팅 머신이 불쾌한 포르노와 14살 소녀를 연관 짓는 홍보 활동을 했다는 사실을 감안하면 코카콜라의 그런 조치도 납득이 된다. 브랜드 이미지를 심히 훼손할 정도로 엮지 말아야 할 것을 엮어 버린 건 빼도 박도 못할 과오였다. 그러나 마케팅 업체가 고의적으로 이를 했다고 생각하는 사람은 없었다. 닥터 페퍼의 주요 고객층인 10대 청소년들을 대상으로 하기에 적절하다는 판단으로 인터넷상에서 유행하는 아이템을 활용하려는 시도는 나쁘지 않았으나 그 브랜드와 잘 들어맞을지를 충분히 가늠하지 못한 것은 실수였다. 물론 손에 늘 스마트폰을 쥐고 살고 인터넷 사용에 너무나도 익숙한 10대들은 이미 〈2 girls one cup〉에 대해 알고 있었는지도 모른다. 내가 이 내용에 대해 아내와 이야기를 나누고 있을 때 15살인 우리 딸도 2 girls one cup? 아, 그거 알아요. 인터넷에 쫙 퍼졌어요'라며 우리 대화에 끼어들었다. 난 딸이 컴퓨터 앞에서 역사 숙제 하는 줄로만 알았는데!

요즘 청소년들은 순진한 데다 온라인상에서 화제가 되는 사안들에 대해 그것이 좋든 나쁘든 추하든 부모들보다 더 잘 알고 있다. 그러나 그렇다고 해서 브랜드들이 이들 '최신 정보에 정통한' 10대 취향을 맞추자고 상식을 던져버리고 안중에도 두지 말라는 말은 아니다. 이번 장에서 계속 다루었듯 과열된 소셜 미디어 환경은 브랜드가 위험을 떠안을 수 있는 충분한 여지를 내포하기 때문이다. 그러니 홍보 캠페인을 준비할 땐 이 중요한 질문에 답할 수 있는 준비가 제대로 되어 있는지를 확인하자. '뭐 더 안 좋은 일이 있겠어?'

그 외 페이스북 마케팅 실패 사례들

- 월마트/시트 에너지 스트립Wal-Mart/Sheets Energy Strips은 미국 소비자들에게 월마트 지점 페이스북 페이지에 '좋아요'를 남겨 달라는 홍보 행사를 진행했으며, 조회 수 1등을 차지한 지점에는 랩퍼 핏불Pitbull의 깜짝 방문이 선물로 주어질 예정이었다. 장난기가 발동한 몇몇 사람들은 일부러 핏불이 가기 곤란한 지역에 위치한 지점을 골라 표를 몰아주었고, 마음씨 좋은 핏불은 약속을 지켜 '가기 곤란한 1등 지점'에 모습을 드러내었다. 그곳이 어디냐, 바로 알래스카에 위치한 코디악 아일랜드Kodiac Island 지점이었다.

- 호주 귀금속 전문업체 파스팔리Paspaley에 납품할 진주를 채취하던 22세 잠수부 재러드 햄프턴Jarrod Hampton이 사망하는 사건이 발생하자, 호주 ABC방송 탐사보도 프로그램 〈포 코너스Four Corners〉는 이 업체의 안전 수칙에 대한 심층 취재에 들어갔다. 방송이 나간 후 파스팔리의 페이스북 페이지에 비난 댓글이 폭주했고, 업체는 이를 삭제했다가 더 심한 비난 여론에 시달려야 했다.

- 말레이시아에 새로이 문을 연 소매점 패러다임몰Paradigm Mall은 2012년 여름, 페이스북 페이지 엘리베이터 결함에 대한 소비자 불만 건에 냉소적으로 대응한 담당자를 해고 처리했다. '패러다임몰이 무슨 마법사입니까? 손가락 딱 튕기면 짜잔 하고 변하는 게 가능합니까? 그렇다면 제발 우리와 일해 주십사 좀 요청하고 싶네요!' 이 댓글은 결국 고장 난 엘리베이터처럼 오도 가도 못 하는 처지가 되어 버렸다.

• 네슬레 오스트레일리아는 킷캣 페이스북 페이지에 스틱 대신 킷캣을 든 채 드럼을 치는, 곰 탈을 뒤집어쓴 사람 사진을 올렸는데, 이 곰이 페도베어Pedobear와 닮았다는 사람들의 원성이 빗발쳐 사진을 내릴 수밖에 없었다. 페도베어는 온라인상에서 소아성애물 사용을 경고하는 데 사용된 만화 곰 캐릭터였다. 당황한 네슬레 오스트레일리아 임원진은 페도베어에 대해 들어본 적도 없다며 결백을 주장했다.

• 2012년 6월 여성 위생용품 브랜드 펨프레시FemFresh는 페이스북 페이지에서 여성의 질을 뜻하는 'vagina'를 nooni, va jay jay, twinkle, froo froo 등 유치한 단어로 묘사했다가 비난받은 적이 있다. 이들 단어는 사실 그렇게 귀엽게 들리지도 않았다.

• 호주 내 30개 매장을 갖고 있는 멕시칸 레스토랑 매드 멕스Mad Mex는 캐나다 출신 팝 가수 저스틴 비버의 싱글 앨범 〈원 타임One Time〉 표지 사진을 포토샵 작업 해 머리만 멕시코 사람으로 대체해 페이스북에 올렸다. 무슨 이유에서 그런 건지 도통 알 수는 없지만 바꿔 넣은 머리의 주인공은 필리핀 복싱 영웅으로 추앙받았으며, 필리핀 상원의원이 된 매니 파퀴아오Manny Pacquiao였고, 이는 페이스북상에서 인종 차별 논란을 불러일으켰다. 참 형편없는 아이디어가 아닐 수 없다.

• 스웨덴 관광청은 다양한 사람들로부터 여행지를 추천받는 프로모션을 진행했다가 호된 경험을 한 바 있다. 진보적인 성향으로 잘 알려진 나라답게 매주 다른 이들을 선발해 관광청 트위터 페이지에 여행담을 들려주십사 한 행사는 처음엔 별 탈 없이 잘 진행되었는데 2012년 6월, 소냐 아브람손Sonja Abrahamsson이란 여성이 반유대주의적 발언을 포함한 이상한 트윗을 올려 물의를 일으킨 것이다.

• 싱가포르 일간지 〈스트레이트 타임스The Straits Times〉 직원 한 명은 회사 계정을 개인 계정으로 착각해 트윗을 올렸다가 차마 얼굴을 들고 다니지 못하는 상황을 맞았다. '이럴 수가. 진심인데 다들 엿이나 드셔omg, fuck you all. Seriously'라는 낯부끄러운 내용을 올린 것. 전국구 일간지가 내뱉을 말이라고 보기엔 너무 격이 떨어졌다. 미국 티켓예매 사이트 〈스터브허브Stubhub〉도 2012년 〈스트레이트 타임스〉와 똑같은 실수를 저질렀다. 금요일이라 신난 직원 한 사람이 회사 계정을 자신의 계정으로 착각해 '이런 거지 같은 회사를 한시라도 빨리 벗어나고 싶네'라는 내용을 올린 것. 정말 개인 계정과 회사 계정을 구분하기가 그렇게나 힘든 걸까?

• 영국 이동통신업체 보다폰Vodafone은 2010년 크리스마스를 앞두고 '12일간의 미소'라는 프로모션을 진행했는데, 당시 사용한 #makemesmile이란 해시태그는 인기 만점이었다. 그러나 안타깝게도 당시 보다폰은 탈세 의혹을 받고 있어 이에 대한 트윗이 무수히 많이 올라왔고, 하필 이 모든 트윗을 또 실시간으로 내보낸 탓에

불필요하게 사태를 키워 버렸다.

• 출판사 랜덤하우스 호주 지부는 2012년 11월 11일 1차 대전 휴전일 오전 11시, 전사자를 기리는 시점에 #lestweforget을 해시태그로 사용해 전쟁 관련 신간을 홍보하려는 추잡한 마케팅으로 실컷 욕을 먹었다.

• 2011년 크라이슬러 자동차 트위터 계정에 '디트로이트Detroit는 자동차의 도시라는데 빌어먹을 운전 하나 제대로 하는 사람이 없는 게 참 희한하네'라는 글이 올라왔다. 곱지 못한 표현도 표현이었지만 디트로이트를 무시하는 발언이 문제였다. 재미있는 건 당시 출시한 신차 200 TV 광고에 가수 에미넴을 모델로 등장시켜 '디트로이트에서 수입하다'라는 카피로 대대적인 현지 홍보를 진행하던 중이었다. 크라이슬러 본사는 SNS 마케팅에서 문제가 생긴 상황을 인지하고 해당 트윗을 올린 직원에게 책임을 물어 해고했으며, SNS 마케팅 외주 업체와의 거래를 즉시 중단했다.

• 브리티시 가스British Gas가 2013년 10월 에너지 요금 인상안을 발표했을 때 안 그래도 쪼들리는 서민들이 이에 격한 반응을 보일 거란 점은 어느 정도 예상 가능했다. 그러나 이 업체는 굳이 안 해도 되는 '트위터 질의응답' 시간을 마련해 요금 인상에 대해 사람들이 궁금해하는 점들을 해결해 주겠다고 나서며 불난 집에 부채질을 해댔다. #AskBG 계정에 질문이 아닌 요금 인상에 분노한 이들의 메시지가 빗발친 건 당연한 일이었다. 애초에 브리티시 가스가 이런 시간을 마련한 건 요금 인상은 공급가가 인상되어 불가피했다는 점을 항변하려는 목적이었다. 고객과의 소통이 뭐 나쁘겠냐만 문제는 시기가 너무 적절하지 못했다. '이번 겨울에 난방하려고 소

셜 미디어 직원들 희생시키시겠어요?'와 같은 촌철살인의 메시지가 올라오자 많은 이들이 이에 동참해 너도나도 불만을 쏟아낸 것이다.

- 켈로그 UK는 2013년 11월, '리트윗 하나당 결식 아동 한 명에게 아침이 지급됩니다'라는 트윗을 올렸다. 그러자 식물학자 겸 BBC 진행자 제임스 웡James Wong을 비롯해 수많은 사람들이 '이 말 너무 섬뜩하지 않느냐'며 반감을 표하기 시작했다. '우리 광고를 돕지 않으면 아이들을 굶기겠다'는 말이냐며 따지는 이도 있었다. 이보다 훨씬 더 직설적으로 비판하는 이들도 있었으며, 빈곤층 어린이들을 돕는 선행을 그런 식으로 표현한 데 대해 사과하라고 요구했다.

☑ 스마트폰을 사용하면 계정을 혼동하기 딱 좋다. 회사 SNS 계정과 개인 계정을 혼동할 법한 사람에게 절대 SNS 계정 관리를 맡겨서는 안 된다.

☑ 삭제는 금물! 비판도 있는 그대로 받아들이고 수정이나 입장 표명이 필요한 경우 적절히 나서라. 게시물 삭제는 타인에게 불쾌감을 줄 수 있는 정도가 지극히 심한 경우에만 실시하라.

☑ 비판 여론에 일일이 다 대응할 필요는 없다. SNS의 모든 이들이 다 합리적이고 믿을 만한 건 아니다. 인터넷상의 괴물들은 무시하는 게 상책이다.

☑ 우리 브랜드를 홍보할 소셜 미디어 콘텐츠를 꾸미기에 적합한 업체나 사람을 찾아라. 누가 이를 총괄할 것이며 어떤 식의 콘텐츠를 원하는지에 대해서도 충분히 파악하라.

☑ 미완성 문장을 하나 던져 주고 사람들이 참여해 완성하는 개방형 마케팅은 문제를 야기하게 마련이다.

☑ 무례한 건 용납해서는 안 된다.

☑ 뉴스거리나 최신 동향을 활용할 때에는 매우 신중해야 한다.

☑ 항상 모든 걸 분명히, 명확히 하라. 의사 표현을 분명히 하고 오역될 수 있는 해시태그 사용을 지양하라.

☑ 크라우드소싱도 시장 상황 및 여론을 파악할 수 있는 통찰을 제

공하지만 대대적인 시장 조사만큼 효과적이지는 않다.

☑ 구글 트렌드Google Trends 나 보드리더Boardreader 등은 우리 브랜드에 대한 온라인 평판을 확인할 수 있는 유용한 도구이다.

☑ SNS 위기 관리 절차를 수립해 위기가 발생할 경우 어떻게 일 처리를 해 나갈 것인지를 사전에 대비하라. 누가 사태를 총괄할 것인지, 어떻게 할 것인지를 정하라.

CHAPTER 04

신제품 개발하려다 불러온 재앙

너무 과장해도, 너무 소심해도 문제

루빅 큐브Rubik's Cube나 애플 아이패드iPad 같은 제품은 묘하게 사람들을 끄는 매력을 갖고 있다. 이들 제품이 큰 성공을 거둔 이유는 소비자들이 원하는 품질을 갖춘 데다 소비자를 낚을 만한 충분한 매력을 갖고 있기 때문이다. '조심해요! 악마의 유혹과도 같은 이 퍼즐은 한번 시작하면 멈출 수 없을 테니까요루비 큐브'. '디자인 잘 빠지고 기능도 많은 우리 제품 그만 좀 갖고 놀아요아이패드!' 위대한 제품은 단순히 시장의 요구를 충족시키는 데 그치지 않는다. 이들은 염원을 갖고 있고, 마케팅마저 딱 맞아떨어지면 사람들 눈에 띄는 건 시간문제다. 하룻밤 사이에 뜨는 제품이 있는 반면, 서서히 인기를 얻어가는 제품도 있는데 후자의 대표적인 예로 도요타 코롤라Corolla를 들 수 있다. 1966년 처음 선을 보인 이 수수한 차량이 4천만 대나 팔리며 당대 최고 인기 상품이 될 거라고 누가 생각했을까? 물론 오늘날 우리가 볼 수 있는 코롤라는 원조 코롤라와는 전혀 딴판이지만, 아무튼 코롤라는 '대기만성'의 전형적 사례라 할 수 있다.

제아무리 위대한 브랜드라도 가만히 있으면서 그 위치를 지켜 나갈 수 없다.

고객의 요구에 부응하고 새로운 사업 기회를 모색하며, 최신 기술을 적극적으로 활용하기 위해서는 혁신이 필수이다. 마이크로소프트도 도스 체제에서 윈도우로 갈아타지 못했더라면 지금의 입지는 언감생심이었을 것이다.

독일 자동차 제조사 오펠Opel 역시 초기 사업인 재봉틀 생산에만 안주했더라면 지금처럼 150년간 자동차 제조사로서의 명성을 유지하기란 불가능했을 터. 물론 새로운 시장에 뛰어드는 건 위험을 수반한다. 적절하지 않은 시기, 불충분한 시장 조사, 미진한 품질 등은 모두 실패를 불러올 수 있는 요인들이며, 경우에 따라 매우 심각한 피해가 초래될 수도 있다. 아무리 소비자 호응이 좋고 실수는 좀처럼 하지 않는 멋진 기업이라도 새로운 것에 대한 도전이 내포하는 위험에 100% 면역 체계를 갖추고 있을 리 만무하다. 혹독한 시장 실패를 겪는 신제품들 대부분이 시장에서 입지가 탄탄한 기업들, 그것도 히트 상품 한두 개쯤은 이미 갖고 있는 기업들에서 나오는 건 결코 우연이 아니다. 아무리 그간 잘해 온 기업이라도 예전의 성공을 재현하기는 결코 쉽지 않다.

애플맵
기상천외한 곳으로 안내해 드립니다

호주의 찌는 듯한 땡볕 아래 두리번거리며 길을 찾고 있던 여행객들은 애플 iOS6에 탑재된 애플맵Apple Maps이 알려준 애먼 길을 갔다가 가까스로 목숨을 부지할 수 있었다. 원래 밀두라Mildura라는 마을로 가는 길을 찾던 이들을 어딘가 모자란 애플맵은 70km나 떨어진, 마실 물도 없는 머레이 선셋 국립공원으로 인도했다. 호주 빅토리아 주 경찰은 차에 기름도 다 떨어지고, 먹고 마실 음식과 물도 없이 고온 속에서 버틴 이들을 구조하고 난 후 목숨을 앗아갈 수도 있는 이런 위험 상황에 극심한 우려를 표했다.

2012년 말 출시된 iOS6에 탑재된 애플맵은 공원을 공항으로 보여주고, 도시가 바다 한가운데 있다고 안내했다. 심지어 지도 속 교량은 흘러내리는 듯 구부러진 모습으로 문제가 심각했다. 여태껏 고품질로 인정받아 온 애플 제품이 이런 실망스러운 결함을 보인 데 대해 팀 쿡 애플 CEO는 사과 입장을 표명하며 지도 개선을 위해 필요한 모든 조치를 다 하겠다고 약속했다.

실수와는 거리가 멀 듯 보였던 애플도 이런 대형 사고를 치고 나니 상당히 어안이 벙벙한 모양이었다. 원래 애플 제품엔 구글맵이 사용되었지만 두 업체의 사이가 살짝 경색된 이후로 애플은 자체적인 애플맵 개발에 나섰고, 이를 '최고로 아름답고, 최고로 뛰어난 지도 서비스'라는 자화자찬을 더해 열심히 홍보했지만 결국 이런 사태가 벌어져 우스운 꼴이 되고 말았다. 그간 제품 출시 후 고객 피드백을 통해 꾸준히 오류를 수정하는 모습을 보여 왔던 애플이 지도 제작에 난생처음으로 뛰어들면서 구글맵에 대적하겠다고 으름장을 놓는 건 좀 과한 감이 있었다. 온라인상에 애플맵의 터무니없는 오류를 캡쳐한 화면이 떠돌아다니기 시작했다. 주류 언론은 애플의 이런 실수를 신나게 떠들어댔으며 이 사태를 '매플게이트Mapplegate'라 이름 붙였다.

그간 널리 사랑받아 온, 전지전능한 존재로 자리 잡은 애플이 매플게이트 하나로 돌이킬 수 없는 펀치를 맞았다고 말할 사람은 아무도 없었다. 그러나 분명한 건 이로 인해 소비자들은 '애플도 실수한다'는 경계심을 갖게 되었고, 반대로 애플에 대한 신뢰는 떨어졌다. 〈포브스〉에 '맞습니다. 분석 자료를 보면 매플게이트가 애플 매출에 타격을 입혔습니다'라는 제목의 기사가 실렸는데, 이를 작성한 사람이 온라인 평판 전문업체 〈미디어 메저먼트Media Measurement〉임을 감안하면 기사에 보다 자세한 설명이 필요한 듯 보인다. 어떤 브랜드라도 부정적인 평가를 받는 건 좋을 리 없겠지만 애플의 경우 1990년대 애플을 살리기 위해 돌아와 이후 쭉 명불허전의 존재감을 유지했던 카리스마 있는 리더이자 비전을 가진 선구자인 스티브 잡스가 세상을 떠난 지 1년 만에 이런 일이 발생하자 일각에서는 애플의 리더십과 판단력, 장래 사업성에 대해 의문을 품기 시작했다. 스티브 잡스가 살아 있었더라면 이런 일은 없었을 것이란 게 그들의 생각이었다. 언제나 자사 제품에 대해서는 극찬만 받아온 기업에게 이런 쓴 경험은 미지의 영역과 다름없을 터였다.

포드
비련의 주인공, 포드 에드셀

가여운 에드셀 포드. 그의 삶을 보면 참 안타깝다는 생각이 든다. 자동차 산업의 선구자 헨리 포드의 외아들이었던 에드셀은 매우 이른 나이부터 포드 제국을 물려받아야 할 운명이었다. 20대 중반밖에 되지 않았던 1919년, 포드 자동차 사장으로 선출된 그는 자동차 디자인에 두각을 드러냈고, 전 세계적으로 사업을 확장시키는 재능을 보여 주었다. 그러나 엄연히 '사장'이었음에도 군림하려는 기질이 강하고 변덕스러운 아버지의 그늘에 가려 중요한 사업 결정에서 늘 배제되곤 했다. 에드셀은 1943년 49세의 이른 나이에 위암 수술 후 합병증으로 세상을 떠났다.

공석이 된 사장 자리는 나이 들어가며 점점 더 변덕스러운 모습을 보였던 아버지 헨리 포드가 잠시 넘겨받았다가 에드셀의 장남 헨리 포드 2세에게 돌아갔다. 이후 30년간 그는 포드 사에서 핵심적인 리더십을 선보였다. HF2가 사장직을 맡은 지 10년째 되던 1950년대 중반, 포드 이사회는 그의 아버지를 기리는 의미로 새로 출시한 신차에 '에드셀Edsel'이란 이름을 붙였는데, 이 에드셀은 완전 실패작이 되어 버렸다. 마케팅 역사를 배운 학생이라면 익히 알고 있겠지만 포드 에드셀은 미국 소비자들의 마음을 사로잡는 데 실패했고, 그것도 그냥 실패한 정도가 아니라 완전 참패였다. 대표적인 마케팅 실패 사례를 언급할 때 단골손님으로 나올 정도이다.

당시 미국 소비자들은 포드뿐만이 아닌 크라이슬러, 특히 제너럴 모터스가 내놓는 다양한 종류의 차량들, 고급 차량부터 보급형 차량까지 다양한 선택의 폭을 마주하고 있는 상황이었기에 1948년 HF2는 신상품 기획팀에 새로운 중저가 차량을 개발할 것을 주문했다. 마침 한국 전쟁이 터져 잠시 주춤하긴 했지만, 1950년대 중반에 이를 무렵엔 스포츠카 선더버드Thunderbird가 큰 성공을 거두고, 포드는 증시 상장을 준비하는 등 상황이 다시 분주하게 돌아가기 시작했다. 그러자 포드 특별 프로젝트 팀은 '실험용 차량E-car' 개발에 나섰다.

카디프 경영대학원 자동차 연구소 소장 폴 뉴엔하이스Paul Nieuwenhuis 박사의 말을 들어보자.

"에드셀은 아무도 던지지 않은 질문에 대한 답과 같은 차량이었습니다. 당시 포드는 당시 쉐보레Chevrolet, 폰티액Pontiac, 뷰익Buick, 올즈모빌Oldsmobile, 캐딜락Cadillac, GMC 등 총 6개 모델을 보유하고 있던 GM의 생산 역량을 높이 샀고, 자사도 이러한 역량을 갖춰야 한다고 생각했어요. 포드 모델은 당시 포드Ford, 머큐리Mercury, 링컨Lincoln 3가지뿐이었습니다."

에드셀은 어떻게든 선발 주자를 따라잡고 싶은 후발 주자가 절박함에서 내놓은 비운의 네 번째 모델이었던 셈이다.

에드셀이 포드 가문의 일원이었던 점을 감안하면 매우 쉽게 지은 이름 같지만 브레인스토밍 과정에서 좀처럼 딱 맞아떨어지는 아이디어가 나오지 않아 결정하기까지 진통이 상당했다. 오죽하면 퓰리처상을 수상한 시인 매리앤 무어Marianne Moore에게 작명을 의뢰하기까지 했고, 그렇게 해서 얻은 후보들이 몽구스 시비크Mongoose Civique, 레질리언트 불렛Resilient Bullet, 바시티 스트로크Varsity Stroke, 안단테 콘 모토Andante Con Moto, 유토피안 터틀탑Utopian Turtle Top, 인텔리전트 웨일 앤드 패스텔로그램Intelligent Whale and Pastelogram이었다. 왜 이런 멋들어진 이름들이 하나도 간택받지 못한 건지 알 수 없다. 포드의 광고 대행사인 FCBFoote, Cone & Belding로부터 받은 여러 가지 아이디어에 포드 직원들로부터도 이름을 공모해 총 1만여 개의 후보를 모집했다. 여기서 추린다고 추린 것이 무려 6천 개에 달했지만 어느 하나 딱히 '이거다' 싶은 건 없었다. 결국 FCB가 다시 고르고 골라 최종 10개를 선정해 포드 이사회에 회부했지만 이 중에도 '이거다' 싶은 건 없었다. 슬슬 짜증이 나기 시작한 어니스트 브리치Ernest Breech 의장은 '그냥 에드셀이라고 지으면 어떤가?'라는 의견을 내놨다. 사실 여론 조사에서 에드셀은 별 인기가 없었다. 독일어에서 온 이 단어는 원래 '고귀함'과 '부'를 뜻하는 '고급스러운' 단어지만 사람들은 '프레첼'이나 '위즐' 같은 지극히 평범한 이름과 다를 게 없다는 이유였다. 그러나 포드 이사회에서는 어느 누구도, 아들 헨리 포드 2세는 특히 이에 반대할 의향이 없었다. 포드 PR 이사 게일 워넉Gayle Warnock은 이 소식을 듣고 깜짝 놀라 동료에게 이 이름을 썼다간 매출이 20만 대나 떨어질 것이라는 메모를 날렸다. 그는 나중에 에드셀 참패에 대해 책을 두 권*이나 썼다. 바로 여기서부터 일이 틀어지기 시작했다.

● 『The Edsel Affair』와 『The Rest of the Edsel Affair』

그다음은 디자인이었다. 당초 수석 디자이너 로이 브라운Roy Brown이 윗선에 검토받은 첫 점토 모형에 대한 반응은 상당히 좋았지만 막상 출시되니 상황이 정반대였다. 에드셀 디자인 중 가장 두드러진 부분이라면 앞 범퍼 중앙에 위치한 둥글고 갸름한 달걀 모양의 장식인데, 사람들은 특히 여기에 불만을 표했다. 말 목사리 같다, 레몬 같다, 심지어 여성 성기 같다는 등 갖가지 조롱이 쏟아져 나왔다. 브라운은 이후 포드 영국 지사로 옮겨 코르티나Cortina 디자인을 성공시키며 활약했지만 2013년 2월, 96세를 일기로 세상을 떠났을 당시 올라온 그의 부고 기사엔 '쫄딱 망한 에드셀' 이야기가 빠짐없이 등장했다. 일례로 〈월스트리트저널The Wall Street Journal〉은 '에드셀 디자이너, 실패을 순순히 받아들이다'라는 제목으로 기사를 게재했다.

GM에 빼앗긴 시장 점유율을 되찾고픈 마음이 절실했던 포드는 이름과 디자인에 집중해 신차 프로젝트를 진행했는데, 사실 이들 요소는 사람들에게 본능적으로 흥미를 갖는 요소들은 아니다. '에드셀을 참패로 이끈 몇 가지 요소들이 있다'라고 주장하는 헨리포드박물관 및 미시건디어본교육센터 교통 큐레이터 매트 앤더슨Matt Anderson의 말을 들어보자.

"일각에서는 디자인 문제라고 말합니다. 저도 '말 목사리' 같은 전면 장식은 참 특이하다고 생각하지만, 그게 꼭 실패의 전적인 이유라곤 생각지 않습니다. 그런 특이한 디자인은 1950년대 미국 자동차 시장의 트렌드였어요. 에드셀은 그 트렌드적 특징을 포함한 모델이지만 시대를 앞서 갔다고 말할 수 있을지는 모르겠네요. 그 속도계는 혁신이라기보단 객기에 가까웠습니다. 일정 속도 이상으로 달리면 불이 켜지는 속도 경고 등은 용도가 매우 제한적이었던 것 같네요. 텔레터치 변속기 역시 그렇게 혁신적이진 않았습니다. 크라이슬러와 패커드 제품에서도 볼 수 있었으니까요. 그러나 인정하고픈 점은 에드셀은 변속기 버튼을 핸들에 장착시켰습니다. 마치 오늘날 핸들에 장착된 버튼으로 라디오나 속도 제어장치, 변속기를 조작하는 것처럼 말이죠."

그렇다. 비록 디자인이 좀 애매모호하고 이름도 참 평범하긴 했지만 그렇게 나쁜 차는 아니었다. 사실 앤더슨의 말대로 평균 이상은 되는 차였다. 그러나 시장 점유율을 탈환하고픈 포드의 욕심은 마케팅에서의 과욕으로 이어져 사실 그렇게 뛰어난 모델이 아님에도 과장 광고로 사람들에게 비현실적 기대를 갖게 했다. 포드는 연 매출을 20만대 정도로 내다봤고, 이는 미국 자동차 시장에서 5%의 점유율을 차지하는 수준이다. 출시 전 내놓은 홍보물에서 포드는 '이제껏 없던 신개념 차량, 에드셀'이라는 문구를 사용해 한껏 으스댔다. 1957년 7월, 〈라이프life〉 등의 잡지에 티저 광고를 냈는데, 신차의 모습을 흐릿하게, 아니면 무언가에 싸인 모습으로 연출해 보는 이들의 호기심을 자극시켰다. 헨리 포드 2세는 직접 대리점에 메시지를 보내 에드셀을 꼭 매장에 보내겠다고 약속했다. 이런 대대적인 광고와 홍보가 이루어진 후 마침내 1957년 9월, 에드셀이 쇼룸에 모습을 드러냈다. 수백 명이 이 행사에 참석했고, 첫날 몰려든 사람들의 수만 3백 명에 달했다. 이 놀라운 신차를 보기 위해 사람들은 줄을 서 가며 기다렸지만 막상 본 사람들의 반응은 시큰둥했다. 다시 앤더슨의 이야기를 들어보자.

"포드의 과장 광고가 심했던 것 같아요. 고객들에게 자사의 기존 제품에서 찾아볼 수 없는 진화된 자동차를 선보이겠다고 약속했는데 막상 고객들이 마주한 건 기존 포드 모델 및 머큐리 모델과 크게 다르지 않은 제품이었던 거죠. 마케팅은 정말 대단했습니다. 에드셀 쇼를 생각해 보세요. CBS 방송에서 황금 시간대 1시간 동안, 빙 크로스비와 프랭크 시나트라가 출연하는 인기 버라이어티 프로그램 〈에드 설리번 쇼〉까지 동원하지 않았습니까. 이 정도로 대대적인 광고와 홍보를 때릴 제품이라면 성공이라고 부를 수 있을 정도로 기대치를 뛰어넘는 성과를 냈어야 마땅합니다."

그러나 에드셀 판매는 영 저조했고, 첫해에 6만5천 대 팔리는 데 그쳤다. 포드가 당초 야심하게 목표했던 20만 대의 ⅓도 안 되는 수치였다. 이듬해 매출도 암울하긴 매한가지였다. '에드셀을 모는 당신, 사람들은 에드셀로 당신을 알아볼 겁니다' 및 '마력으로 할 수 있는 가장 아름다운 일' 등의 담대한 문구를 통해 소비자들의 소유욕을 건드리는 맹렬한 광고 공세는 계속되었다. 실제로 에드셀을 구매한 이들이 기계적 결함 및 조립 라인상의 문제로 신뢰성에 대해 이의를 제기하는 상황에도 아랑곳없었다. 에드셀의 이런 '구멍'을 비꼬는 '에드셀은 매일 새로운 결함을 보여줍니다'라는 문구가 나오기도 했다. 나빠질 수 있는 건 다 나빠지는 모양새였다.

에드셀 인지도를 높일 목적으로 포드는 NBC 방송사의 서부 시리즈물 〈웨건 트레인Wagon Train〉을 후원했다. 돈은 엄청 들였는데 정작 매출은 시원찮은 상황에서 어떻게든 사람들의 관심을 끌어 보려는 절박한 방법으로 판매팀은 조랑말을 무료로 주는 판촉 행사를 기획했다. 그렇다. 자유롭게 뛰어다니는 살아 숨 쉬는 조랑말 말이다! 놀랍게도 포드는 이 아이디어를 추진했고, 조랑말 1천 마리를 사들여 미국 전역의 에드셀 대리점으로 보냈다. '이히힝' 하는 말 울음소리를 효과음으로 넣은 에드셀 라디오 광고에는 웨건 트레인 주인공워드 본드Ward Bond가 나와 "안녕, 얘들아"라는 인사를 건넨다. 조랑말을 갖고 싶은 아이들이 부모를 졸라 에드셀 대리점을 찾을 거란 예상에 기반한 전략이었다. 실제로 대리점을 방문하면 아이들은 웨건 트레인 조랑말 콘테스트에 참가할 수 있었는데, 대신 부모가 에드셀을 시승하고, 아이들이 조랑말에 이름을 붙여준다는 조건이 있었다. 당첨자를 발표하면 부모들은 대부분 조랑말은 키울 공간이나 생각이 없어 포기하고 상금 200달러를 받아가는 경우가 많았다. 에드셀도 안 팔려 재고가 쌓였는데 이젠 별로 반갑지 않은 조랑말도 재고가 쌓일 판이었다.

아이들까지 끌어들이는 발악을 해 보았지만 에드셀의 처참한 판매 부진은 막을 길이 없었다. 1959년 11월, 포드는 결국 판매 부진을 이유로 에드셀 생산 중단을 발표했다. 이로 인한 포드의 손실은 자그마치 2억 5천만 달러에 달했는데, 당시로서는 엄청난 금액이었다. 이 맥락에서 생각해 보면 1956년 포드가 6억 4천3백만 달러에 IPO를 실시한 건 민간 기업으로선 엄청난 규모였음을 알 수 있다. 에드셀 참패로 투자 손실도 엄청났다. 포드 투자자들이 '에드셀'이란 이름만 들어도 기겁할 만했다.

어떤 면에서 보면 에드셀 참패는 포드가 어찌할 수 없는 기타 요소들의 영향을 받은 측면도 없지 않았다. 이 제품이 막 출시되었을 당시는 경기 침체가 시작되던 시점이라 전반적으로 중간 가격대 차량들에 대한 수요가 매우 저조했다. 보다 저렴하면서 연비가 좋은 차량으로 수요가 몰렸던 것이다. 그러나 포드는 되레 가격대가 있는 모델을 선보였고, 포드가 그때까지 내놓은 다른 모델들과 별다른 차별화를 이루지 못하면서 시대의 흐름을 현명하게 따라가지 못했다. 소비자들은 이 에드셀 모델이 포드와 머큐리 사이의 어디쯤에 위치한 건지, 아니면 머큐리와 링컨 사이에 위치한 건지 파악하는 데 어려움을 겪었다. 에드셀의 최고급 1958년 모델은 쇼룸에 선보이기도 전에 출시되었는데, 대리점에서는 다 팔리지 않은 1957년 모델 재고를 처분하느라 헐값에 판매하는 중이었다. 할인가와 신차 가격이 너무 다르다 보니 소비자들은 에드셀 가격이 애초부터 바가지였다는 생각을 갖게 되었다. 거기다 포드가 에드셀이 다른 차종과 무엇이, 어떤 점에서 다른지 제대로 설명하지 않은 것도 패착이었다. 포드가 생산하는 차량은 스테이션 웨건부터 컨버터블까지 총 18종이었고, 레인저Ranger, 페이서Pacer, 코세어Corsair, 사이테이션Citation 4가지 시리즈가 있었다. 지금 이 책을 읽고 있는 여러분들이 '도대체 이게 다 뭐래'하는 혼란스러움을 느낀다면, 당시 소비자들은 오죽했겠는가? 간결함의 정반대를 추구한 포드는 그만큼 혹독한 대가를 치러야 했다. 헨리포드박물관 및 미시건디어본교육센터의 교통 큐레이터인 매트 앤더슨은 에드셀 참패에 관해 다음과 같이 말했다.

"에드셀 라인은 GM 제품을 따라잡겠다고 대항마로 내놓은 야심 찬 모델이라는 점을 간과해서는 안 됩니다. 포드는 이번 사태를 통해 그 야심이 독이 되었고 자제해야 한다는 교훈을 얻었어요. GM을 잡을 제품이 아니라 자사만의 제품을 만들어 나가기 시작했습니다. 최근 금융 위기 상황에서 머큐리 브랜드를 정리해 노력과 생산 라인을 집중시키려 한 포드의 자세에서 당시 에드셀을 통해 얻은 교훈의 효과를 볼 수 있습니다."

미국 최대 자동차 업체답게 포드는 에드셀 사태를 깔끔히 털어내고 이를 통해 얻은 교훈을 가슴에 안고 계속 정진했다. 그렇게 해서 나온 1964년 머스탱Mustang은 세련된 이름뿐만 아니라 대상 고객도 분명히 설정한, 분명한 목표

의식이 반영된 제품이었다. 허풍 떠는 광고도 더 이상 없었다. 출시 첫해 매출은 겸손하게 10만 대 정도로 예측했지만, 실제로 출시 12개월 만에 팔려 나간 머스탱의 수는 41만7천 대에 달했다. 외관과 성능에서 모두 에드셀을 능가하는 이 제품은 출시한 지 얼마 되지 않아 영화 〈007 골드핑거Goldfinger〉에 등장하고 자동차 경주대회 인디애나폴리스 500Indianapolis 500의 선도차로 맹활약했다. 머스탱의 멋진 모습은 성인뿐만이 아닌 어린이들의 마음도 사로잡아 크리스마스용으로 생산된 페달로 움직이는 어린이용 머스탱만도 9만3천 대가 팔려 나갔다. 조랑말 없이도 충분하지 않은가?

모로 보나 실패작인 에드셀은 웹스터 사전에 과장 광고의 폐단을 빗대는 단어로 등록되기까지 했고, 이후에는 마니아들이 생겨나기에 이르렀다. 에드셀이 출시되고 10년이 지나자 첫 에드셀 클럽이 생겨났고, 오늘날 에드셀 모델은 미국의 내로라하는 여러 모터쇼에 빠짐없이 등장한다. 모두 돈깨나 들었을 법한 최고의 컨디션을 자랑하고 있었다. 아이러니하게도 에드셀이 누가 봐도 분명한 실패작이다 보니 그런 면 때문에 희소성이 더욱 올라가는 모양이다. 저주받은 보석처럼 에드셀의 기구한 운명은 그 자체가 흥미로운 이야기가 되어 준다. 앤더슨은 이에 대해 다음과 같이 평했다.

"자동차의 역사를 공부한 사람이라면 대부분 공감할 부분 중 하나는, 이제 와서 보니 에드셀과 관련해 가장 안타까운 부분이라면 에드셀 포드의 이름에 먹칠을 했다는 점입니다. 에드셀 포드는 자동차 디자인에 선천적 재능을 갖고 있었고, 링컨 제퍼Lincoln Zephyr나 오리지널 링컨 컨티넨털Lincoln Continental 등 당대를 놀라게 한 여러 제품을 탄생시킨 장본인입니다. 그런 맥락에서 오늘날 대부분의 사람들이 '에드셀' 하면 최악의 디자인을 떠올리는 건 정말 아이러니 중의 아이러니가 아닐 수 없습니다."

유니레버
퍼실 파워의 오버 파워

유명 비즈니스 저널리스트 앤드루 데이비슨Andrew Davidson은 1995년 〈매니지먼트 투데이Management Today〉를 통해 마이클 페리Michael Perry 당시 유니레버 Unilever 회장을 맹비난했다. 화기애애하게 시작된 인터뷰는 그러나 시간이 갈수록 분위기가 점점 악화되어 나중엔 두 사람 사이에 흐르는 긴장감이 눈에 보일 정도였다. 진행자가 답변을 요구하자 페리 회장은 '이 주제에 대해 저로부터 들으실 수 있는 말은 딱 한마디뿐입니다'라고 말했다. 그 주제가 무엇이었기에 그랬을까? 왜 입장 표명을 주저했을까? 이 두 질문에 대한 답은 '퍼실 파워Persil Power'가 일으킨 참사에 있었다.

1909년 영국에 첫 세탁 세제를 선보인 퍼실은 영국-네덜란드 다국적기업 유니레버의 엄격한 관리하에 수십 년간 세탁 세제 시장에서 부동의 1위 자리를 유지했다. 참고로 독일을 비롯한 다수 국가에서 퍼실은 헹켈 사 소유이다. 그러나 1990년대 초 영국과 네덜란드 등지 국가에서 퍼실은 숙적 P&G사가 내놓은 아리엘Ariel을 맞아 1위 자리를 내주지 않으려 고전하고 있었다. 퍼실과 아리엘의 숨 막히는 대결은 '비누 전쟁'으로 불리기까지 했고, 기존 세제보다 세척 능력이 더욱 뛰어나다는 점이 과학적으로 입증된 신제품 아리엘 울트라 Ariel Ultra를 통해 P&G가 경쟁력을 한층 더 확보하자, 유니레버는 이제 1위 자리를 내줄 수밖에 없는 처지에 몰렸다.

상황이 이렇게 되자 유니레버는 대항마를 만들기 위한 제품 개발에 착수했다. 그 결과 세탁 과정에서 표백 효과를 가중시켜 주는 새로운 망간 촉매제가 함유된 제품이 탄생했다. 실험을 통해 한층 강력한 세척력이 검증된 이 제품에 대한 상품화 승인이 떨어졌고, 이것이 바로 우리가 잘 알고 있는 강력 세탁 세제 퍼실 파워이다. 유니레버는 소비자들에게 이 제품의 강력한 세탁 효과를 확실히 각인시키기 위해 세제에 포함된 촉매제를 '가속기'라 부르며 홍보했다.

유니레버 임원진이 이 제품으로 P&G에 빼앗긴 경쟁 우위를 다시 가져와 굳히기에 들어갈 수 있겠단 생각으로 제품 출시에 박차를 가하던 중, P&G가 예상치 못한 일격을 가했다. 유니레버 신제품을 테스트해 보니 이 제품이 소비자들이 사용하기에 너무 강력하다는 의견을 표명한 것이다. 새삼스럽게 P&G는 이 신제품에 대해 우려를 표하며 그렇게 강력한 세제를 시장에 내놓는다면 정면 승부하겠다고 으름장을 놓았다. 그러나 유니레버 임원진은 이를 자사 신제품의 성능이 좋아 당황한 것으로 해석했고, 제품 출시를 예정대로 진행했다. 1994년 4월 얼룩 제거의 돌파구라는 이름으로 퍼실 파워가 시장에 모습을 드러냈다. 영국 전역의 1천여 가구에 샘플이 제공되었다. 대대적인 홍보 활동을 통해 세상에 나온 이 제품은 그만큼 대대적인 실패를 맞닥뜨리게 된다.

유니레버는 퍼실 파워 테스트에 주로 새 옷을 사용했는데, 문제는 이미 어느 정도 닳아 있는 일반 세탁물에 사용했을 때는 전혀 다른 상황이 펼쳐지더라는 점이었다. 옷감에 100% 해롭지 않은 세제는 없겠지만 퍼실 파워는 특히나 세척 효과가 강력했던 탓에 소비자들이 딱 권장량만큼 써도 옷감이 해지고 색이 빠지는 등 부작용이 심했다. 퍼실을 사용한 사람들이 아끼는 옷이 표백됐다며, 물이 빠졌다며 불만을 표하기 시작했고, 유니레버 임원진은 제품 연구 개발 단계에서 테스트와 분석이 잘못되었다는 불편한 진실을 마주하게 되었다. 어찌해야 하나 고민하고 있을 무렵 P&G가 대응에 나섰다. 퍼실 파워를 사용해 손상된 의류 사진을 유럽 전역의 일간지에 보낸 것이다. 사진과 더불어 '무례할 정도로 훼손된 의류'라는 비난의 한마디를 더했다. 이런 진흙탕 싸움 소식이야 언제나 반가운 언론은 옳다구나 싶어 잽싸게 낚아챘고, 퍼실 파워의 부작용이 대서특필되자 유니레버 물류 창고는 보상을 요구하는 소비자들이 보낸 훼손된 의류로 가득 찼다. 유니레버에겐 신제품 실패도 실패지만 오랫동안 유지해 온 퍼실의 이미지 훼손, 일부 슈퍼마켓의 법적 소송 제기 등 엎친 데 덮치는 상황이 계속되었다.

이런 불운의 화룡점정은 2005년 2월, 영국소비자협회로부터 날아왔다. 세제 테스트로는 사상 초유의 스케일로 진행된 퍼실 파워 테스트를 통해 이 제품이 실제로 옷감 훼손도가 일반적 수준보다 심했으며, 아리엘 울트라와 비교했을 때 약 40%나 더 강하더라는 결과를 발표한 것이다.

이런 상황에서 유니레버가 할 수 있는 건 시장에서 제품을 회수하는 일뿐이었다. 팔지 못한 재고는 5천7백만 파운드어치에 달했고, 법정 소송을 피하기 위한 합의 비용이나 제품 개발, 마케팅 비용 등을 다 합치면 피해 규모는 2억 5천만 파운드에 가까웠다. 그러니 앤드류 데이비슨이 마이클 페리 회장에게 퍼실 파워에 대해 물어봤을 때 극도로 언급을 피했던 것이다. 이는 마케팅 활동으로 어떻게 수습할 수 있는 사태가 아니었다. 탈수를 심하게 할수록 옷이 더 해지듯, 일을 크게 벌이면 수습할 일도 그만큼 큰 법이다.

싱클레어 C5
최악의 기기로 선정되다

2013년 〈개짓 쇼 라이브 Gadget Show live〉 행사에서는 참가자들이 생각하는 사상 최악의 기기가 무엇인지를 묻는 설문 조사를 실시했다. 여러 가지 존재감 없는 기기들 이름이 다수 나왔지만, 그중에서도 단연 최고봉의 자리를 차지한 건 최대 속도 24.14km/h에 바퀴가 3개인, 배터리와 페달로 움직이는 전기 차 싱클레어 C5^{Sinclair C5}였다. 1983년 영국에서 출시된 이 제품은 안전상의 문제로 큰 호응을 얻지 못했다. 꼭 세발자전거 모양이어야 했을까 싶은 의문이 드는 외관에 덩치가 작아 안정감이 없어 도로 주행 시 옆으로 트럭이 지나가거나 하면 매우 위험하며, 특히 핸들 바가 무릎 아래 위치에 달려 있어 불편하다는 의견 등이 주를 이뤘다. 싱클레어 C5 개발로 마가렛 대처 당시 영국 총리의 추천으로 기사 작위까지 받은 개발자에게 이는 최대 굴욕이나 다름없었다.

1960년대 말 미니 TV를 내놓으며 자신의 존재감을 알리기 시작해 1972년 주머니에 들어갈 만큼 슬림한 사이즈의 계산기를 선보인 C5 개발자 클리브 싱클레어 경^{Sir Clive Sinclair}은 1980년대 초 사상 최초의 가정용 컴퓨터 ZX80을 선보이며 이 분야의 선구자로 자리 잡았다. 100파운드 이하 보급형 개인용 컴퓨터로 선보인 이 제품은 이후 꾸준히 업그레이드되어 X81, ZX 스펙트럼 등이 시리즈로 출시되었고, 영국 내에서 가장 잘 팔린 전자기기로 매출이 최고점을 찍었을 때는 한 달에 20만 대나 팔리기도 했다. 그가 세운 싱클레어 리서치^{Sinclair Research}의 가치는 1억 3천4백만 파운드에 달했다. 명실상부한 부자 대열에 합류한 그는 이제 어린 시절부터 꿈꿔 온 전기 차 개발에 뛰어들 수 있는 충분한 자금을 갖고 있었다.

그렇게 해서 싱클레어 비히클^{Sinclair Vehicles}이라는 새로운 회사가 탄생했다. 로터스 자동차^{Lotus Cars}가 차체와 변속기 디자인 및 개발 작업을 맡았고, 청소기 및 가전제품 브랜드 후버의 머서티드빌^{Merthyr Tydfil} 공장에서 생산이 이루어졌다. 후버와 제휴한다는 소식에 세간에선 C5가 세탁기 엔진을 동력으로 하는 것 아니냐는 소문도 나돌았다. 세탁기 엔진보다야 나은 수준이었지만, 경사면 끝까지 오르려면 진땀깨나 빼며 페달을 밟아야 하는 미미한 엔진 수준이었다. 그러나 클리브 경은 이 미미한 엔진을 마케팅 장점으로 간주했다. C5의 최대 속도 24.14km/h는 곧 새로이 도입된 영국 교통법에 의거, '무면허 운전 가능' 교통수단의 조건에 부합할 뿐만 아니라 또한 통근 인구나 재미있는 탈 것을 찾는 10대들을 포함한 폭넓은 대중에게 어필할 수 있는 상업적 친환경 차량이라는 게 그가 생각한 장점이었다. 그래서 그는 한 해 예상 매출을 야심 차게도 25만으로 잡고 큰 성공을 기록하는 경우에 대비해 후버 공장에 생산량을 2배까지 늘릴 수 있는 라인을 마련했다. 거스 데스바라츠, 브리티시 디자인 이노베이션 회장은 클리브 경에 대해 이렇게 회상했다.

"영국왕립예술학교Royal College of Art 출신으로 자동차 디자이너가 되고자 했던 저는 싱클레어가 후원하는 전기 차 디자인 경진대회에서 우승했습니다. 이를 계기로 클리브 경은 졸업 후 저를 고용해 독채 자동차 디자인 스튜디오를 세웠지요. 당시는 클리브 경의 전성기였고, 저는 졸업 후 자동차 디자인을 할지 기술 디자인을 할지 아직 결정하지 못한 상태였습니다. 그런 제게 클리브 경의 제안은 매우 놀랍고 또 상당히 구미가 당기는 기회였습니다. 저는 케임브리지에 위치한 싱클레어 연구 메타랩의 첫 직원으로 들어갔어요. 클리브 경은 매우 명석하고 넉넉한 사람이었지만 새로운 가능성이 풍부한 신생 시장인 컴퓨터 산업과 이미 성숙기에 접어들어 경쟁 상대보다 보고 배워야 할 상대가 더 많은 교통 산업의 차이점을 이해하지 못했습니다. 그는 안전 및 편의성 문제를 완전히 간과했어요. 저는 시계, 백미러, 주행거리 표시기 등에 대해 따지고 들며 여기에 엄청난 비용을 들였습니다. 디자이너로서 갖가지 세부적 요소들에 대해 소비자들이 어떻게 느낄지 생각해 보았지만 클리브 경은 이에 대한 필요성을 느끼지 못했습니다."

C5가 엄청나게 팔려 나갈 것이란 터무니없는 예측 때문에 출시에 상당한 관심이 쏠렸고, 클리브 경도 당초 계획보다 훨씬 빨리 투자 금액을 투입하는 경솔함을 보였다. 폴리프로필렌 차체를 생산하기 위해 구축한 대규모 사출 성형 라인이 그 좋은 예인데, 그때까지 만들어진 라인 중 규모가 가장 컸다고 한다. 어느 정도 제품 개선이 이루어졌음에도 디자인상에 심각한 결함이 드러났지만 점점 자금줄이 바닥나기 시작하자 클리브 경은 출시일을 앞당기기로 결심했다. 1985년 1월, 추운 겨울날 런던 알렉산드라 광장 꼭대기에서 C5는 세상에 모습을 드러냈다. 개방형 차체인 데다 기온이 낮으면 성능이 떨어지는 배터리를 장착한 이 차량을 선보이기에 추운 날씨는 그리 적합하지 않았다.

399파운드에 출시된 C5는 영국 대중의 마음을 사로잡긴 역부족이었다. 차체도 매우 낮은 데다 반쯤 드러눕는 자세로 타야 해서 승차감이 영 불편했던 것이다. 오픈형 차체고, 탑승한 승객의 시선이 도로 위로 머물게 되는 구조라 교통이 혼잡한 상황에서는 불안감을 주기도 했다. 영국안전위원회British Safety Council와 그 외 자동차 관련 기관은 C5 탑승 시 시계 및 승차 안전성 확보가 우려된다는 입장을 표했다. 영국 자동차협회는 C5의 낮은 차체 때문에 중대형 트럭 운전자들이 미처 못 보고 들이받거나 깔아뭉갤 수 있다며 C5를 '죽음의 덫'이라고까지 혹평했다. 이런 안전상의 결함이나 불안전한 동력도 문제지만 차체 중량이 너무 가볍고 기어 드라이브 체인이 고정되어 있으며, 페달 밟기에 편한 위치를 잡기 위한 좌석 조정이 불가능하다는 점이 더 문제였다. 애초에 대대적인 상업적 성공을 이룬 최초의 전기 차를 탄생시킬 거란 예상과 달리 C5는 그저 조롱의 대상에 지나지 않았다. 매출 실적도 처참했다. 출시한 그해가 저물기도 전에 생산은 중단되었고, 싱클레어 비히클은 법정 관리에 들어갔다. 이듬해 회사 재정이 악화되자 싱클레어 경은 5백만 파운드에 자사 컴퓨터 마케팅 및 상품화 권리를 암스트라드 그룹에 매각했다. 요즘엔 어프렌티스The Apprentice라는 프로그램의 얼굴로 더 잘 알려진 암스트라드 창업주 앨런 슈거 Alan Sugar는 C5가 출시된 날과 마찬가지로 추운 날 경쟁사를 꿀꺽 집어삼키고 그 일부를 손에 넣는 쾌거를 이뤘다. 클리브 경은 그 후에도 혁신을 도모했지만 C5로 처참한 실패를 맛본 후 예전과 같던 전성기는 다시 누릴 수 없었다.

디자이너로서 쓰라린 데뷔 무대를 치른 데스바라츠는 후에 성공적으로 자신만의 산업 디자인 영역을 구축했다. 더 알로이The Alloy와 브리티시 디자인 이노베이션 대표를 역임한 그는 전문 산업 디자이너를 대변하는 목소리로도 활약 중이다. 그가 싱클레어 시절에 배운 크나큰 교훈 중 하나는 디자인 과정을 통해 나오는 결과는 완성된 제품의 사양서나 다름없다는 점이었다. 이 통찰은 오늘날까지도 그의 일 속에 눅진히 녹아 있다. 그의 말을 들어보자.

"클리브 경이 살았던 거품의 시대를 지켜본 경험은 이후 제 사업을 할 때 나와 반대되는 의견을 적극적으로 찾아 나서고, 또 그러한 의견을 독려하고 보상하는 게 얼마나 중요한지를 깨닫게 해 주었습니다. 저는 일찍부터 언제나 예스만 외쳐대는 '예스맨'들을 감지하고 또 억제하는 방법을 배웠어요. C5를 탄생시키는 과정에서 제가 한 일은 아름답지 않고 쓸모없는 기기를 더 예쁘고, 더 안전하고 더 사용할 만하지만 여전히 쓸모없는 기기로 바꿔낸 일에 불과했습니다. 그 후 저는 결심했습니다. 혁신 과정 초기부터 참여하면서 기본적인 구상을 하고 근본적으로 별로인 아이디어를 단지 장식만 하는 작업에 안주하지 않기로 말이죠. 로터스 자동차 엔지니어부터 프라이머리 콘택트의 마케팅 및 광고팀까지, 정말 유능한 인재들을 모아 성공 가능성도 희박한 쓸모없는 프로젝트에 투입해 오합지졸로 만들어 버린 건 정말 안타까운 경험이었습니다.

나쁜 전략은 유능한 사람들의 앞날을 망칩니다. C5 프로젝트에 참여하면서 제 결혼식 때 베스트 맨이 되어준 고마운 인연, 크리스 포크스Chris Fawkes를 만났습니다. 정말 뛰어난 마케팅 인재이자 제겐 멘토와도 같은 사람이며, 클리브 경도 그에게 큰 신세를 졌습니다. 80년대 메타랩의 분위기는 정말 멋졌습니다. C5 프로젝트 이후 저는 세계 최초의 노트북 컴퓨터 디자인 작업에 착수했습니다. 이 작업을 하면서 제가 느낀 건 이 세상엔 우리 산업 디자이너들 말고도 창의적인 사람들이 많으며, 결과는 비록 좋지 않았지만 클리브 경은 어쨌든 도전했고 또 자신의 말을 행동으로 보여준 사람이었다는 점입니다. 영국은 클리브 경이 보여준 정신을 가진 새로운 기업가 세대를 절실히 필요로 하고 있습니다. 그러나 제품을 구상하고 모양을 잡아가는 과정에서 저와 같은 산업 디자이너의 의견을 적극적으로 반영할 줄 아는 기업가라야 하겠지요."

듣기 좋은 말만 듣는 건 곧 파멸이다. 기업이나 기업가나 성공을 거둘수록 반대의 목소리에 적극적으로 귀 기울이고 현 상황을 끊임없이 확인해 나가는 작업이 필요하다.

RJ 레이놀즈
토치가 있어야 불붙는 '연기 없는' 담배

1980년대 초 담배회사 RJ 레이놀즈Reynolds는 노스캐롤라이나 주 윈스턴 세일럼Winston-Salem에서 비밀 개발 작업을 진행 중이었다. '프로젝트 스파Project Spa'라고 이름 붙은 이 프로젝트는 초반엔 본사 수뇌부에서도 모를 만큼 극비리에 추진되었다. 1980년대 후반 마침내 베일이 벗겨졌는데, '연기 없는 담배'라는 혁신적인 제품이 바로 그 주인공이었다. '프리미어Premier'라는 이름의 이 제품이 개발된 배경에는 당시 미국 내에서 간접 흡연에 대한 우려의 목소리가 높아지며 전개된 담배 반대 운동이 있었다. 이 운동으로 인해 미국 담배 산업은 건강에 악영향을 미친다는 비난을 받았을 뿐만 아니라 매출 면에서도 큰 타격을 입었다. 1980년대에 걸쳐 매년 매출이 2%씩 하락한 것이다. 레이놀즈는 프리미어가 비흡연자도 받아들일 수 있는 흡연 제품을 내놓자는 취지에서 만든 제품이었다.

외관으로 보면 프리미어는 일반 담배와 거의 흡사하다. 차이는 담배를 다 피웠을 때 나타난다. 일반 담배는 재를 털면서 길이가 줄어드는 반면, 프리미어는 길이의 변화도 없고 재도 발생하지 않는다. 일반 담배처럼 몸통이 타는 것이 아니라 데워지기 때문이다. 불을 붙이면 숯 물질이 데워지면서 니코틴, 글리세롤 등 기타 성분이 든 캡슐에서 향이 뿜어져 나온다. 담배를 피우는 사람은 이 향이 나오면 연기를 내뿜을 타이밍이란 걸 알 수 있다. 대외적으로 '연기 없는' 제품이라 선전했지만 엄연히 말하면 이는 잘못된 표현이다. 일반 담배에 비해 연기가 '덜'한 것이고 연기 성분이 다를 뿐이다. 레이놀즈는 프리미어의 연기는 보다 '깨끗하며' 건강을 위해서도 훨씬 탁월한 선택이라는 점을 강조했지만 담배 반대론자들의 마음을 사로잡기엔 역부족이었다.

프리미어가 출시되자 군 의무감 C. 에버레트 쿱C. Everett Koop은 이 제품이 피울 수 있는 크랙코카인 등의 '마약 전달 시스템'으로 교묘하게 이용될 수 있으므로 일반 담배 제품 관리 기관이 아닌 미국 식품의약국FDA의 엄격한 관리가 필요하다는 의견을 피력했다. 이에 보건 기관들도 함께 연대해 어린이 및 청소년들이 이에 호기심을 느껴 니코틴 중독에 빠질 수 있다며 이를 마약으로 규정해 달라는 탄원서를 FDA에 제출했으며, 더 나아가 미국의학협회The American Medical Association는 안전하다는 추가 증거가 나올 때까지 프리미어 시판을 보류하라고 촉구했다. 흡사 '혁신 제품' 프리미어와 다 함께 힘을 모은 반대 세력이 서로 마주하고 대치한 듯한 상황이었다.

그러나 정작 이 소동을 잠재운 건 테스트 마켓에서의 소비자 반응이었다. 우선 불이 잘 안 붙는다는 볼멘소리가 터져 나왔고 맛과 향 모두 이상하다는 원성이 자자했다. 플라스틱 타는 맛, 스니커스 태운 맛에 비유하는 이들도 있었다. 향에 대해서는 방구 냄새가 난다는 의견이 지배적이었고, 개 타는 냄새라는 표현으로 독창성을 가감 없이 드러낸 사람도 있었다. 담배만큼이나 조롱도, 지탄도 많았다.

1988년 11월, 프리미어가 마침내 출시되었을 당시, 레이놀즈의 모기업 RJR 나비스코Nabisco는 사모 펀드 콜버그 크라비스 로버츠Kohlberg Kravis Roberts에 의한 매각 절차를 진행 중이었다. 250억 달러로 당시로서는 월가 역사상 최대 규모였던 이 차입 매수 건을 둘러싼 암투, 내막 및 전말은 월스트리트 기자 출신의 브라이언 버로Brian Burrough와 존 헤일러John Helyar가 쓴 베스트셀러 소설 『문앞의 야만인들Barbarians at the Gate』에 잘 묘사되어 있다. 이야기가 너무나도 흥미로웠던 탓에 배우 제임스 가너James Garner가 RJR 나비스코 CEO 로스 존슨Ross Johnson으로 분한 영화도 제작되었다. 이 매수 건이 대왕 문어 몸통이라면 프리미어 출시는 그저 다리 한쪽에 불과한 정도였지만, 이 제품이 완전히 죽을 쑨 상황에서는 더 이상 '그저 다리 한쪽'일 수 없었다. 버로와 헤일러가 쓴 책을 보면 이런 내용이 있다.

'사람들이 환불해 달라고 요청한 담배 제품은 프리미어가 처음이었다. 테스트가 진행되었던 세인트루이스와 애리조나 지역 출퇴근 시간 라디오 방송에서는 하루가 멀다 하고 이 제품을 혹평했다. 레이놀즈 타바코의 위대한 희망이 될 줄 알았던 제품은 결국 위대한 신제품 참사로 전락하고 말았다.'

이후 콜버그 크라비스 로버츠 사의 소유가 된 레이놀즈는 1989년 초 프리미어를 단종시켰다. 테스트 마켓의 반응이 너무나도 처참했던 탓에 제정신이라면 단종 외에 택할 수 있는 방법이 없었다. 이 프로젝트에 레이놀즈가 쏟아부은 돈은 총 3억 5천만 달러였다. 실패 중 실패라고 할 수 있는 최악의 사례가 아닌가 싶다. 프리미어 생산 중단 소식을 들은 담배 산업 분석가 이마누엘 골드먼은 놀랄 일도 아니라는 반응을 보였다.

"맛도 안 좋죠. 냄새도 안 좋죠. 게다가 불을 붙이려면 라이터가 아니라 토치가 있어야 합니다."

- 1990년대 초 펩시는 스파클링 워터처럼 생긴 콜라를 만들자는 아이디어를 떠올렸고, 이에 카페인이 함유되지 않은 '펩시 크리스탈'을 선보였다. 크리스탈이란 이름은 투명함과 순수한 맛을 강조하기 위함이었다. 그러나 정작 '맑은 커피, 맑은 차, 맑은 코코아를 원하는 사람은 아무도 없는데 왜 콜라라고 꼭 맑아야 하는가?'라는 의문에 봉착한 이 제품은 결국 세상의 빛을 보지 못하고 사라졌다.

- 아웃도어 놀이용으로 제작된 길이 30cm의 대형 론 다트^{Lawn Darts}는 장난감이라기보단 무기에 가까웠다. 이 다트를 쐈을 때, 재수가 지극히 좋지 않으면 벌어질 수 있는 최악의 상황은 무엇일까? 이 다트로 어린이 3명이 사망하고 부상자가 수천 명 나오자 미국 소비자제품안전위원회는 1988년 이 제품의 생산 중단을 명령했다. 프랭클린 스포츠^{Franklin Sports}를 비롯한 여러 업체들이 제작한 이 제품의 화살촉은 금속으로 되어 있었다. 보다 유해성이 덜한 플라스틱 촉으로 된 제품은 현재 시중에서 구입할 수 있다.

- 1980년대 후반엔 다들 마가 쓰였던 걸까? 수프 제조사 캠벨^{Campbell} 역시 1987년 '수퍼 콤보^{Souper Combo}라는 신개념 간편식을 선보였는데, 수프와 샌드위치가 함께 들어있는, 전자레인지에 데워 먹을 수 있는 제품이었다. 이 제품이야말로 사람들이 원하던 것이었다. 전자레인지에 잠깐 데우면 따뜻하고 맛있는 샌드위치! 그러나 아무리 시간에 쫓기는, 지독하게 게으른 사람이라도 수프에 곁들일 샌드위치 하나 만드는 게 뭐가 그리 힘든 일일까? 프랭크 시나트라의 'love and Marriage' 멜로디에 '수퍼 콤보'가사를 입힌

TV 광고가 제작되어 대대적인 제품 홍보에 들어갔다. 정말이지 궁금한 점은 도대체 왜 그렇게 썩 어울리지도 않는 '샌드위치+수프' 콤보를 만들어 냈는가 하는 점이다.

• 2009년 프리토레이Frito-lay 사는 자사 제품 썬칩 포장지를 100% 분해 가능한 물질로 제작해 환경 친화적 행보라는 찬사를 받은 적이 있다. 그러나 이내 찬사는 쏙 들어갈 수밖에 없었는데 썬칩을 먹을 때마다 봉지에서 따닥따닥하는 불필요한 잡음이 났던 것이다. '이 썬칩을 먹는 중에는 네 말이 안 들려'라는 글이 올라온 페이스북 페이지에 5만 명이 넘는 사용자들이 '좋아요'를 눌렀다.

• 이탈리아 무기제조업체 파브리카 다르미 피에트로 베레타 Fabbrica d'Armi Pietro Beretta는 르네상스 시대부터 사업을 이어온 유서 깊은 기업이다. 워낙 걸출한 데다 명성이 자자해 제임스 본드 시리즈의 저자 이안 플레밍Ian Fleming은 초기 작품 속 본드가 베레타 25구경 권총을 사용하는 모습으로 그렸다. 1980년대 중반 미국 자동차 제조업체 제너럴 모터스General Motors는 '쉐보레 베레타'라는 이름의 쿠페[•]를 출시했는데, 이탈리아 베레타 사는 이에 상표권 침해 소송을 제기했다. 이탈리아 '베레타'의 역사는 한두 세기도 아니고 1526년까지 거슬러 올라가야 한다. 1989년 법정 최종 판결을 통해 GM은 베레타 명칭을 사용하는 조건으로 이탈리아 베레타가 세운 암 연구 재단에 50만 달러를 기부키로 했다. 법적 분쟁의 앙금을 털어내기 위해 양 사 대표가 이탈리아에서 직접 만나 선물을 주고받았다. GM은 베레타에 쉐보레 베레타 GTU 쿠페를, 베레타는 사냥용 소총과 산탄총을 선물했다.

• 주로 2개의 문이 달린 2인승의 세단형 승용차

팁과 교훈

- ☑ 진정으로 고객의 요구에 부합하는지를 자문하라.

- ☑ 신제품이 출시될 시장과 제대로 소통하라.

- ☑ '할 수 있다'고 해서 '해야 하는' 건 아니다.

- ☑ 출시 전 모든 문젯거리나 결점을 정리하라.

- ☑ 소비자 안전을 그 무엇보다 우선하라.

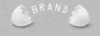

CHAPTER 05

너무 일을 크게 벌인 거리 홍보

무모한 프로모션이 초래한 혼돈

브랜드 홍보 차원에서 진행하는 대대적인 이벤트가 제대로, 성공적으로 이루어지면 전 세계적으로 이름을 알릴 수 있는 이보다 더 좋은 기회는 없는 셈이다. 2012년 10월, 성층권에서 뛰어내리는 사상 초유의 비행을 선보인 오스트리아 출신 스카이 다이버 펠릭스 바움가르트너 Felix Baumgartner를 후원했던 레드불 Red Bull이 그 좋은 예이다. 전 세계 50여 개국 TV뿐만 아니라 유튜브를 통해서도 생중계되고, 페이스북과 트위터에서도 큰 화제를 불러일으킨 바움가르트너의 숨 막히는 우주 낙하로 레드불은 약 1억 파운드 가치의 광고 효과를 누렸다. 그러나 만에 하나 이 우주 낙하가 잘못되었더라면 어땠을까? 음속보다 빠른 속도로 낙하하던 와중에 일이 잘못되어 바움가르트너가 목숨을 잃었더라면 레드불이란 브랜드는 얼마나 타격을 입었을까?

다행히 그의 우주 낙하는 성공적이었기에 이런 질문에 대한 답은 그냥 상상해 보는 수준에서 그칠 수 있다. 바움가르트너와 일행은 5년의 시간을 들여 이 이벤트를 준비했으며, 위험을 최소화하기 위해 만반의 준비를 갖췄다. 이들의 뼈를 깎는 수고는 헛되지 않아 사람들로부터 박수갈채를 자아내는 성과를 이뤘다. 그러나 그렇게 꼼꼼히 준비했음에도 바움가르트너가 낙하하던 도중 속도가 제어 불가능한 수준으로 치달은 듯한 장면이 연출되기도 했다. 바움가르트너 자신에게도 아찔했을 그 위험한 순간은 허구가 아닌 실제였다.

　물론 레드불이 진행한 '우주 낙하'와 같이 그 자체가 위험하고 복잡한 이벤트는 사실 그리 많지 않다. 만약 그랬다면 할리우드 블록버스터 영화가 이렇게나 흥하진 못했을 것이다. 그러나 뭔가 색다른, 사람들의 시선을 사로잡을 만한 것은 근본적으로 어느 정도의 위험을 수반하게 마련이다. 마케팅 목적으로 한 스턴트가 잘못될 경우, 해당 브랜드의 이미지는 치명적인 타격을 입게 되고, 최악의 경우 경찰이 동원되는 사태로도 이어진다. 이런 수치스러운 상황이 얼마나 있을까 싶겠지만 의외로 많다는 사실, 혹시 아시는지? 경찰까지 등장시켜야 했을 정도로 망신살 뻗친 마케팅 실패 사례를 한데 모아서 하나의 카테고리를 만들어도 될 정도이다.

카툰 네트워크
폭파 소동을 일으킨 대담무쌍한 마케팅

　미국 터너 사 애니메이션 채널 카툰 네트워크Cartoon Network는 마스터 쉐이크Master Shake, 미트워드Meatwad, 프라이락Frylock 등 패스트푸드 메뉴를 주인공으로 등장시킨 만화 〈아쿠아 틴 헝거 포스Aqua Teen Hunger Force〉 홍보를 위해 게릴라 마케팅을 펼치기로 했다. 마케팅 대행업체 인터피어런스Interference는 만화에 나오는 캐릭터 중 하나인 무니나이츠Mooninites와 흡사한, 깜빡이는 LED 플래카드를 제작했고, 청년 두 명을 고용해 깜깜한 한밤중에 몰래 보스턴 곳곳에 이를 40여 개 설치하도록 했다. 2007년 1월 31일, 출근 인파로 붐비는 오전 시간대에 일터로 향하던 한 시민이 설리번 스퀘어Sullivan Square 지하철역 인근 93번 주간 고속도로 고가 아래에 수상한 물체가 있다며 교통경찰에 신고했다. 교통경찰은 폭발물 해체반을 불렀고 일대는 비상사태에 돌입했다. LED 플래카드에는 전원이 설치되어 있는 데다 회로판, 전선, 전도용 테이프가 같이 붙어 있어 폭발물로 오인하기 딱 좋았고, 긴급 대응팀은 의심할 여지없이 피해 상황을 최소화하기 위해 통제 폭발 작업에 돌입했다. 다른 폭발물은 없는지 조사하기 위해 조사 당국은 일부 교량과 주간 고속도로 일부 구역 및 찰스 강The Charles River 일대를 폐쇄하며 대대적인 수색 작전을 펼쳤다. 헬리콥터가 상공을 떠돌며 시내 상황을 탐지했고, 언론사 취재진들이 쏟아져 나와 상황을 보도하기 시작했다.

그렇게 한차례 소동이 벌어진 후 마케팅을 위한 스턴트였다는 사실이 밝혀지면서 소동은 진정되었지만 시 당국은 이에 격하게 분노했다. 토마스 메니노Thomas Menino 보스턴 시장은 〈USA 투데이〉와의 인터뷰에서 격한 발언을 서슴지 않았다.

> "9.11 테러를 겪고서도 이런 식의 마케팅을 하는 회사가 있다니 정신이
> 나간 겁니다."

카툰 네트워크의 모회사인 터너 사에 해당 수색 및 대응 과정에 든 비용 일체에 대한 법적 보상 청구를 실시하겠다는 말도 덧붙였다. 이 플래카드 설치에 고용된 션 스티븐스Sean Stevens와 피터 베도프스키Peter Berdovsky는 부적절한 장치 설치 혐의로 체포되었고, 중죄로 분류되어 최고 징역 5년에 처할 위기에 놓

였다. 소동이 발생하고 1주일 후, 매사추세츠 주 마사 코클리Martha Coakley 검찰 총장은 터너 사와 인터피어런스가 피해 보상 금액 2백만 달러를 지급하기로 합의했다고 밝혔다. 마케팅은 마케팅대로 망치고, 돈은 돈대로 깨진 셈이다.

13년째 카툰 네트워크를 이끌어 오고 있는 짐 샘플스Jim Samples 대표는 사건 발생 며칠 후 스스로 자리에서 물러났다. 직원들에게 보내는 성명서를 통해 그는 다음과 같이 사임 이유를 설명했다.

'저는 바람직하지 못했던 이번 마케팅 소동과 그로 인해 우리 회사가 떠안게 된 모든 비용에 깊은 유감을 표합니다. 카툰 네트워크를 이끄는 사람으로서 사태의 심각성을 충분히 인지해 이 자리에서 즉시 물러나는 게 마땅하다고 생각합니다.'

LED 장치 설치 혐의로 체포된 스티븐스와 베도프스키는 법원에서 사과문을 낭독하고 지역 재활 병원에서의 사회봉사를 모두 완료하는 것으로 혐의를 벗을 수 있었다. 메니노 보스턴 시장은 이번 사태를 통해 그릇된 마케팅 행위의 폐단을 명확히 인식하기 바란다는 성명서를 발표하며 이렇게 덧붙였다.

"보스턴에서 활동하는 기업들 중 게릴라 마케팅을 생각 중인 이들이 있다면 이 말을 새겨들으시기 바랍니다. 거주민 및 활동 기업들 모두의 공공 안전을 수호하는 건 우리 시의 최우선 과제입니다."

말할 것도 없이 이는 정말 어처구니없고 책임감 없는 짓이었다. 그래도 이만하길 천만다행이었다. 문제가 된 LED 플래카드는 보스턴 외에 미국 내 9개 주요 도시에도 설치되었지만 다행히 보스턴과 같은 상황이 펼쳐지지 않고 무사히 지나갔기 때문이다.

이 이야기에는 좀 신기한 구석이 있다. 소문에 의하면 〈아쿠아 틴 헝거 포스〉를 제작한 데이브 윌리스Dave Willis와 맷 마이엘라로Matt Maiellaro가 시즌5 에피소드 중 하나를 '보스턴'이란 제목으로, 실제 보스턴 소동의 상황에 대해 썼다는 것이다. 터너 사 변호인 측은 이에 대해 일언반구 하지 않았고, 원래 2008년 방송 예정이던 이 에피소드는 끝내 방송되지 않았다. 윌리스는 인터뷰를 통해 미방영 에피소드를 비디오에 녹화해 금고에 넣어 놨다며, 자신이 세상을 떠난 후에나 공개될 거라는 농담을 던지기도 했는데, 어쩌면 농담이 아닐 수도 있다. 보스턴 소동이 그러했듯 장난이 꼭 장난으로 끝나란 법도 없기 때문이다.

텔레2
운석 자작극으로 신뢰를 잃다

모든 일의 끝이 언제나 처음과 같진 않다. 2009년 10월 25일 일요일 저녁, 라트비아 상공에 번쩍이며 나타난 운석이 에스토니아 국경에 인접한 어느 밭에 떨어졌다. 일대에 있던 한 학생과 친구들은 이를 목격하고 즉시 달려가 운석이 떨어진 현장의 모습을 카메라에 담아 유튜브에 올렸고, 이는 곧 온라인상에서 화제를 불러일으켰다. 이에 대한 소식이 퍼지자 취재를 위해 언론사가 모여들었고, 현장 통제를 위해 군대가 동원되었으며, 과학자들은 낙하 현장 조사 및 방사능 테스트를 실시했다. 현장에 있던 10미터 너비의 구멍과 거기 놓인 바위를 조사해 본 결과 외계 물질이 아닌 것으로 드러났다. 이는 영화 〈아마겟

돈Armageddon〉이나 〈딥 임팩트Deep Impact〉를 따라 하긴 했는데 돈이 영 부족해 완성도는 갖추지 못한, 질 떨어지는 장난으로밖에 보이지 않았다. 당초 이를 발견한 학생은 잠적했고, 라트비아 경찰은 이에 대한 범죄 수사 착수를 고려 중이라고 밝혔다.

이 일이 벌어지고 이틀 후, 스웨덴 통신업체 텔레2Tele2가 자사의 소행임을 털어놓았다. 텔레2의 라트비아 지부와 현지 언론사 〈인스파이어드Inspired〉가 스웨덴 본사 승인하에 꾸민 일이라고 밝혔다. 도대체 이런 일을 벌인 이유가 뭘까? 라트비아는 당시 심각한 경기 침체에 시달리며 혹독한 긴축 정책을 실시 중이었다. 텔레2 라트비아 지부 대변인은 이런 깜짝 행사를 통해 사람들의 관심을 잠시나마 흥미로운 곳으로 돌려 뭔가 창의적인 재밋거리를 주려는 목적이었다고 전했다.

글쎄, 난 개인적으로 교외 지역에 큰 구멍을 파놓고 여기에 불을 붙여 운석이 떨어진 것처럼 꾸민 일이 그다지 창의적이라고 보진 않는다. 말이 안 맞기도 하다. 운석이 떨어진 것처럼 꾸민 상황을 통해 도대체 무슨 마케팅 메시지를 전달하려고 한 것인지? 경기 침체로부터 사람들의 관심사를 돌리는 건 통신사가 할 일은 아니다. 더군다나 '속여서' 사람들의 마음을 얻으려고 한 건 더욱 어불성설이다. 이런 장난을 통해 뭔가 강력한, 합리적인 메시지를 전달하려는 생각이었다면 그거야말로 '운석'처럼 맥없이 고꾸라진 셈이다.

텔레2는 이 장난에 대응하는 데 든 비용 일체를 배상하겠다는 입장을 라트비아 정부 측에 밝혔지만 정부는 눈 하나 꿈쩍하지 않았다. 린다 무르니에체 Linda Murniece 내무장관은 라트비아 국민들을 대상으로 한 텔레2의 '냉소적 장난'을 비난했으며, 이에 대한 대응 차원으로 해당 업체와 정부와의 계약 종료를 통보했다.

"라트비아 내무부는 자국을 웃음거리로 만들면서까지 자사를 홍보하는 기업과 협업하고 싶지 않습니다."

자사 홍보는커녕 괜한 장난으로 텔레2는 라트비아에서의 입지를 완전 잃고 말았다. '우주' 차원의 마케팅을 하려는 기업은 최소한 레드불의 사례를 본받아 제대로 한 수 배워야 할 것이다.

LG전자
난장판이 된 신제품 이벤트 현장

당첨권이 매달린, 'G' 자가 크게 새겨진 형형색색의 풍선들이 바람에 하늘하늘 날리고 있다. 말만 들으면 참 평화로워 보이고 목가적이기까지 하다. 2013년 8월, LG전자가 서울 상암동 난지공원에서 진행한 신제품 스마트폰 G2 출시 이벤트는 처음엔 이렇게 순조로울 듯 보였지만 결국 난장판이 따로 없는 어수선함으로 끝을 맺고 말았다.

새로이 출시한 스마트폰을 홍보하기 위해 LG는 신제품 100대를 무료 제공하는 행사를 진행했고, 제품 교환권이 담긴 쿠폰을 헬륨 풍선에 달아 공원 상공에 날렸다. 어떻게든 교환권을 손쉽게 손에 넣고 싶었던 참가자들 중 BB 총을 쏴 풍선을 맞히려는 사람도 있었고, 심지어 창을 던져 풍선을 터트리려는 위험천만한 상황을 연출하는 여성도 있었다. 누가 다쳐도 다칠 만한 상황이었다.

하늘로 날린 풍선이 다시 지상으로 내려오면서 풍선을 손에 넣고 싶어 안달 난 사람들의 머리 위로 떨어졌다. 풍선을 잡기 위해 사람들이 우르르 몰려들면서 서로 얽히고설켜 20여 명이 부상하는 사태가 발생했다. 그중 7명은 병원으로 옮겨져 치료를 받았다. 이 난리통은 언론을 통해 전 세계적으로 보도되었으며, LG는 공공 안전 절차를 제대로 준수하지 않았다는 비난을 받았다. 이런 풍선 이벤트보다는 선착순으로 모여든 사람들에게 신제품을 무료로 나눠주는 방식이 더 나았을지도 모르겠다.

LG는 성명을 통해 부상자들이 발생한 상황에 유감을 표하며 다음과 같이 입장을 밝혔다.

"일곱 분이 병원 치료를 받고 있으며, 다행히 중상자는 없는 것으로 파악했습니다. 자사는 이 불미스러운 상황에 전적인 책임을 통감하며 치료비 일체를 부담할 것입니다. 또한, 향후 유사 상황이 재발하지 않도록 사고 경위를 철저히 조사 중에 있습니다."

내가 보건이나 안전 전문가는 아니지만 조직을 보다 탄탄히 정비하고 부상자가 발생할 수 있는 가능성은 애초부터 싹을 잘라 버리는 것이 더 낫지 않을까 싶다. 그렇지 않고서야 LG의 이런 풍선 이벤트는 응급 상황에서 자사 휴대전화로 얼마나 빠르게 조치를 취할 수 있는지를 보여주기 위한 행사로밖에 보이질 않는다.

유비소프트, 델
가짜 무기를 동원한 전투적 마케팅

손들어! 가짜 총으로 사람들을 겁주는 홍보 이벤트가 마음에 든다면 지금

당장 손들어! 손 든 사람 있습니까? 물론 이를 마음에 들어 하는 사람도 있을 것이다. 가짜 총 들고 설치는 장난꾸러기가 없는 세상은 너무 지루할 테니까. 안전하긴 하겠지만 지루할 것이다.

2010년 4월, 뉴질랜드 오클랜드의 비아덕트 하버Viaduct Harbour에 위치한 한 식당 테라스에 앉아 금요일 밤을 만끽하고 있던 사람들 앞에 무기를 든 한 남성이 나타났다. 누군가 "저 사람 총 들고 있어요!"라고 외쳤고, 겁먹은 사람들은 속히 몸을 숨기기에 급급했다. 식당 매니저였던 스티브 쿠르토비치는 〈뉴질랜드 헤럴드〉와의 인터뷰에서 "손에 붕대를 감고 있던 그 남성은 식당 바깥에 앉아 있는 손님들에게 총을 겨누고 있었어요"라고 말했다. 무장 경찰이 곧 현장에 도착해서 용의자를 제압하고 나서야 그 남성이 들고 있던 총은 플라스틱으로 된 장난감 총이란 점이 드러났다. 두 남성이 현장에서 주의 경고를 받았다. 총을 든 남성은 사실 유비소프트Ubisoft의 엑스 박스 비디오 게임인 '스플린터 셀: 컨빅션Splinter Cell: Conviction'을 홍보하기 위해 고용된 연기자였다. 어설프긴 했지만 그는 스플린터 셀의 원작 소설 속 주인공이자 게임 캐릭터인 작전 요원 샘 피셔Sam Fisher를 재연한 것이었다. 유비소프트의 뉴질랜드 배급사인 모나코 코퍼레이션Monaco Coporation은 해당 이벤트는 사실 외주 업체가 진행한 것이고 총이 사용된 줄은 미처 몰랐다며, 불미스러운 상황이 초래된 데 사과 입장을 표했다. 경찰은 이를 규탄하며 이런 식의 이벤트는 매우 경솔한 처사이며, 유사 상황으로 또 다른 비극이 초래될까 우려된다는 입장을 밝혔다.

그로부터 1년이 채 지나지 않은 2011년 2월, 미국 텍사스 주 경찰 역시 비슷한 우려를 표했다. 컴퓨터 제조사 델에 근무하는 브라이언 체스터Brian Chester와 그의 상사 대니얼 로슨Daniel Rawson은 할리 데이비슨Harley Davidson 오토바이와 호환이 가능한 델 신제품 스트리크 태블릿 PC 사내 홍보를 위한 마케팅 이벤트를 라운드 록Round Rock 본사에서 진행키로 했다. 이에 대해 사전 통보를 하지 않은 채 체스터는 오토바이 라이더 복장을 하고 검은 마스크를 쓴 위협적인 모습으로 회사에 나타났다. 정체 모를 자의 갑작스러운 출연에 겁먹은 직원들은 소리를 질렀고, 그가 무기를 소지하고 있다고 착각했다. 로비로 이동하라는 체스터의 말에 직원들은 목숨의 위협을 느꼈고, 몇몇 직원이 회사에 마스크를 쓴 괴한이 나타났다며 경찰에 신고했다. 테러범이 나타나 인질극을 벌이는 상황으로 착각한 것이다. 다행히 체스터는 경찰과 맞닥뜨리기 전 사람들에게 진상을 알렸다. 만약 경찰특공대가 진상을 알지 못한 채 체스터를 발견했다면 어떤 일이 벌어졌을지 상상만 해도 끔찍하다. 다행히 그는 테러범으로 오인되는 참사는 피해 갔지만 경범죄 혐의로 체포되었다. 텍사스 형법에 의거 타인에게 심각한 상해를 입힐 수 있는 즉각적 위험을 초래했다는 것이 이유였다. 체스터의 상사 로슨은 공무 집행 방해 혐의를 적용받았다. 라운드 록 경찰서 에릭 포티트 대변인은 '정말 큰일 날 뻔했다'는 말로 상황의 심각성을 묘사했다.

스내플
녹아내린 아이스바, 뉴욕을 덮치다

신제품 키위+딸기맛 아이스바를 어떻게 홍보하면 좋을까 고민하던 스내플Snapple은 세계에서 가장 큰 아이스바를 만들어 뉴욕 맨해튼 한복판에 전시하면 어떨까 하는 아이디어를 떠올렸다. 1997년 네덜란드 카트비크 얀 덴 라인Katwijk aan den Rijn에서 친구들끼리 합심해 높이 약 640cm, 무게 9,000kg에 달하는 거대한 아이스바를 만들어 기네스 세계 기록에 등록된 바 있기에 스내플이 이번 도전으로 기존 기록을 깰 수 있을지 여부만으로도 상당한 의의가 있었다. 2005년 6월, 스내플은 포부도 당당하게 기존의 세계 최대 아이스바에 도전장을 내밀었다. 뉴저지 에디슨에 위치한 공장에서 제작해 얼린 후 대형 냉동 탑차를 이용해 맨해튼의 유니언 스퀘어^{Union Square}에 내릴 예정이었다. 높이 약 762cm, 무게 약 15,875kg에 달하는 스내플의 아이스바는 보기에도 네덜란드 기네스 기록 보유물보다 훨씬 컸지만, 지상에 바로 세울 수 있어야 신기록으로 인정받을 수 있었다. 때는 6월, 여름 태양이 제법 뜨거울 무렵이라 아이스바는 예상보다 너무 빨리 줄줄 녹아내리기 시작했다. 아이스바를 지상에 내리기 위해 탑차를 기울였더니 녹은 액체가 뚝뚝 떨어지기 시작했다. 바닥을 흥건히 적신 액체가 도로를 타고 흐르자 자전거 탄 사람들은 미끄러지고, 보행자들은 넘어지고 난리가 났다. 끈적거리는 아이스바 액체로 거리를 잔뜩 물들이고 나니 스내플이 내건 '지구 최고의 재료로 만듭니다'라는 슬로건이 무색할 지경이었다.

거리를 흥건히 메운 분홍색 국물을 수습하기 위해 경찰에 소방대원까지 동원되었다. 일부 거리는 소방차 접근을 위해 통행이 제한되었고, 일대 교통은 마비되었다. 현장에 나온 얼음 조각 전문가들은 스내플 아이스바의 취약한 구조에 대해 경고했다. 더 이상 들어 올렸다가는 구조가 완전히 해체되어 위험한 상황이 발생할 수 있다는 것이다. 결국 기네스북 기록 도전은 실패로 돌아갔고, 겨우 25도만 들어 올려 수습할 수밖에 없는 상황이었다. 현장을 지켜본 기네스 세계 기록 심사위원 스튜어트 클랙스턴^{Stuart Claxton}의 말을 들어보자.

"정말 난감했던 건 아이스바가 계속 녹아내린 탓에 액체가 끊임없이
흘러나왔다는 점이었어요. 양도 어마어마했고, 날이 더워 녹는 속도도
빨라 재빨리 움직여 대피할 수밖에 없었습니다."

엉망인 현장을 잘 피해간 뉴요커들은 스내플보다 잽쌌던 셈이다. 완전 망쳐 버린 이 이벤트로 스내플의 이미지는 이루 말할 수 없는 타격을 입었다. 기네스 기록 갱신은커녕 제품의 질이 썩 좋지 않다는 점을 스스로 광고한 꼴이었기 때문이다. 뉴욕 하수구 곳곳으로 녹아내린 아이스바 액체를 흘려보내며 깔깔댈 목적이 아니고서야 어느 누가 그렇게 빨리 녹는 아이스크림을 달가워할까?

물론 누군가에겐 독이 되는 상황이 어느 누군가에겐 약일 수도 있다. 영화 〈고스트버스터즈Ghostbusters〉의 주인공인 댄 애크로이드Dan Aykroyd와 빌 머레이Bill Murray가 엑토플라즘 방지복을 입고 스내플 아이스바 참사 현장에 모습을 드러냈더라면 영화 홍보로는 딱이었을 텐데.

BRMB
얼음처럼 냉혈한 마케팅 이벤트

그래도 스내플 사태에선 다친 사람은 없었으니 2001년 8월, 영국 지역 라디오 BRMB가 주최한 놀라울 정도로 개념 없는 행사에 비하면 양반이다. 영국 버밍험 BRMB 방송국 바깥에서 열린 '얼음장 방석' 행사에 걸린 경품은 가수 제리 할리웰Geri Halliwell과 아토믹 키튼Atomic Kitten이 출연하는 파티 인 더 파크 Party in the Park 입장권이었다. 이산화탄소를 고체화한 드라이아이스 덩어리 위에 앉아 가장 오래 버티는 사람에게 이 입장권이 돌아가기로 되어 있었다. 드라이아이스는 음식을 급속 냉동할 때 주로 사용하는 물질로 극히 차가운 성질을 띠고 있어 사용 시 주의 사항을 충분히 숙지해야 한다. 얼마나 무모한 짓인지 충분히 인지하지 못한 BRMB는 참가자들에게 드라이아이스 위에서 최대한 오래 견디면 된다고 일렀고, 이 말은 영하 78도에 버금가는 냉온을 견디라는 뜻이었다. 이 정도 온도는 북극 평균 기온보다도, 남극이 가장 추울 때 기온보다도 더 낮은 수준이다.

용감한 참가자들은 그렇게 드라이아이스 위에서 버텼고, 더 이상 못하겠다 싶을 때까지 버티자 몸에 이상 증세가 나타나기 시작했다. 네 사람이 동상 증세를 호소하며 병원에 실려 갔고, 여성 두 명과 한 남성은 상태가 매우 심각해 피부 이식술을 받고 10주간 입원해야 할 정도였으며, 치료가 끝나도 상처는 평생 안고 가야 했다. 참가자 중 한 사람은 BBC와의 인터뷰에서 이렇게 말했다.

> "병원에 갔더니 간호사가 이런 심한 화상은 생전 처음 본다고 말할 정도였어요. 의사 선생님은 만약 손이나 발로 드라이아이스를 직접 디뎠더라면 절단해야 했을 거라고 말했습니다. 그 정도로 심각했던 거죠."

BRMB는 이 심각한 사태에 깊은 유감을 표하고 부상자 전원의 치료비를 부담했다. 2003년 1월, 버밍엄 하급 법원에서 열린 청문회에서 BRMB는 당시 행사는 보건안전법 위반 행위였다는 점을 인정했고 영국 보건안전청HSE으로부터 1만5천 파운드의 벌금을 지급하라는 처분을 받았다. 보건안전청 대변인은 다시는 이런 사태가 일어나서는 안 될 것이라며, 이는 정말 어리석기 짝이 없는 이벤트였다는 입장을 표했다.

KDND
장난성 이벤트의 치명적인 대가

앞서 살펴본 BRMB의 이벤트에서는 그래도 사망자는 나오지 않았지만,

2007년 1월, 미국 캘리포니아 주 라디오 KDND에서 진행한 무개념 이벤트에서는 사람이 죽는 사태까지 발생했다. 당시 닌텐도 사의 신제품 게임기 위Wii가 출시돼 선풍적인 인기를 끌고 있었다. KDND는 과한 말장난을 쳤다가 곧 후회하게 되는데, 위를 경품으로 내 건 '위wee, 소변를 참으면 위wii를 드립니다'라는 행사를 진행한 것이다. 참가자들이 엄청난 양의 물을 마신 후 소변을 보지 않고 끝까지 참으면 우승을 차지하는 방식이었다. 20여 명이 이에 참가했고, 당시 상황은 〈모닝 레이브 쇼Morning Rave show〉를 통해 생중계되었다.

이벤트가 시작되고 2시간 정도 지나자 에바 브룩스Eva Brooks라는 이름의 여성 청취자는 너무 많은 양의 물을 한 번에 마시면 사망에 이를 수 있다는 언질을 주기 위해 방송국에 전화를 걸었다. 그녀는 "그 많은 물을 다 마시면 물 중독으로 이상 증세를 보이거나 사망할 수도 있습니다"라고 경고했다. 그러나 디제이 중 한 사람이 "우리도 알고 있어요"라고 대답했고, 또 다른 디제이는 "참가자들 모두 이에 동의했으니까 우리 책임이 아닙니다"라고 대꾸했다. 물 중독은 갑자기 물을 너무 많이 마실 경우 체내 염분 농도가 낮아져 신장 기능에 부하가 일어나고, 이로 인해 뇌를 비롯한 체내 곳곳이 부어올라 치명적 결과를 불러오는 현상을 말한다.

이 이벤트가 열리기 2년 전, 캘리포니아에서 매튜 캐링턴Matthew Carrington이란 이름의 21세 청년이 모임 환영회에서 수분 과다 섭취로 사망한 일이 있었고, 이는 미국 전역에 걸쳐 떠들썩하게 보도된 바 있었다. 그런데도 안전은 아랑곳하지 않고 KDND는 행사를 계속 이어갔다. 물을 너무 마셔 퉁퉁 부은 참가자들이 하나둘 포기하면서 여성 2명만 남은 상황이었다. 7리터의 물을 더 마신 이들 중 세 아이를 위해 게임기를 얻으려 이벤트에 참가한 28세 여성 제니퍼 스트레인지Jennifer Strange는 이상 증세를 호소하며 중단을 선언했다. 디제이에게 몸이 이상하다고 말했던 그녀는 대회 참가 후 회사에 갔다가 두통이 심해 병가를 내고 집에 돌아온 지 2시간 뒤에 사체로 발견되었다.

이 일이 있은 후 KDND의 모회사 엔터컴 커뮤니케이션Entercom Communications은 〈모닝 레이브 쇼〉를 폐지하고 해당 쇼의 디제이 3명을 포함한 10명의 직원을 해고했다. 2009년 법원은 엔터컴이 스트레인지의 죽음에 책임이 있다며 유가족에게 1천650만 달러를 지급하라고 명령했다. 사람이 죽고, 직원을 잃고 소송으로 돈까지 날렸으니 이보다 더 최악일 순 없는 이벤트를 진행한 셈이었다.

이런 목숨을 거는 마케팅 행사가 전대미문인가 하면 그것도 아니었다. 그보다 훨씬 시간을 거슬러 올라간 1896년, 텍사스의 한 초원에서 진행한 홍보 행사가 완전히 잘못되어 전쟁터를 방불케 하는 상황이 빚어진 적 있다. 당시 처참한 상황을 지켜본 피아니스트 겸 작곡가 스캇 조플린은 이에 영감을 받아 〈Great Crush Collision March〉라는 곡을 작곡하기도 했다.

19세기 말, 텍사스에서는 케이티The katy라는 이름으로 잘 알려진 미주리-캔자스-텍사스를 잇는 철도 확장 공사가 한창이었다. 당시 철도승무원인 윌리엄 조지 크러시William George Crush는 두 열차를 정면충돌시키는 화끈한 홍보 이벤트를 열어 보면 어떨까 하는 생각을 떠올렸다. 한 대는 빨간색으로, 다른 한 대는 녹색으로 칠해진 두 열차는 충돌 시연이 있기 전 곳곳을 운행하며 사람들의 관심을 고조시켰다. 시연은 웨이코Waco에서 진행할 예정이었고, 사전 행사가 성황리에 치러진 탓에 당일 최소 4만~5만 명가량이 몰려들 것으로 예상되었다. '크러시Crush'라고 이름 붙인 가상 도시가 행사 주최를 맡았고, 도시 이름을 활용해 행사는 '크러시에서의 크래시충돌이란 뜻'라고 이름 지어졌다. 엄청난 사람이 몰려든 행사 당일, 인구수로는 텍사스 내 2위를 차지할 정도였다.

당시는 텍사스 석유 붐이 아직 일기 전이어서 주 인구 밀도가 지금처럼 높지 않던 시절이었다. 뭔가 사기 좀 쳐 볼 게 없을까 하고 몰려든 불순한 의도의 사람들부터 단순히 호기심으로 현장을 찾은 사람들, 열차라면 사족을 못 쓰는 팬들까지 그야말로 사람들로 인산인해를 이뤘다. 아까 나왔던 대형 아이스바는 생각도 말자. 이 행사야말로 시간으로 보나 장소로 보나 더 스케일이 컸다.

링 위에 선 복서들처럼 호기롭게 서로를 마주하고 선 두 열차는 각각 일곱 량으로 이뤄져 있었다. 충돌 지점을 중심에 두고 속력을 낼 공간 확보를 위해 우선 후진했으며, 추진력을 받은 열차는 160km/h가 넘는 속력으로 서로를 향해 맹렬히 돌진했다. 이를 지켜보러 모인 사람들은 안전거리 확보를 위해 멀찌감치 떨어져 있던 상황이었다. 그때, 돌발 상황이 발생했다. 열차 한 곳의 증기 기관 보일러가 폭발해 사방팔방으로 파편이 튀어버리는 등 현장이 아수라장이 되어 버린 것. 이로 인해 남성 2명이 사망했고, 한 사진작가는 실명했으며 여러 부상자가 발생했다. 부상자 치료가 시작되었고 철도 관계자들은 속히 잔해 수집에 들어갔다. 그런 상황에서도 기념품으로 간직할 거라고 열차 잔해를 모으는 이들도 있었다. 당시 현장에 있던 한 사람은 그날 광경을 보고 자신이 참전했던 남북 전쟁을 떠올렸다고 말했다. 이 '크래시' 행사를 기획한 크러시는 그날 저녁에 해고되었지만, 다음 날 보일러 폭발 가능성을 일축한 건 엔지니어들이었다는 사실이 밝혀지자 상사는 그를 복직 처리했다. 이들은 아마 '망한 홍보 행사만큼 나쁜 것도 없다'는 격언을 뼈저리게 공감했을 터였다.

• 2002년 라이벌 호주와 뉴질랜드 럭비팀이 치열하고도 중요한 접전을 벌이던 중 통신업체 보다폰^{Vodafone} 로고를 몸에 새긴 두 남성이 나체로 경기장에 난입하는 사태가 발생했다. 뉴질랜드의 플라이 하프 앤드류 머튼스^{Andrew Mehrtens}에게 페널티 킥이 주어진 상황이었고, 이 골의 성공 여부로 경기 승패가 갈릴 상황이었지만, 갑작스러운 나체 남성 난입으로 맥이 끊겨 그는 득점에 실패하고 말았다.

결국 뉴질랜드가 패했고, 뉴질랜드인들은 보다폰의 엽기적인 마케팅 행각에 경멸을 표했다. 후에 보다폰 호주 사장이 그런 추접한 마케팅 행각을 벌이는 데 비용이 얼마나 들든 다 감수하겠다고 사전에 합의한 사실이 드러나면서 이 업체는 비난의 뭇매를 맞고야 말았다.

• 소니는 2007년 그리스 신화를 바탕으로 한 자사 신제품 게임 '갓 오브 워2^{Got of War 2}' 마케팅 행사에서 머리가 잘린 염소 사체를 사용했다가 동물 학대 논란에 휩싸였다. 사실 현장의 모습은 그냥 참수하는 것보다 훨씬 잔인해 보였다. 목이 거의 다 잘린 염소 머리와 몸통은 얇은 살갗에 겨우 의지해 대롱대롱 매달린 상태로 피가 뚝뚝 흘러내리고 있었다. 고대 그리스 의상을 차려입은 연기자들이 현장에 모여든 사람들에게 내장을 먹어 보라고 권했고, 상의를 거의 안 입다시피 한 여성들은 포도를 권했다.

이 방탕한 행사 사진은 '소니의 그리스판 난장판'이라는 제목으로 〈소니 플레이스테이션 매거진〉에 게재되었다. 이에 항의하는 시위가 수차례 벌어지자 소니는 이에 사과 입장을 표하며 찍어낸 8만 부를 전량 회수했다.

• 네덜란드 맥주업체 바바리아Bavaria는 월드컵에서 공식 스폰서 버드와이저Budweiser에 묻어가는 앰부시 마케팅®을 두 차례 연속 시도한 바 있다. 2006년 독일 월드컵에서는 바바리아 브랜드가 새겨진 오렌지색 레더호젠®을 입은 서포터들이 경기장 안으로 들어가려다 적발되었고, 보안 요원들은 들어가려면 그 레더호젠을 벗으라고 요구했다.

4년 후 남아공 월드컵의 네덜란드 대 덴마크 경기에서 36명의 젊은 여성들이 오렌지색 짧은 원피스를 입고 응원하는 모습이 언론 및 현장 관계자에게 포착되었을 땐 전보다 상황이 더 험악하게 돌아갔다. 이들 여성이 모두 경기장에서 쫓겨났을 뿐만 아니라 그중 2명은 이런 작당을 한 혐의 및 남아공 상품 표기법을 위반한 혐의로 체포되었다. 유죄가 인정되면 최대 6개월 동안 복역해야 할 위기에 놓였다. 더불어 FIFA가 바바리아를 상대로 법적 소송을 제기하자 마음이 급해진 바바리아는 FIFA와 협상에 나서 사태를 수습했고, 체포된 두 여성도 풀려나 고국으로 돌아갈 수 있었다. 바바리아는 2022년까지 FIFA의 상업적 프로그램과 관련한 모든 원칙을 철저히 준수하겠다고 약속하고서야 자사에 씌워진 모든 혐의를 벗을 수 있었다. 이 앰부시 마케팅 때문에 바바리아 측에 자신에게 할당된 경기 입장권을 넘겨준 책임을 물어 ITV 축구 해설위원 로비 얼Robbie Earle 역시 자리에서 물러나야 했다.

● 스포츠 경기에서 대회의 공식 스폰서가 아님에도 특정 선수나 팀의 스폰서인 척 이들을 후원하는 내용의 광고 문구를 게재해 대중들이 공식 스폰서로 인식하게끔 하여 제품 홍보를 시도하는 마케팅
●● 무릎길이까지 오는 독일 남성 전통 의상

• 아납카Anapka라는 이름의 당나귀가 해변 리조트에서 즐기는 패러세일링 홍보를 위해 러시아 남부 아조프 해 상공을 날았다는 소식이 전 세계 헤드라인을 장식한 적이 있었다. 2010년 7월에 공개된 영상을 보면 잔뜩 겁먹은 얼굴로 하늘을 나는 당나귀의 모습을 볼 수 있다. 아납카는 이후 모스크바 인근 동물 보호서로 옮겨졌으며, 2011년 심장 이상으로 세상을 떠났다.

팁과 교훈

- - - - - - -

☑ 하려는 행사가 법적으로 아무 문제가 없는지 확인하라.

☑ 사람이든 동물이든 존중하라.

☑ 시선을 끌어모으는 게 다가 아니다. 브랜드 이미지를 해치지 않는 선을 지키면서 마케팅 목표와 일치해야 한다.

☑ 참가자와 관중의 안전이 무엇보다 우선이다.

☑ 정직하고 현실적인 방법으로 진행하라.

☑ 열차 사고를 피하라. 말 그대로인 경우, 비유인 경우 모두에 해당한다.

CHAPTER 06

안 하니만 못한
브랜드 개편

상태를 더 악화시킨 마케팅 사례

갈증 해소를 위한 맛있는 음료 브래드 드링크 Brad's Drink는 1890년대 탄생한 펩시콜라의 태명이다. 이 음료를 처음 만든 칼렙 브래드햄Caleb Bradham은 초기 5년 정도 이 이름을 사용하다가 펩시콜라 Pepsi-Cola라는 한층 씩씩한 느낌의 이름에 안착했다. 브랜드명을 잘 바꾸는 게 얼마나 탁월한 전략인지를 보여 주는 적절한 사례인 셈이다.

인터넷 검색을 할 때 등을 문지른다BackRubbing고 하면 조금 이상하지 않을까? '등을 문지르다'라는 뜻의 'back rubbing'은 1997년 구글 창업주 세르게이 브린과 래리 페이지가 지금의 구글이란 이름을 떠올리기 전까지 사용했던 명칭이었다. 구글은 10의 100제곱을 뜻하는 'googol'이란 단어를 살짝 변형한 것으로, 온라인상에서 엄청난 양의 정보 이용을 가능케 해야 하는 자사의 사명을 은연중에 반영한 셈이다. 세계 최고 브랜드 중 하나로 꼽히는 구글은 이렇게 탄생했다.

그러나 브랜드를 개편한다고 꼭 이름을 다시 지을 필요는 없다. 이미지를 쇄신하거나 입지를 다시 잡거나 신선한 메시지를 던지는 등 방법은 다양하다.

예를 들어 P&G의 경우 선보인 지 오래된 '올드 스파이스Old Spice' 브랜드 광고를 재치 있는 시리즈물로 제작해 참신한 이미지로 탈바꿈하는 데 성공했다. '당신의 남자에게서 날 법한 향기'라는 제목으로 배우 아이제이아 무스타파Isaiah Mustafa가 말에 올라탄 모습을 담은 올드 스파이스 광고는 선풍적인 인기를 끌었다.

브랜드 개편은 마케팅에서 참 까다로운 부분 중 하나이다. 브랜드명을 확 바꾸거나 로고 및 카피를 바꿔 이미지를 쇄신하려는 모든 시도는 기존에 쌓아 놓은 브랜드 이미지에 타격을 줄 수 있는 상당한 위험을 수반한다. 원래 존재감이 그리 탄탄하지 않은 상황에서 브랜드를 쇄신하면 이때다 싶어 달려드는 경쟁 업체와 비판 세력 등으로부터 초토화 공격을 받을 수 있다. 존재감이 탄탄한 경우에도 변화를 시도함으로써 고객을 잃을 수 있다는 위험성은 여전히 존재한다. 결과가 영 흐지부지하다던가 애초에 쇄신을 시도한 동기가 애매모호하거나 관계자들의 공감을 얻어내지 못하면 어떤 일이 벌어지느냐? 매출이 떨어지고 조직이 와해되며, 마케팅 위기가 태풍처럼 세력을 형성하기 시작한다.

영국항공
꼬리 디자인 때문에 수난을 겪다

브랜드 개편이 잘못되었을 시 그 부작용이 나타나는 건 시간문제다. 반발이 일거나 비난의 목소리가 들려오거나 하는 등이다. '완전 망했네'라는 평이 들려오거나 사람들이 이를 숨기고 치워 두려는 태도를 보인다면 개편이 완전히 실패한 셈이니 빨리 대처에 나서야 한다는 뜻이다. 만약 여러분 브랜드가 최근 개편을 했는데 그 결과물에 대해 전 총리가 TV 카메라 앞에서 썩 마음에 들어 하지 않는 모습을 보여 전국적으로 방송이 된 상황은 어떻게 봐야 할까? '이보다 더 나쁠 수 없다'가 가장 적절한 묘사가 아닐까 싶다.

실제로 1997년 영국항공은 이런 일을 겪었다. 영국 보수당 행사장에 디자인 및 색상을 새로 입힌 보잉 747기 모형을 전시했는데, 마가렛 대처Margaret Thatcher 전 총리는 꼬리에서 영국 국기 모양이 사라진 걸 보더니 매우 떨떠름한 표정을 지었다. '유토피아'라는 새로운 주제로 꼬리 부분에 영국항공이 취항하는 세계 각 도시의 특색을 담은 디자인을 새겨 넣기로 한 것. 이 아이디어가 별로 탐탁지 않았던 대처 전 총리는 가방에서 휴지를 꺼내 꼬리 부분을 감쌌고, 그녀의 굳은 얼굴은 이 쇄신이 그다지 성공적이지 못함을 익히 짐작케 했다. 대처 전 총리가 비행기 조형물을 손가락으로 가리키며 영국 항공 관계자를 질책했던 모습은 정치인으로서 반대 세력을 견제할 때 주로 보인, 반대 의견은 절대 용납하지 않을 듯한 독단적인 어조로 대변되는 '철의 여인'의 모습과 다르지 않았다.

"영국 항공기가 영국 국기를 달고 날아야지 이런 이상한 걸 달고 날아서 되겠어요?"

영국 굴지의 기업 수장이 전 총리 앞에서 망신을 톡톡히 당한 이 상황은 결코 좋은 징조가 아니었다.

영국항공은 도대체 무슨 생각으로 그랬을까? 기존에 사용하던 로고에 대해 시장 조사를 해 보니 이 로고가 거만한 느낌을 주고, 브랜드 이미지와 동떨어져 보인다는 의견이 일부 나온 것으로 드러났다. 영국 디자인 업체 뉴얼&소럴Newell&Sorrell이 이 작업을 함께했다. 조사에 참여한 소비자들은 영국항공 비행편이나 기업 이미지, 기업 활동을 통해 보고 싶은 가치는 글로벌함과 배려라고 답했고, 디자인 개편 작업에 이 의견을 적극적으로 반영했다. 새 디자인을 공개하는 자리에서 디자이너들은 영국항공이 세계의 시민이라는 새로운 정체성을 잘 드러낼 수 있게 하기 위한 취지임을 설명했다. 즉 이번 새로운 디자인 콘셉트를 사람에게 비유한다면 세련된, 여러 나라 말을 할 줄 알고 모험심이 많은, 식견이 넓어 전 세계 유명 박물관이나 갤러리 등에 대해 모르는 것이 없는 사람인 셈이다. 뉴얼&소럴은 전 세계 비쥬얼 아트 전시장 큐레이터처럼 세계 각국을 연상시키는 다양한 이미지를 선보임으로써 이러한 취지에 무게를 더했다. 다양한 국가에서 화가, 조각가, 도예가, 뜨개 전문가, 퀼트 전문가, 서예가, 종이 예술가 등 여러 방면의 예술가를 한데 모아 자국의 특색을 담은 시리즈 창작물을 만들어 주십사 청했다. 영국항공 비엔날레*인 셈이다. 허세라고? 뭐, 그런 면도 없잖아 있다.

이런 그럴듯한 제안이 얼마나 혹했겠는가? 영국항공이 이에 납득된 것은 이해 못 할 바 아니지만, ‘다양성’을 포용하려다 ‘영국스러움’을 놓친 애매모호한 브랜드가 되고 말았다. 시장 조사를 통해 어떤 결과가 나왔다 한들, ‘영국’의 이름을 달고 사업하는 업체라면 그 무엇보다 ‘영국’스러움을 표방하고 또 드러내야 한다는 건 누가 봐도 자명한 사실이었을 터. 대처 전 총리가 ‘다양성을 담은 비행기 꼬리’에 표한 불쾌감은 비단 그녀만의 불쾌감은 아니었으리라. 항공 관제사들 역시 디자인을 바꾼 바람에 꼬리만 보고 영국항공 비행기인지 아닌지 파악하기가 어려워졌다며 볼멘소리해댔다.

● Biennale. 2년마다 열리는 국제 미술전

개편이 잘 안 된 경우는 소비자 반응을 보면 확연히 알 수 있다. 리처드 브랜슨Richard Brandson이 운영하는 경쟁사 버진 애틀랜틱Virgin Atlantic은 영국항공이 고전하는 모습을 보고 얼씨구나 싶어 재빨리 반격에 나섰다. 1990년대에 두 업체는 특히 사이가 좋지 않았는데, 1993년 버진은 영국항공이 자사를 상대로 더러운 수법을 썼다며 명예 훼손 소송을 제기했고, 영국항공이 피해보상금 3억 5천만 파운드를 지급하는 것으로 상호 합의를 봤다. 6천만 파운드나 들여 새로운 꼬리 디자인을 도입했지만 반응이 영 저조하자 버진은 잽싸게 자사 항공기 날개에 영국 국기를 그려 넣고, 조종간 측면 하단에 국기를 든 여성 승무원의 모습을 새겼다. 이렇게 브랜드 이미지를 쇄신한 효과는 기대 이상이었다. 1998~1999년 버진 매출은 크게 뛰어오른 반면 영국항공은 세전 수익 61% 하락이라는 참혹한 패배를 맛봤다. 국기를 포기한 대가가 이렇게나 처참할 줄이야.

1999년 버진 애틀랜틱은 한 발 더 과감하게 나아갔는데, 자사가 보유한 25개 항공기 꼬리에 영국 국기를 그려 넣은 '새 천년을 맞는 우리 항공사의 새로운 정체성과 항공기 디자인'을 선보이며 '이제 우리가 영국을 대표하는 항공사'라며 자신 있게 말할 참이었다. 그러나 이에 대해 사전 정보를 입수한 영국항공이 버진 발표 하루 전날 새로운 디자인을 포기하고 국기를 새겨 넣는 기존 디자인으로 회귀하겠다고 전격으로 발표했다. 밥 에일링Bob Ayling 영국항공 대표는 BBC와의 인터뷰를 통해 이렇게 말했다.

"우리 고객들이 원하는 바가 바로 그겁니다. 간단한 사실이에요. 영국인들은 영국 문화의 일부를 드러낼 수 있는 디자인을 원합니다."

영국항공은 어쩌다 이런 뒷걸음질에 발이 묶여버렸던 것일까? 시장 조사가 어느 정도 역할을 한 건 분명하다. 엉뚱한 사람들에게 엉뚱한 질문을 던져 엉뚱한 대답을 얻은 데다, 가장 중요한 영국 국민이 아닌 해외 시장에 더 집중했다는 점도 문제였다. 국적기에 대한 충성심이 높고, 또 실제로 매출의 절반 이상을 담당하는 자국민과의 관계를 경시한 건 명백한 과오였다. 취항 노선에 맞춰 국제화를 시도한 건 좋았지만 브랜드 이미지와는 맞지 않았다. 이번 사례를 가만히 들여다보면 '유토피아'라는 단어가 참 아이러니하게도 잘 들어맞는단 생각이 든다. 16세기 작가 토마스 모어Thomas More는 가상의 섬 사회에 대한 이야기를 만들어 '유토피아'라는 신조어를 제목으로 붙였다. 그리스어에 뿌리를 두고 있는 이 신조어는 극 중 상황을 풍자적으로 빗댄 표현이라고 한다. 실제로 존재하지 않는 이상향을 뜻하는 유토피아는 영국항공이 몇 년간 색깔을 잃고 떠돌았던 바로 그곳이기도 하다.

제국주의를 벗어나 다문화 사회로 나아가는 영국의 모습을 보여주는 대신, 영국항공은 알 수 없는 갈지자 행보를 보였을 뿐이었다.

일본항공
사라졌다 부활한 쓰루마루

브랜드 개편에서 뒷걸음질 친 건 비단 영국항공뿐만이 아니다. 최단 시간에 브랜드 이미지를 바꾼 항공사라면 역시 비만방글라데시항공을 빼놓고 이야기할 수 없다. 방글라데시 국영 항공사인 이 업체는 2010년 2월 새로운 디자인을 선보였는데, 정부가 마음에 안 든다고 이를 퇴짜 놓자 2달 만에 기존 이미지로 복귀했다.

이와 대조적으로 일본항공은 한층 더 냉정하게 심사숙고하는 모습을 보였다. 2002년 일본항공은 1950년대 말부터 사용해 온 일장기에 두루미가 그려진 쓰루마루鶴丸라는 이름의 로고 사용을 중단한다고 밝혔다. 일본에서 두루미는 평화와 장수, 행운을 상징하는 동물로 여겨졌기에 이를 사용하지 않겠단 소식에 사람들의 반발이 매우 거셌다. 그러나 일본항공은 끄떡없이 버텼고, 6년에 걸쳐 이 로고를 달고 날았던 비행기들은 하나둘 새 옷을 갈아입었다. 2008년 마지막 쓰루마루를 단 비행기가 마지막 비행에 나서는 모습은 뉴스를 통해 보도되기까지 했다.

이렇게 쓰루마루에 작별을 고한 일본항공은 흰색 바탕에 검정색으로 JAL이 쓰여 있고, A의 중간 부분을 관통하는 빨간색과 회색이 섞인 곡선 막대를 넣은 디자인을 꼬리에 그려 넣었다. 나이키의 날렵한 곡선에서 영감을 얻어 비슷한 느낌을 내려 한 여러 로고들이 있었지만 대부분 별 감흥도 특징도 없고, 사람들의 이목을 끌지 못하는 경우가 대다수였는데, 일본항공이라고 예외는 아니었다. 일본항공은 당시 심각한 재정 적자에 시달리던 상황이었고, 2010년엔 급기야 파산 보호를 신청하기에 이르렀다. 그러나 이후 구조조정을 통해 파산 보호 상태를 청산한 일본항공은 쓰루마루를 떠올렸다. 떠나보낸 지 10년 만에 되찾기로 한 것이다. 날개만 조금 손을 봤을 뿐 10년 전 디자인을 거의 바꾸지 않고 그대로 썼다. 이들에겐 좋았던 시절의 상징인 셈이다.

일본항공은 '우리는 도전 정신을 가졌던 그 시절로 돌아가자는 확고한 결의와 함께 이 로고를 부활시키기로 했습니다. 일본항공을 다시 일으켜 세우겠습니다.'라며 부활을 다짐했다. 별 특징 없는 브랜드 로고로는 그런 도전에 맞서 나갈 수 없다. 일본항공의 패착은 쓰루마루가 갖고 있는 긍정적 이미지를 너무 쉽게 내다 버린 것이었다.

PwC
브랜드명이 하필이면 '월요일'이람?

서비스 컨설팅 업체의 이름을 굳이 '먼데이Monday, 월요일'라고 바꿔야만 하는 이유를 속 시원하게 알려주실 분 어디 계신지? 세계 최대의 회계 컨설팅업체인 PwC가 2002년 브랜딩 전문업체 울프 올린스Wolff Olins에 브랜드 개편 작업을 의뢰했다가 얻은 이름이 바로 이 '먼데이'였다. 이 의뢰 건에 쏟아부은 돈만 7천5백만 파운드 즉 한화 약 1,347억 원이었으니 돈값을 해야 마땅했지만, 월요일에 우리 브랜드의 새로운 이름이 '먼데이'란 소식을 접한 PwC 직원들은 도저히 억지로라도 좋은 척할 수 없었다. 콜센터 직원들 사이에서는 월요일이 아닌 화요일부터 금요일에 전화 문의하는 사람들에게 뭐라고 응대해야 하냐는 농담도 나왔다. 예컨대 월요일이 아닌 요일에도 "안녕하세요. 먼데이입니다."라고 인사해야 한다. 이런 희한한 새 이름을 택한 대가는 혹독했다.

PwC는 '연필 다 깎아두고, 흰 셔츠도 싹 다려 두고, 알람 시계도 맞춰 놓고, 도전을 즐기고, 듣고, 성취하고, 영향력을 주고, 위험을 감수하라'라는 독특한 기업 슬로건을 두고 있다.

PwC 산하 컨설팅 업체의 그레그 브레네만Greg Brenneman 대표는 이 브랜드명이 '고유 명사이며 정확한, 쉽게 인식할 수 있는, 글로벌한, 결과를 내기 위해 열심히 일하는 기업의 이미지에 딱 들어맞는 이름'이라고 설명했다. 하지만 새이름 '먼데이'에 대해 PwC 직원들은 히스테리에 가까운 부정적 반응을 보였다고 한다.

브랜드 개편에 외부인들이 영 달갑지 않게 반응하는 것만으로 상황은 충분히 심각한데 내부 직원들 및 관계자들까지 반감을 표하면 이 개편은 완전히 방향을 잃고 어긋났다는 말밖에 안 된다. 위대한 브랜드는 내부에서 먼저 형성되어 외부에 구축된다. 브랜드는 조직의 가치를 투영하며, 그 가치는 직원들 및 내부 관계자로부터 고객에게 전달되며 외부로 이어져 나간다. 어느 기업이든 예외 없이, 특히 전문 서비스 업체의 경우 해당 브랜드가 고객과 접촉하는 가장 중요한 접점이자 고객의 목소리를 가장 적극적으로 대변하는 사람들은 자사를 가장 잘 아는 직원들이다. 직원들이 이렇게 고객과 만나는 최전선에 있다는 건 하등 나쁠 게 없지만 일주일 중 가장 꺼리는 요일을 굳이 회사 이름으로 갖다 붙인 경우에도 여전히 그럴 수 있을지는 의문이다.

Introducingmonday.com에 브랜드의 새로운 이름을 왜 '먼데이'라 지었는지에 대한 이유와 내막이 자세히 나와 있다. 깜빡한 것인지 돈이 아까워서였는지 알 수 없으나 PwC는 10파운드밖에 하지 않는 introducingmonday 사이트 영국 도메인^{co.uk}을 구매하지 않았다. 온라인 코미디물 콘텐츠 사이트인 B3ta 주인장 롭 마누엘^{Rob Manuel}이 대신 이를 구매해 당나귀 두 마리와 브이 자를 그린 손자기^{손이라고 함} 사진을 대문 화면에 올려놓곤 '우리가 너네 이름 차지했지롱. 랄랄라' 하는 가사의, 유치하지만 은근히 중독성 있는 노래를 틀어놓았다. 한층 더 당돌하게 그는 홈페이지에 올라온 당나귀 사진을 넣은 머그컵 100여 개를 PwC 직원들에게 판매하기까지 했다. 그의 말을 들어 보자.

"저는 소송에 휘말릴까 봐 Introducing Monday란 브랜드명은 일절 쓰지 않았어요. 머그컵엔 그냥 당나귀 사진과 '우리가 너네 이름 차지했지롱. 랄랄라'라는 문구밖에 없습니다. PwC가 코카콜라 같은 브랜드는 아니잖아요. 코카콜라와 수익은 비슷할지 몰라도 누구나 이름만 들으면 다 아는 그런 브랜드는 아니니까요. '너네가 누군데?'라는 생각이 들죠. 알게 뭡니까? 알 바 없어요. 저는 그냥 재미로 한 건데 이렇게나 화제가 되어 버렸네요. 이 모든 소동이 재미있었어요. 사람들이 내 손이 못생겼다며, 사악하다며 뭐라고 한 건 조금 마음에 들지 않았지만요."

PwC의 어이없는 새 이름은 다행히도 얼마 가지 못했다. 새 이름이 발표되고 두 달 후, IBM이 PwC를 인수하며 이 '먼데이' 사태는 깔끔하게 종결되었다. 그나마 다행이다. '먼데이'란 이름은 마치 살기 위해 일하는 것이 아닌, 일하기 위해 사는 듯한 느낌을 심어줘 직원들의 사기를 되레 꺾어 놓았다. '굿바이 위켄드Goodbye Weekend'나 '스트레스Stress'랑 다를 게 뭔가.

브랜드 개편 실사 조사 과정에서 PwC가 '먼데이'란 브랜드명을 사용하려고 '원먼데이OneMonday란 업체에 350만 파운드의 비용을 지불한 사실이 드러났다. 홍보 및 마케팅 회사를 여럿 소유한 상장업체 원먼데이는 PwC와 6개월 내에 상호를 변경하겠다는 계약을 맺었다. 2002년 6월 계약 발표와 함께 데이비드 듀허스트David Dewhurst 원먼데이 재무이사는 갑자기 손에 들어온 거금으로 무엇을 할지 아직 정하지 못했다고 밝히며, 상호 변경은 자체적으로 할 수 있는 작업이니 여기에 돈을 쓰지 않겠다고 말했다. 2002년 11월 원먼데이가 '넥스트 피프틴Next Fifteen'으로 상호를 변경한다고 밝힐 무렵 이미 PwC는 '먼데이'란 상호를 포기한 지 오래였다. 넥스트 피프틴은 계약 사항을 조율해 아마 원래 이름을 그대로 쓸 수 있었을지도 모른다. 팝아트의 대가 앤디 워홀Andy Warhol은 '미래엔 누구든 15분 정도의 유명세를 누릴 수 있을 뿐이다'라는 말로 유명세의 특징을 나타냈지만, 이 업체는 넥스트 피프틴이란 새 이름으로 전보다 훨씬 더 기업의 가치를 잘 드러낼 수 있었다. 월요일이 언제나 이렇게 휙하고 사라진다면 참 좋겠다.

Syfy
미운 오리 새끼인 줄 알았는데 백조였다

2009년 7월, 미국 케이블 공상과학채널 사이파이 채널Sci-Fi Channel이 'Syfy'라는 새로운 철자로 이름을 재정비하고 나타나자 '시피siffy'라고 읽어야 하냐는 둥, 매독syphilis을 뜻하는 것이냐는 둥 여기저기서 놀리는 듯한 의견이 들려왔다. 그러나 사실 Syfy라는 이름이 탄생하게 된 배경에는 상당히 납득이 가는 전략적 의도가 깔려 있었다. 'Sci-Fi'는 너무 일반적인 용어라 방송사 입장에선 상표권 등을 비롯한 특허 문제를 추진하기가 상당히 애매했다. 또한, 온라인상에 공상과학Sci-fi에 대한 내용이 넘쳐 나다 보니 'Sci-fi'라고 검색해 봐야 이 업체에 대한 정보가 딱 선별되어 나올 리 만무했고, 꼭 공상과학 분야에만 한정되지 않는 보다 폭넓은 프로그램을 방송하는 입장에서는 Sci-fi라는 이름으로 자사의 성격을 확연히 드러내기에 한계가 있었다. Syfy라는 기존의 Sci-Fi와 발음은 비슷하지만 모양은 다른 새로운 이름을 내건 이 채널은 기존 고객을 계속 유지해 나가면서 단순히 'Sci-fi'에만 국한되지 않고 보다 다양한 콘텐츠를 선보일 수 있는 여지를 확보한 셈이었다.

2009년 하반기에 'Syfy'는 17년 사업 역사상 최다 시청자 수를 기록했으며, 특히 여성 시청자의 수가 대폭 늘었다. 미국 시장에서의 브랜드 쇄신이 대단한 성공을 거두자 이를 추진한 마케팅 담당자 두 명이 승진했으며, 활동 무대 또한 세계로 뻗어 나갔다. 대부분의 경우 브랜드 개편을 거치면 부정적인 피드백이 나오는 건 어쩔 수 없지만, Syfy의 사례는 초반에 좀 놀림거리가 된다고 꼭 실패라고 단정할 수 없단 교훈을 준다.

블랙워터
아무리 발악을 해도

새로운 이름으로 옷을 갈아입는다고 해서 기존의 부정적 이미지가 완전히 떨쳐지는 건 아닌가 보다. 이는 2009년 '지 서비스^{Xe Serice}'라는 새로운 이름을 통해 이미지 쇄신을 꾀한 미국 사설 경호업체 블랙워터^{Blackwater}에 들어맞는 사례이다.

2004년 이라크에 파병된 블랙워터 용병 4명이 팔루자에서 반군의 매복 공격에 꼼짝없이 당해 사망한 사건은 전 세계인들의 이목을 집중시켰다. 사망자 4명 중 2명의 시신이 유프라테스강 위에 놓인 다리에 내걸렸는데, 이를 통해 미국에 대한 이라크의 반감이 어느 정도였는지를 익히 짐작할 수 있었다. 이 충격적인 사건으로 본디 미군이 도맡아야 할 임무를 블랙워터가 대신했다는 사실이 드러나면서 현지에서 활동 중인 사설 경호 업체의 책임 소재 및 부적절한 개입 여부가 논란을 불러일으켰다. 2005년, 사망자 유가족은 블랙워터를 상대로 과실치사 소송을 제기했고, 양측은 몇 년간 옥신각신을 계속하다 마침내 2012년 법정 밖에서 합의를 이뤘다.

2007년 9월엔 안 그래도 좋지 않은 상황이 더욱 악화되었다. 니수르 광장 학살로 잘 알려진 이 사건에서 블랙워터 용병들이 이라크 민간인에게 총기를 난사해 17명이 사망하는 바람에 많은 현지인이 분노했으며, 미국과 이라크의 관계는 급속도로 경색되었다. 이라크 정부는 블랙워터의 현지 사업 허가권을 박탈했다. 궁지에 몰린 블랙워터는 사업 구조조정에 들어가 2009년 지 서비스^{Xe Service}라는 이름으로 새롭게 태어났으며, 미국 해군 특수부대 네이비 실^{Navy SEAl} 출신 대표 에릭 프린스^{Erik Prince}는 자신의 지분을 투자사 USTC 홀딩스^{USTC Holdings}에 넘긴 후 자리에서 물러났고, 이후 중동에 새로운 보안 업체를 설립했다.

블랙워터가 지^{Xe}로 이름을 바꾼 이유는 별 의미가 없는 중립적인 명칭이었기 때문이다. 그러나 이런 중립적인 이름을 써 보아도, 회사 대표를 교체해도 주홍 글씨처럼 새겨진 지난날의 과오는 끊임없이 따라다녔고, '지^{Xe}'라는 이름 뒤엔 언제나 '전신이 블랙워터였다'는 사실이 꼬리표처럼 남았다. 2011년 12월, 결국 이름을 또 바꾸고 말았다. 테드 라이트$^{Ted Wright}$ 대표는 새 브랜드명에 관해 다음과 같이 말했다.

> "아카데미^{Academi}라는 새 이름은 교육 및 경호 서비스에 다시 집중하기
> 위한 우리의 전략을 반영하며, 기원전 3세기 플라톤이 세운 최고의 사상
> 가 및 전사 양성 기관 '아카데미아^{Akademia}'에서 영감을 얻었다."

거칠고 험한 사설 보안 업계에선 브랜드명을 사장시키는 것도 쉽지 않은 듯하다. 과거와 거리를 두려 아무리 노력해도 '전에 블랙워터였던'이라는 꼬리표는 지^{Xe}를 따라다닌 만큼이나 아카데미에도 줄기차게 붙었다.

전 세계 곳곳에서 6만여 건의 경호 임무를 수행한 업체니 물밑 작업이라면 그 누구보다 능했을 테지만, 완전한 눈속임은 할 수 없었다. 언론에서나 폭력 반대 단체가 펼치는 운동 등에서는 끊임없이 이 업체의 과거 행적이 회자되곤 했다. 브랜드 쇄신을 통해 이룰 수 있는 여러 가지 목표가 있겠지만, 회사의 정체를 감추는 '위장술'만큼은 안 되나 보다.

펩시코
매출 뚝! 트로피카나의 시련

브랜드는 세월의 흐름을 따라야 한다. 소비자들의 취향은 진화한다. 용기나 로고 디자인에도 유통기한이 있으며, 한때는 견고하고 멋진 듯 보였던 것이 시간이 지남에 따라 지루한 구식이 되어 버리기도 한다. 그러므로 브랜드 관리자들은 언제 어떻게 브랜드 개편을 할지, 브랜드 개편을 할지 말지 가늠해 볼 필요가 있다. 특히 일용소비재 분야의 경우 늘 이에 대한 고민이 끊이질 않는다. 슈퍼마켓에 진열된 일용소비재들의 명운이 갈리는 시간은 단 몇 초에 불과하다. 글로벌 소매 마케팅 협회^{이하 POPAI}의 연구에 따르면 소비자들은 뭘 살지 미리 결정하기보다는 진열대에 있는 상품을 보고 결정하는 경향이 있다. 2012년 POPAI가 발표한 소비자 연계 조사를 보면 76%의 소비자들이 현장에서 살지 말지를 결정한다고 하는데, 이는 그 어느 때보다 높은 수치이다. 일용소비재가 살아남는 방법은 곧 매의 눈으로 제품을 살피는 소비자 눈에 어떻게 들 수 있는가를 고민하는 방법뿐이다. 소비자들에게 익숙한 브랜드가 갖는 나름의 장점이 있는 반면, 새 단장한 브랜드는 보다 남다른, 새로운 경험과 흥미를 심어 준다는 장점을 갖고 있다.

펩시코^{PepsiCo}가 소유한 과일 주스 브랜드 트로피카나^{Tropicana}는 후자의 방법으로 상황을 바꿔 보기로 했다. 과일 주스 분야에서의 새로운 이미지 구축을 기대하며, 새로운 통합 마케팅의 일환으로 광고 대행사 아넬 그룹^{Arnell Group}에 의뢰, 퓨어 프리미엄 라인의 새로운 용기 디자인을 의뢰한 것이다. 아넬 그룹의 피터 아넬^{Peter Arnell} 대표는 업계에서 허세가 심한, 과대평가된 인물이란 평이 자자했다. 그는 5개월에 걸쳐 획기적인 용기 디자인을 이뤄냈는데, '짜서 만든다^{Squeezing}'는 개념을 잘 드러내고 싶었다고 말했다. 오렌지에 빨대가

꽂혀 있는 용기 디자인은 참 간단해서 쉽게 눈에 들어오긴 하지만 여느 슈퍼마켓 자체 상품 포장과 별로 다를 바가 없어 보인다. 브랜드 자체의 생명력과 특징마저 다 쥐어짜인 듯한 인상을 준다.

2009년 1월, 새로운 디자인이 선을 보이자 디자인 업계에선 맹렬한 비판의 목소리가, 소비자들에게선 너무 평범해 다른 제품과 구분이 되겠냐는 볼멘소리가 터져 나왔다. 사전에 소비자 조사를 철저히 했더라면 이런 수모는 100% 피해 갈 수 있었을 텐데. 브랜드 쇄신은커녕, 예뻐지려고 성형 수술을 받았는데 완전히, 우스꽝스럽게 잘못되어 개성은 홀랑 잃고 지난날 예뻤던 모습의 희미한 흔적만 남은 꼴이 되었다. 대부분의 경우 광고 대행사를 통하면 매출 상승 효과를 보지만, 트로피카나의 경우 상황이 정반대였다. 트로피카나의 존재감이 완전히 사라진 탓에 슈퍼마켓 선반에 경쟁사 제품과 나란히 놓이면 소비자들의 시선을 다 뺏길 처지에 놓였다. 매출을 확인하자 업체는 패닉에 빠졌다. 시장조사업체 인포메이션 리소스Information Resources Inc.에 따르면 1월 1일부터 2월 22일까지 판매량이 20% 감소했으며, 달러 판매는 19% 하락했는데 이를 수익으로 환산하면 3천3백만 달러 손실인 셈이었다. 대신 경쟁 업체인 미닛메이드Minute Maid, 플로리다 내추럴Florida's Natural 및 트리 라이프Tree Ripe는 덕을 봤다. 이번 브랜드 쇄신은 재앙이나 다름없었다. 트로피카나는 기존 디자인으로 복귀하는 기민한 대처에 나섰다.

우리 브랜드만의 특징을 정확히 인식하고 보호하며, 소비자를 존중하고 이해하는 건 중요하다. 트로피카나는 반세기 넘는 역사를 보유한 과일 주스 브랜드로 펩시코를 대표하는 역할을 해 왔다. 소비자들이 쉽게 인식할 수 있는 기존 디자인을 벗어 던지고 스스로를 격하시키는 평범한 외형을 택함으로써 그간 쌓아온 브랜드 가치를 궁지에 빠뜨렸다. 펩시코는 트로피카나라는 브랜드의 진정한 가치를 보다 제대로 이해할 필요가 있었다. 이런 식으로 하려고 1998년에 시그램Seagram에 33억 달러라는 거금을 주고 트로피카나를 인수한 건 아닐 테니 말이다.

아마 트로피카나 팀은 보유한 안경 수만 1천6백 개인 데다 하루에 오렌지를 20개나 먹는 희한한 성향을 가진 피터 아넬 대표의 기이하면서도 묘하게 끌리는 존재감에 과감한 승부수를 던져 보고 싶었는지도 모른다. 조금 경박할지 모르겠지만 난 왠지 자꾸 이렇게 해석하게 된다. 아마 아넬 대표가 자신의 '오렌지 사랑'을 대대적으로 강조하며, 펩시코에 자신이야말로 이 프로젝트의 적임자라는 주장을 폈기 때문에 이 업체가 선정되어 이 사단이 벌어진 건지도 모른다. 실력보다 과대평가된 아넬 대표는 결국 그 후 2년이 채 지나지 않아 아넬 그룹을 이끌기에 적합한 인물이 아닌 것으로 간주되어 업계에서 모습을 감췄다. 2001년 아넬 그룹을 인수한 마케팅 서비스 그룹 옴니컴Omnicom은 2011년 2월 그를 해고했고, 그의 아내 사라Sara를 새로이 대표직에 앉혔다. 아넬 그룹의 행보도 참 굴곡지다면 굴곡진 셈이다. 트로피카나 디자인 개편 과정에서 보인 좀 갸우뚱한 결정도 결정이지만, 피터 아넬은 까다로운 상사라는 평이 나 있었다. 해고된 후 그는 자신이 수집한 희귀 서적으로 꾸며진 서재를 돌려 달라며 옴니컴을 상대로 1백만 달러의 소송을 제기했다. 아마 그중엔 회사 돈으로 구매한 책들도 있었을 터. 이 소송은 2012년 조용히 합의를 통해 해결되었다. 아넬은 광고업계를 여러 차례 시끄럽게 한, 참 두드러지면서도 자의식이 강한 인물로 기억된다. 몇 차례 놀라운 성과를 보인 적도 있지만, 브랜드 정체성을 간과하는 실수를 범한 트로피카나 사례를 통해 그는 한 가지 중요한 포인트를 입증했다. 위대한 브랜드는 강력한 만큼 취약하기에 일관성을 유지해야만 살아남을 수 있으며, 새로운 모습은 소비자들의 눈길을 끌기도 하는 반면 제대로 되지 않을 경우 그 눈길을 아예 돌려 버리게 만들 수도 있다는 사실 말이다.

갭, JC 페니
급히 돌아오거나 한참 헤매거나

'눈길을 돌려버린' 대표적인 사례로 2010년 말, 의류 소매업체 갭이 온라인으로 새로운 로고를 선보인 경우를 들 수 있다. 새 로고가 공개되자 갭 페이스북 페이지에만 2천 개가 넘는 의견이 올라왔다. 200년 넘게 유지한, 파란색 네모 상자 중간에 'GAP'이라는 글씨가 흰색 대문자로 쓰인 원래 로고로 돌아가라는 의견이 지배적이었다. 새 로고에 대한 원성이 자자하자 갭은 소비자를 상대로 모험을 하는 대신 재빨리 노선 변경에 나섰다. 갭 북미 사장 마카 핸슨 Marka Hansen은 이렇게 말했다.

> "사방팔방에 옛날 그 파란 상자로 돌아가라는 신호뿐입니다"

브랜드 개편을 위해 새로운 활로를 찾았다 싶어 한창 신난 마케팅 관계자들에게 이런 싸늘한 피드백은 상당한 좌절감을 심어줄 수 있다. 갭은 그래도 바보처럼 기존 로고가 쌓아온 유산을 다 날리진 않았다. 새로운 로고를 보면 'P' 자 상단에 조그마한 파란색 상자를 넣어 기존 로고와의 유기적 연결성을 살렸다. 그러나 이런 '진화'가 소비자들에게 감응을 주기란 역부족이었고, 기존 로고만큼 강력하지도, 흥미롭지도 않았다. 소비자들은 대부분의 경우 변화에 거부감을 느끼므로, 뭔가를 바꿀 때는 왜 이 변화가 필요했는지 그 이유를 충분히 납득시킬 필요가 있다.

그래도 갭은 소비자들의 반감에 단호히 대응한 반면, 2011년에 로고를 한 번 바꾸고 2012년에 또 바꾼 JC 페니JC Penny 백화점이 당시 소비자들에게 던진 메시지는 상당히 혼란스러웠다. 불과 3년 사이에 로고를 세 차례나 바꾸는 모습은 자신의 정체성을 파악하느라 고군분투하는 업체로 비쳤고, 소비자들이 이를 여과 없이 지켜보고 있다는 점은 아랑곳하지 않는 듯했다. 실제로 JC 페니의 변덕이 죽 끓는 로고 변경은 갖가지 마케팅 문제로 고심하고 있던 이 업체의 혼란스러운 상태를 반영하는 상징과 같았다. 단기간에 로고를 한 차례 이상 바꾸는 기업은 상태가 좋지 않을 가능성이 상당히 높다. 이 이론을 뒷받침할 증거를 제시하자면 2012년 회계연도에 JC페니는 9억 8천5백만 달러의 순손실을 기록했다.

<h1 align="center">넷플릭스</h1>
섣부른 개편으로 반발을 사다

2010년 말 리드 헤이스팅스Reed Hastings 넷플릭스 CEO는 〈포춘Fortune〉이 선정한 '올해의 기업인'으로 뽑혔다. 몇 달 후 그는 스티브 잡스, 마크 저커버그와 어깨를 나란히 하는 실리콘 밸리의 엘리트로 이름을 올렸으며, 버락 오바마 미국 대통령과 만찬을 함께하기도 했다. 그러나 얼마 지나지 않아 그의 판단 착오로 소비자 서비스 및 브랜드 개편 과정에서 잡음이 발생해 〈새러데이나잇 라이브Saturday Night live〉에서 공개적으로 조롱받는 처지가 되었다.

헤이스팅스가 1997년 공동 창업한 인터넷 DVD 대여 업체 넷플릭스Netflix 는 블록버스터Blockbuster와 같은 영상 대여 업계의 기존 강자를 누르고 수십억 달러 규모의 사업체로 놀라운 성장세를 기록했다. 이 업체는 우편 DVD 배송 서비스를 기반으로 세워졌으나, 인터넷 사용이 급속도로 확대되는 모습을 지켜본 헤이스팅스는 온라인 스트리밍 영화 및 콘텐츠 서비스가 차세대 성장 동력이 될 것이라 확신했다.

2011년 넷플릭스는 온·오프라인 영상 서비스 이용료를 60% 인상한 9.99~15.98달러로 책정해 소비자들에게 '깜짝' 불쾌감을 안겼다. 그 전에는 7.99달러면 만족스러운 서비스를 즐길 수 있었다. 가격이 갑자기 큰 폭으로 인상되자 소비자뿐만 아니라 투자자들도 즉각 반감을 표했다. 그러자 헤이스팅스 역시 즉각 두 번째 '깜짝' 조치를 들고 나왔는데, DVD 사업부를 따로 분리해 '퀵스터Qwikster'라는 독립 업체로 만들겠다는 결정이었다. 이는 사업을 뚝 떼어내 이름만 따로 짓는, 말처럼 간단한 일이 아니라 그 전에는 하나로 사용할 수 있던 서비스를 이제는 따로 써야 하는, 그래서 비용도 각각 따로 내야 하는 1천만 소비자들의 불편함을 요구하는 일이었다. 소비자 서비스 차원에서 이는 말할 필요도 없이 '후진'이었고, 이 후진은 거대한 불만의 쓰나미를 불러왔다. 퀵스터라는 이름 자체도 사람들은 썩 마음에 들지 않았다.

마치 이 정도는 악재의 발끝에도 못 미친다는 듯 안 좋은 상황이 계속 이어졌다. 넷플렉스가 트위터에 @Qwikster 계정을 만들려고 보니 이미 동일 아이디 사용자가 있었던 것. 제이슨 카스티요Jason Castillo라는 이름의 청년이 이 아이디를 사용 중이었는데, 언론은 그를 '입이 걸은 약쟁이'라고 칭하며 신나게 이에 대해 보도했다. 카스티요의 트위트 계정은 욕설 및 마약 관련 게시물로 가득 찬 데다 어린이 프로그램인 〈세서미 스트리트Sesame Street〉에 나오는 엘모Elmo가 마약 하는 모습의 이미지로 장식되어 있었다. 넷플릭스가 퀵스터 운영을 발표하기 전 1달 동안 해당 계정은 휴면 상태였다. 그러나 발표와 함께 @

Qwikster 팔로워 수가 기하급수적으로 늘어나자 '이거 돈 좀 되겠다' 싶었는지 카스티요는 트위트 계정에 '자신의 계정으로 떼돈 버는 방법'에 대해 깨작깨작 글을 올리기 시작했다. 새로운 브랜드를 출시한 넷플릭스로서는 그리 달가울 리 없는 상황이었다. 소비자들을 도외시한 갑작스러운 가격 인상도 모자라 일방적인 사업 분리로 퀵스터를 만들어 내더니 이제는 무능한 모습마저 보이고 있었다. 업체로서 당황스러운 상황일 뿐만 아니라 장부상 손실도 막심했다. 고객들이 하나둘 등을 돌리기 시작했기 때문이다. 퀵스터 출시 발표 3주 만인 2011년 10월 초 헤이스팅스 대표는 이를 전격적으로 철회하겠다고 발표했다.

"고객 여러분들은 저희가 제공하는 간편한 서비스를 아껴 주셨고, 저희는 그 점을 존중합니다. 그간 저희는 빠른 서비스로 여러분에게 만족감을 드려 왔지만, 이번 넷플릭스 출시는 '너무 빨리' 움직인 탓에 여러분에게 실망감을 안겨드렸습니다. 빠른 것과 너무 빠른 것은 분명 다르지요."

월말에 매출 실적이 나오자 헤이스팅스 대표의 후회는 한층 깊어졌다. 지난 분기에 잃은 고객 수만 80만 명으로 전체 고객의 3.5%에 달하며, 고객층이 이렇게 뭉텅 빠져나간 것은 이례적이었다. 〈월스트리트〉와의 인터뷰에서 그는 이렇게 말했다.

"우리는 힘들게 쌓은 명성에 스스로 먹칠을 했습니다. 내수 성장세도 멈춰 섰어요."

뉴스에 보도된 넷플릭스의 주가는 37%나 곤두박질쳤는데, 주당 75$ 이상 하락한 것과 맞먹는다. 불과 넉 달 전과 비교해 4배나 떨어진 셈이다. 투자자들의 기분이 좋을 리 없었다. 퀵스터에 대해서는 결국 이렇게 끝이 났다는, 너무나도 빠르게 끝이 났다는 말밖에 달리 할 말이 없다.

콘시그니아
모두의 입맛에 맞출 순 없다

너무 성급한 탄생으로 물의를 빚은 퀵스터와 달리, 2001년 영국 체신청이 브랜드 쇄신을 통해 얻은 새로운 이름, 콘시그니아Consignia는 찜찜함 하나 남기지 않는 철저하고도 현명한 검증 과정을 거쳐 탄생한 이름인 듯했지만 사실 오늘날 자주 회자되는 역사상 최악의 기업명 실패 사례 중 하나이다. 콘시그니아라는 이름이 생겨나게 된 사연을 들어 보면 참 흥미로운데, 사라지게 된 사연 역시 만만치 않게 재미있다. 이 브랜드는 희생양이라고 해야 할까, 엄격한 조직 개편이 한창이던 시대에 대중의 입맛에 맞추려다 희생되어 버렸기 때문이다.

새 천년을 코앞에 두고 영국 체신청은 점차 다양해지고 복잡해지는 사업 환경을 맞아 어떻게 비용 대비 효율적인 서비스를 제공할 것이냐 하는 문제부터 시작해 국제 사회에서의 경쟁까지 다양한 난제들을 장기간에 걸쳐 면밀히 살폈다. 브랜드 컨설턴트 업체 드래곤Dragon에 의뢰해 기업 전략, 시장 조사 및 마케팅 전략 등에 대한 포괄적 검토를 실시했고, 향후 5~10년에 걸쳐 이러한 영역에서 변화가 발생할 시 미칠 파장을 탐색했다. 10여 명의 관리자들이 함께하는 집단 면접이 이루어졌고, 로얄 메일, 포스트 오피스 카운터스, 파셀포스 및 SSL 등 주요 사업체 임원들과의 면접도 진행되었다. 영국 전역의 우체국에 근무하는 직원들도 함께 동원되어 포커스 그룹 의견 청취에 나섰다. 다음은 드래곤 팀을 이끈 키이스 웰스Keith Wells의 말이다.

"유럽, 미국, 아시아 등 다양한 지역 내 고객층에 대한 연구도 진행했습니다. 정부 측 의견도 알아보기 위해 국회의원들과도 여러 번 접촉했지요."

수개월에 걸쳐 진행된 이 작업은 초기 계획대로 순조로이 진행되었고, '경쟁력 있는 성공을 그리다Shaping for Competitive Success, SCS'라는 이니셔티브가 탄생했다.

유럽 내 탈규제화는 체신청에겐 위협과 기회를 동시에 제공했다. SCS하에 진행되는 주요 조직적 변화를 예정대로 일구어 나가는 것이 드래곤의 업무였다. 수년 간, 체신청 민영화를 둘러싸고 갑론을박이 있었다. 논란과 시위 운동으로 이어질 게 뻔한 일을 굳이 추진하고 싶지 않은 것이 정부의 입장이었다. 그러나 경쟁 구도가 심화되는 환경은 더 이상 이런 보수적 입장을 고수하고 있을 수만 없게 했다. 결국 정부가 모든 지분을 소유하는 유한 책임 회사PLC 방식의 체신청 민영화 계획이 수립되었다. SCS 프로젝트로 체신청 산하 4개의 사업 영역을 한데 묶어 다시 시장 사업체와 서비스 운송 사업체로 떼어내는 작업이 이뤄졌다. 웰스는 이에 대해 다음과 같이 말했다.

"기존 브랜드명을 혼합한 명칭을 사용할 생각이었어요. 그게 최선의 방법인 듯 했거든요. 새로운 구조로 거듭난 체신청은 해외 사업체에 투자하거나 인수할 수 있는 기회를 갖게 되었고, 저희와 일할 당시에 제휴 관계를 맺은 곳만 15곳이었습니다. 이러니 얼마나 매트릭스가 복잡해졌을지 짐작이 되시겠죠."

해외 거래처와의 관계가 임원진의 관리·개발하에 이뤄지는 새로운 구조 덕에 체신청은 마치 '통합 물류 업체'라는 인식이 자리 잡혔고, 소비자들의 혼동을 막기 위해 DHL이나 TVT, FedEx와 같은 통합 명칭을 새로이 마련하는 것이 당연한 수순으로 보였다.

드래곤은 기존 명칭을 그대로 사용하려 했으나 말처럼 쉽지 않았다. 포스트 오피스The Post Office는 어딘가 촌스럽고 최신 서비스는 제공 못 할 듯한 느낌을 줘서 탈락. 로얄 메일Royal Mail은 파업으로 악명이 높았고, 고객과 컨설팅 관계를 구축할 만한 인상을 주지 못했기에 탈락. 파셀포스ParcelForce는 자립형 기업이 아니라는 인상이 강해 진출 시장 확대가 불가능한 듯한 느낌을 줘서 탈락.

실질적인 문제도 있었는데, 각 사업체는 체신청이 진출을 꾀하는 시장 내에 이미 상표 등록이 완료되어 있어 혼란을 줄 가능성이 높았다. 로얄 메일은 특히 처음부터 가망이 없었다. 웰스에 따르면 자국 왕실을 따로 갖고 있는 국가에서는 '로얄'이란 명칭을 중복 사용하기가 참 애매했기 때문이라고 한다. 생각해 보라. 네덜란드나 태국, 덴마크 등 왕실을 보유한 국가가 '로얄XX'이라는 업체를 영국에 세운다면 영국 언론과 대중이 어떤 반응을 보이겠는가.

적절한 이름 찾기 임무를 꿋꿋이 계속해 나가던 드래곤은 마침내 12개의 최종 후보를 선발했고, 마지막 남은 3개 후보를 놓고 8천 명을 대상으로 국제 정량 조사를 실시했다. 정확도를 기하기 위해 조사는 두 차례에 걸쳐 진행되었고, 여기서 우승의 영광을 차지한 이름이 바로 콘시그니아Consignia였다. 웰스는 몇 가지 이유에서 이 이름을 마음에 들어 했는데, 우선 'consign'의 사전적 정의가 '~을 처리하도록 위탁하다'로 사업 내용과 맞아떨어졌기 때문이다.

상호 변경이 신속히 이루어지도록 실질적으로 도입하기 3년 전 해당 명칭의 상호 등록이 이루어졌다. SCS 프로그램을 통한 대대적인 구조조정은 하룻밤 사이에 이루어 질 수 없었고, 당시 토니 블레어 총리가 이끄는 노동당 정부는 여론에 민감했던 탓에 일 처리에 시간이 걸렸기 때문이다. '로열 메일'이 연계된 작업이니 '로열'의 당사자인 영국 왕실도 이와 관련해 자문을 받았다. 2000년 1월, 영국 통상산업부 스티브 바이어스 장관은 우편서비스법안을 공개하며 체신청 상장을 허가했고, 체신청 개편은 반드시 필요한 작업이라는 점을 역설했다.

> "지난 350년간 체신청은 본연의 임무를 충실히 잘해 주었지만, 보다 효과적인 경쟁력 강화를 위해서는 변화가 필요합니다."

그러고 나서 1년이 채 지나지 않은 2001년 1월 1일, 체신청은 '주식회사 콘시그니아'로 다시 태어나며, 국제 인수 거래에 5억 파운드를 투자했다고 밝혔다. 발표 당시 존 로버츠^{John Roberts} 대표는 콘시그니아라는 이름은 주로 금융기관이나 통신사, 홈쇼핑 업체, 전력 업체, 광고 및 마케팅 업체 등 기업 제휴사들과 만날 일이 많을 것이며, 이들은 75억 파운드에 달하는 자사 연 매출의 $1/3$을 차지하고 있다고 밝혔다. 이는 BBC 뉴스를 비롯한 여러 언론사에 의해 보도되었다. 그날 오후, BBC 저녁 뉴스에서는 어느 거리에 위치한 우체국 지점 앞에서 기자가 노인 여성들에게 "콘시그니아를 친히 방문한 소감이 어떠시냐"라고 묻는 모습이 방송되었고, 또 다른 뉴스에서는 로버츠 대표의 발언은 웬만한 기업 고객들 아니면 상대를 안 하겠다는 고자세라며, 이는 잘못된 해석이라고 지적했다.

웰스는 당시 브랜드명을 놓고 실시한 조사 결과만 믿는 데 그치지 말고 조금 더 심사숙고해야 했다는 아쉬움을 나타내며 이런 조언을 남겼다.

"사람들이 충분히 이해했다는 결과가 나와도 절대 실제로도 그렇다고 생각지 마세요. 지금의 저라면 오보가 나올 때마다 즉시 대처하고 수정하는 민첩함을 더욱 발휘할 것 같네요."

흥미로운 건 대상 고객이나 주요 고객층에서는 90% 이상 신규 브랜드명에 우호적인 반응을 보였는데, 언론의 반응과 정반대였다. 콘시그니아가 주요 대상 고객층과 접점을 형성한 건 맞는 것 같은데, 새 이름을 갖고 시작한 사업 첫해에 역사상 최악의 실적을 기록하지만 않았더라도 그 명칭을 계속 유지했을지 모르겠다. 한 해 10억 파운드가 넘는 적자 추세를 뿌리 뽑기 위해 콘시그니아는 2011년 2월, 3만 명의 감원 계획을 발표했다. 이에 노조는 반발했고 시위를 벌이겠다며 위협했다. 매출 부진에 허덕이던 슈퍼마켓 그룹 아스다를 흑자 전환시켜 미국 업체 월마트에 67억 파운드에 매각한 능력자 앨런 레이턴^{Allan} ^{leighton}이 콘시그니아 구원 임무를 맡았다. 2012년 초 체신청 회장으로 부임한 그가 가장 먼저 한 일은 〈데이비드 프로스트 쇼〉에 출연해 상업적 이유가 아닌 신뢰 회복 차원에서 콘시그니아라는 이름을 더 이상 사용하지 않겠다고 밝힌 일이었고, 이에 곧 비난 여론이 터져 나왔다. 얼마 지나지 않아 핵심 사업에만 집중하는 군살 제거 작업의 일환으로 콘시그니아는 다시 '로열 메일'이란 이름으로 복귀한다는 공식 발표가 나왔다.

절대 돌려 말하는 법이 없는 레이턴 회장은 어느 정도 인지도가 확보된 기존 브랜드로 수 세기에 걸친 유산을 차곡차곡 쌓을 수 있는 상황에서 콘시그니아라는 이름으로 바꾼 건 '어리석은 결정'이었다고 거침없이 말한다. 뼛속까지 포퓰리스트이자 실용주의자인 그는 역사상 중요한 시점에 등장한 어리석은 이름을 거침없이 날려 버림으로써 조직 내 자신의 권위와 단호함을 확실히 각인시켰음을 잘 알고 있다. 콘시그니아를 날려 버린 힘센 빗자루와도 같은 존재감을 풍기는 그였기에 가슴 아픈 대량 해고, 지점 폐쇄 및 비핵심 사업 처분 등 고육지책 동원이 불가피했던 엉망진창의 재무 상태를 만든 장본인인 경영진과도 거리를 둘 수 있었다. 레이턴 회장의 말을 들어보자.

"로얄 메일로 다시 복귀하면서 상황이 안정되었을 뿐만 아니라 사람들에게 상황이 변하고 있다는 것을 보여줄 수 있었습니다. 전과 달리 잘못된 결정도 충분히 뒤집을 수 있습니다. 또한, 저는 어려운 결정으로부터 숨지 않는 새로운 리더십이란 변화를 일궈 내고 싶었습니다. 변화가 필요한 곳에는 자연스레 속력이 붙습니다. 뭐 하나 하는 데 몇 달 걸리는 건 옛날 일입니다."

총 1천9백만 파운드, 한화로 약 263억 원이 든 '콘시그니아'의 탄생과 몰락은 두고두고 낭비와 어설픔의 상징으로 회자되며 비난의 입방아에 오르내렸다. 그러나 한 가지 짚고 넘어가야 할 부분은 '체신청'이라는 이름을 그대로 썼다 한들, 민영화가 된 후 영국 회사법에 의거, 공식 문서나 자료에 '주식회사'로 표기해야 하니 어쨌든 이 작업에만 1천5백만 파운드가 소요되었을 것이란 점이다. 아이러니하게도 드래곤 측이 비용 낭비에 '덜' 유념해서 콘시그니아란 이름을 보다 일찍 사용하기 시작했더라면 아마 사라지지 않고 계속 남아 있었을지도 모르겠다. 그러나 한번 변화를 시도해서 이제 막 시장에서 새로운 입지를 확보했는데 또 변화를 진행하는 것도 현명한 방법은 아니라는 게 만인의 생각이기도 하다. 키스 웰스, 드래곤 브랜즈 이사는 브랜드명을 바꾸는 것과 관련해 다음과 같은 의견을 피력했다.

"돌이켜 보면 시장에서 어떤 입지를 갖게 될지 생각지 않고 무턱대고 새로운 이름만 들이민 것이 아닌가 싶습니다. 그래서 새 이름을 사용하는 데 3년이나 걸렸고, 최소한 처음에는 별문제 없어 보였습니다. 그러다 점차 부진한 실적을 보이니 사람들은 '이름을 바꾼 이후부터 뭔가 삐걱거려'라는 반응 대신 '도대체 콘시그니아는 뭐가 문제야?'라는 의문을 품었을 테죠. 이는 제가 시간이 지나고서야 깨달은 바지만, 그래도 저는 여전히 브랜드명을 바꿀 땐 물리적, 상업적 변화를 모두 연결시켜야 한다고 생각합니다."

콘시그니아라는 새로운 이름의 탄생이 마치 하찮은 작업인 듯 일축되는 것에 웰스 이사가 억울한 심정을 가질 만하다. 잘 모르고 떠들어대는 여론에 휘둘리고 체신청의 실적 부진 덤터기를 쓴 면도 없지 않다. 아무리 새로운 이름이 의미가 있다지만 조직에 영향을 미칠 만한 금이 여기저기 난 상황에서 이를 뒷전에 두고 이름만 먼저 챙길 기업은 없다. 이름보다 더 큰 요인이 흔들릴 때 이름도 자연스레 흔들릴 수밖에 없는 법. 나는 콘시그니아가 멋진 이름이었다고 생각지 않지만, 당시 개편의 목적과 잘 맞아떨어졌고, 또 필요 이상으로 맹비난을 받았던 건 과했다고 생각한다. 솔직히 말해서 콘시그니아가 액센츄어Accenture, 노바티스Novartis, 디아지오Diageo나 몬델리즈Mondele-z 등의 이름보다 못한 건 뭔가?

• 이집트에서 대대적인 광고를 선보이고 있는 통조림 참치 브랜드 돌핀The Dolphin 포장지에는 미소를 띤 돌고래가 그려져 있다. 이는 중동 소비자들에게 매년 참치 어획으로 상당수의 돌고래가 희생된다는 점을 상기시켜 사야 하나 말아야 하나 고민에 휩싸이게 만들었다.

• 영국 샌드위치 체인점 프레타망제Pret a Manger는 2013년 초 무알콜 칵테일 블러디 메리Bloody Mary를 연상시키는 토마토 시즈닝 맛 스낵 버진 메리Virgin Mary®를 출시했다가 소비자 및 종교 단체의 지탄이 쏟아지자 제품을 곧장 회수했고, 재고 상품은 노숙자들에게 기부했다.

• 일본 스포츠 음료 포카리 스웨트는 내수 시장에선 큰 인기몰이를 하고 있지만 영어권 국가로 진출하려면 이름을 바꾸는 게 어떨까 싶다. 반면 칼피스Calpis라는 이름의 음료는 국외에선 별로 정이 안 가는 '칼피코'란 이름으로 팔리고 있다는 사실.

• '동정녀 마리아'라는 뜻이다.

☑ 과거에 반응이 좋았던 상호나 로고, 브랜드 이미지를 바꿀 때는 신중, 또 신중하라.

☑ 초기 구상 단계에서 포착되지 않은 문제를 규명하기 위해 포커스 그룹을 최대한 활용하라.

☑ 새로운 브랜드 정체성이 기존과 너무 동떨어지지 않도록, 기존에 쌓은 유용한 브랜드 가치를 최대한 활용하면서 신선함을 심어줄 수 있는 방법을 고안하라.

☑ 브랜드명을 바꿀 땐 웹 도메인 네임과 소셜 미디어 아이디를 사전에 모두 확보해야 함을 기억하라.

☑ 늘 직원, 고객을 비롯한 모든 이해관계자를 염두에 두라. 브랜드 개편이 이들에게 어떤 이점을 가져다줄 것인가?

☑ 타이밍에 유의하라. 제품이나 서비스, 기업 이미지가 부정적인 소식과 연루되어 있을 때 브랜드 개편을 시도하면 연막작전으로 보이기 딱 좋다.

☑ 제품, 광고 및 웹사이트 등을 통해 드러나는 건 '이름'보다 '브랜드'이므로 새로운 이름이 어떤 환경에서든 유연하게 들어맞고 일관된 톤을 전달하는지 확인하라.

CHAPTER 07

믿을 수가 없다

가짜, 위조, 신용사기 사례

우리가 보는 모든 첫 모습이 다 끝까지 유지되는 건 아니다. 1930~1940년대 맹활약을 펼친 악명 높은 명화 위조범 한 판 메이헤런Han van Meergeren은 프란스 할스Frans Hals나 요하네스 베르메르Johannes Vermeer의 작품을 주로 베꼈는데, 베이클라이트Bakelite®를 사용해 당대에 사용된 물감과 비슷한 질감을 구현해냈다. 오늘날 위조에는 디지털 기술이 동원되어 모델의 얼굴이나 몸매를 보정해 더 젊고 더 날씬해 보이게끔 한다. 마케팅 관계자들에게 '위조'는 쉽사리 떨쳐 내기 힘든 유혹일 테다. 포토샵 등을 비롯한 디지털 도구를 활용하면 전에 없던 방식으로 이미지를 보정, 개선 및 왜곡할 수 있다. 어디까지가 위조이며 어디까지가 진짜인지, 그 경계에 대해서는 상당한 이견이 나올 수 있다. 가끔 보면 명확히 선이 그어져야 하는 영역에서도 도를 넘어서는 모습을 보이는 마케팅 행위가 목격된다. '발각되면 어떡하지' 하는 염려만으론 이들을 멈출 수 없는 모양이다.

● 페놀수지 페놀과 포름알데히드를 가열·축합시킨 열경화성의 합성수지

브랜드 소유주가 제대로 인지하거나 허락하지 않은 상황에서 마케팅이 도를 넘는 경우도 종종 발생하며, 홍보팀이 고의적으로 사기성 광고나 근거 없는 입소문 등을 만들어 내 브랜드를 홍보하면서 프로필 강화, 대회 입상 및 신사업 확보 등 갖가지 '또 다른 목적'을 위한 밑밥 깔기를 시도하는 경우도 있다. 이 상황에서 홍보팀이 비윤리적이거나 무능한 태도를 취하면 대상 고객이나 브랜드 소유주 등 기업의 이해관계자들에게 악영향을 미치고, 이들에게 불쾌감을 안겨줄 수 있는 마케팅 콘텐츠가 나올 가능성이 농후하다. 그러나 먼저 손가락질하며 누가 잘했네 못했네를 따지기 전에, 미용 업계와 이들이 자주 쓰는 수법을 먼저 짚고 넘어가자.

로레알, 디올, P&G
지나친 보정으로 아름다움을 조작하다

먼저 광고 관련 문제 하나를 풀어보자. 줄리아 로버츠와 트위기, 레이첼 와이즈, 크리스티 털링턴, 페넬로페 크루즈, 나탈리 포트만의 공통점이 뭘까? 이 6명의 여성은 모두 영국 광고심의위원회Advertising Standards Authority, 이하 ASA가 위조된 내용이 포함되어 있다는 이유로 금지 명령을 내린 화장품 광고에 출연한 바 있다. 영화 〈스타워즈〉에 출연했던 배우 나탈리 포트만이 모델로 등장한 크리스찬 디올Christian Dior 마스카라 광고는 여배우의 속눈썹 보정을 이유로 2012년 10월, ASA에 의해 부적격 판정을 받았다. 디올 측은 모델의 속눈썹 길이와 곡선 강조를 위해 '살짝' 보정한 점은 인정했지만 소비자들이 기만이라 느낄 정도로 제품으로 얻을 수 있는 효과 이상을 표현하진 않았다고 항변했다. 그러나 ASA는 디올의 입장을 일축하고 소비자를 오도할 가능성이 있다는 판정을 내렸고, 다음과 같이 결론지었다.

"디올 마스카라 광고는 보정된 모델의 속눈썹이 실제 제품을 사용했을 때 얻을 수 있는 효과를 과장한 것이 아니라는 점을 입증할 충분한 증거가 없다."

광고 규제당국의 판단에 항변하는 경우야 종종 있는 일이지만 이번 디올 사례의 경우 사건의 발단은 경쟁사인 로레알L'Oreal로부터 시작되었다. 이 회사는 보정에 잔뼈가 굵다. 앞서 언급한 다섯 개 광고 중 네 건이 로레알 제품 광고였다. 다섯 번째 광고는 트위기를 모델로 내세운 P&G의 올레이Olay 아이크림이었다. 문제가 된 나머지 네 건의 로레알 광고는 다음과 같다.

- 레이첼 와이즈가 모델로 등장한 2012년 로레알 리바이탈리프트 광고. 영국 광고심의위원회ASA는 모델의 피부가 더욱 매끈하고 고르게 보이도록 상당한 수준의 보정이 이루어진다고 밝혔다.
- 줄리아 로버츠가 모델로 등장한 2011년 랑콤 뗑 미라클 파운데이션 광고
- 크리스티 털링턴을 모델로 한 2011년 메이블린 다크서클 컨실러 광고
- 페넬로페 크루즈를 모델로 한 2007년 로레알 텔레스코픽 마스카라 광고

로레알 텔레스코픽 익스플로션Telescopic Explosion 제품의 경우 지면 및 TV 광고가 나갔는데, 이 제품을 사용하면 속눈썹을 최대 60% 길어 보이게 할 수 있다고 선전했다. 실제로 그렇든 아니든, 로레알은 그런 놀라운 효과를 소비자들에게 설득시키기 위해 모델인 페넬로페 크루즈에게 인조 속눈썹을 붙여 광

고를 촬영했다. 이에 대한 비판이 여기저기서 쏟아졌고, 로레알 브랜드를 풍자해 코미디언 로니 안코나Ronni Ancona가 모델로 등장하는 런리얼L'Unreal이란 패러디물이 유튜브에 등장했다.

독일 화장품 업체 바이어스도르프Beiersdorf 역시 주름 개선, 탄력 강화 및 노화 방지 효과가 있다는 니베아 바이탈 안티에이지 크림Vital Anti-Age cream 지면 광고 이미지가 과다 보정되었다며 제재를 받았다. 역시나 얄짤없는 ASA는 2013년 8월, 해당 광고에 대해 그런 효과를 실제로 낼 수 있는지를 과학적으로 입증할 수 없으며, 광고 이미지로 소비자들이 해당 제품의 효과를 과장되게 인식할 수 있다는 이유로 광고 금지를 명령했다.

이런 일이 영국에서만 일어나는 건 아니다. P&G는 미국에서도 디지털 보정 의혹을 받은 바 있다. 커버걸 네이처룩스 무스 마스카라CoverGirl Natureluxe Mousse Mascara 지면 광고 모델인 싱어송라이터 테일러 스위프트Taylor Swfit의 속눈썹은 상당히 풍성하고 멋지게 표현되어 있다. 제품을 통해 속눈썹 볼륨을 두 배까지 확장시킬 수 있다고 하면서 한편으로는 조그맣게 '모델의 속눈썹은 보정된 이미지입니다'라는 경고 문구를 넣어 놨다. 미국 광고업계 자체 감독 및 광고 내용 진위 여부를 확인하는 전국광고부National Advertising Division, 이하 NAD는 모델 테일러 스위프트의 노래 가사를 인용해 '절대 절대 절대Never, ever, ever 광고 이미지 같은 효과를 누릴 수 없다'는 판정을 내렸다. NAD의 소관 업무 중 하나는 미국 내에서 이루어지는 광고 내용이 정확한지, 사실인지를 심사하는 것이고, 이 말은 디지털 기술을 사용해 제품의 장점을 특히 강조한 이미지는 사용될 수 없다는 뜻이다. NAD 안드레아 레빈 대표는 〈비즈니스 인사이더 Business Indsider〉와의 인터뷰를 통해 이렇게 말했다.

"소비자에게 '이 제품을 사용하면 이럴 것이다'라는 식으로 이미지를
제시해 놓고 '아니면 그만'이라고 배짱 튕겨서는 안 되죠."

결국 P&G는 광고를 내렸고, 해당 이미지 재사용 금지 및 근거 없는 내용 게
재 금지에 동의했다.

포토샵 등의 디지털 도구를 사용해 이미지를 왜곡하는 행위를 감시하는
건 NAD나 ASA 등 광고심의기관으로서도 참 쉽지 않은 일이다. P&G가 '모델
의 속눈썹은 보정된 이미지입니다'라는 경고 문구를 넣지 않았다면 과연 발
각이나 되었을까? 확률은 반반이다. 보다 매끄럽고 부드럽게 보이도록 적절
하지 않은 선까지 보정 작업을 하거나 내용을 과장한 광고업주들 중 감시망
을 빠져나간 사람들도 많다. 과장 광고 사례는 경쟁사들이 찔러 당국에 발각
되는 경우도 종종 있다. 화장품 광고계의 어렵고도 추한 면모인데, 화장품 및
패션 아이템 광고에 한해서는 절대 보이는 게 다가 아니라는 점을 감안해야
한다.

광고 규제를 강화해야 한다는 압력이 있어 왔지만, 전 세계적으로 보면 실
질적 정책 마련으론 좀처럼 이어지지 않았다. 2009년 프랑스 국회의원 발레리
보아예Valerie Boyer는 디지털 보정이 된 광고는 반드시 이를 알리는 문구를 눈
에 띄게 삽입해야 한다는 법안을 촉구했고, 영국 진보진영에도 이와 유사한,
16세 이하 어린이를 대상으로 한 광고는 일절 보정을 금지하는 법안을 추진
중에 있다. 2011년 노르웨이 아우둔 리스바켄Audun Lysbakken 평등 장관은 포토
샵 보정 광고, 특히 심히 마른 모델이 등장하는 광고에는 '경고 문구'가 함께
삽입되어야 한다고 주장했다. 그는 보정 작업을 거친 깡마른 여성 이미지가
담긴 광고는 10대 소녀들에게 왜곡된 이상을 심어주고 이를 추구하게 하는

부작용으로 이어질 수 있다며 우려했고, 이에 45명의 국제 전문가들이 서명을 보내 지지 입장을 표했다. 또한, '언론에서 보여주는 보정된 깡마른 모델은 여성들에게 몸매에 대한 불만족이나 건강한 식습관 포기 등을 유발할 수 있다'는 입장을 덧붙였다. 냉정한 평가긴 하지만, 런웨이를 걷는 수많은 모델의 몸매처럼 실질적인 변화의 물줄기 역시 참 메마른 상황이다.

포토샵 보정이 너무 과했던 대표적인 사례는 2009년 랄프 로렌 광고로, 모델 필리파 해밀턴Filippa Hamilton이 체크 블라우스와 청바지를 입고 가느다란 자신의 허리춤에 손을 올리고 있다. 그러나 이 광고의 경우 '가느다란'이란 표현이 무색할 정도로 허리 보정을 심하게 해 심지어 모델 머리보다도 허리 폭이 좁아 보일 보였다. 사람들은 어이없다는 반응을 감추지 못했고, 랄프 로렌도 즉시 사과 입장을 표했다. 그러나 이런 사과에도 아랑곳없이 영국 식이장애단체 비트Beat는 이런 심히 왜곡된 이미지가 사람들에게 악영향을 주는 것이라며 강한 비판의 목소리를 냈다.

미용 광고가 미치는 심리적 영향은 감정적 문제를 수반한다. 광고업체는 항상 제품보다 더 많은 메시지를 던질 수 있는 것이 바로 광고란 점을 유념해야 한다. 옷을 팔든 화장품을 팔든 매출 상승 효과를 내야 한다는 압박이 있겠지만, 그럼에도 정직하고 책임감 있는 내용으로 광고를 제작해야 함을 잊어서는 안 된다. 되고 안 되고의 경계가 참 애매하긴 하지만, 무엇이 옳고 그른지에 대한 소비자들의 판단 능력은 갈수록 향상되고 있으며, 도를 넘은 광고에 대해서는 책임을 물을 만반의 준비도 갖추고 있다. 포토샵 디자스터스Photoshop Disasters 와 같은 사이트를 통해 포토샵 보정된 이미지들을 종류별로 확인할 수 있고, 또 요즘은 일반인들도 디지털 소프트웨어를 쉽게 사용할 수 있다 보니 그러한 소프트웨어로 어디까지 보정이 가능한지 스스로 판단할 수 있기에 광고 속 이미지들에 '매의 눈초리'를 들이대는 것이 가능하다. 그러나 광고가 아무리 관대하다 한들, 살집 있는 평범한 다수의 모습을 반영하진 않는다. 늘 화려하고 멋진 조명 아래 제품을 선보이는 것이 광고이기에 현실과 다소 동떨어진 빼빼마른 모델, 잡티 하나 없는 피부, 부자연스러울 정도로 풍성한 속눈썹 등과 같은 왜곡된 이상으로 여성의 전형을 대변하는 우를 범하기도 쉬운 것이다.

기아, 폭스바겐
제조사를 아연실색게 한 가짜 광고

대부분 광고는 광고대행사가 진행한다. 브랜드가 자체적으로 멋진 광고를 만들 역량이 안 된다는 뜻은 아니다. 예외적인 경우도 물론 있겠지만 대부분의 경우 광고 전문 업체가 그 일에 더 능하다는 뜻이다. 왜 그럴까? 광고 업체는 그 일에 특화된, 그 일을 하기 위해 만들어졌기 때문이다. 창의성을 발휘할 수 있는 환경이 충분히 조성되어 있고, 너나 나나 모두 '광고 만드는 사람들'인 환경에서 다양한 고객을 만나고 또 다양한 프로젝트를 진행한다는 점은 광고 카피라이터나 디자이너 모두에게 상당한 매력으로 작용한다. 화려한 세계, 창의적 만족감 등은 자신을 드러내고 싶어 하는 욕망과 성공을 향한 열망을 가진 젊은 인재들에겐 너무나도 매력적인 요소들이다. 자신을 팔기에 광고계만큼 적절한 곳이 없다.

광고대행사가 성공적으로 고객에게 맞는 최적의 광고를 만들어 내면, 그 광고 자체가 그 업체의 실력을 입증하는 명불허전의 증거가 된다. 그래서 비록 구성원이 바뀌는 가운데서도 대행사와 고객사의 끈끈한 관계는 몇십 년이고 꾸준히 이어지는 경우도 있다. 예를 들어 유니레버의 경우 2013년 광고대행사

JWT와의 110년째 이어온 인연을 자축하기도 했다. 워낙 변화가 많은 업계긴 하지만 그래도 고객사와의 꾸준한 관계를 유지하며 고객사를 누구보다 잘 표현하고 또 에너지를 채워 주는 역할을 하는 대행사들도 있다. 가끔 브랜드가 지향하는 바와 완전히 대치되거나 문제를 일으킬 수 있는 그릇된 아이디어를 내놓기도 하지만, 그런 경우 고객사가 그냥 'No'라고 말하고 아이디어를 물리면 되는지라 큰 문제가 되지는 않는다. 그리고 그래야만 하지만, 안타깝게도 늘 상황이 이렇게 바람직하게 돌아가진 않는다.

광고업체에게 아이디어는 많을수록 좋겠지만, 또 그런 면은 미덕으로 여겨지지만 가끔은 독이 되기도 한다. 창의적 활동과 열정적인 프레젠테이션을 하다 보면 갖가지 개념과 해법이 나오게 마련인데, 그러다 보면 브랜드와 동떨어진 아이디어까지 나오기도 한다. 가끔 이렇게 탈락된 자료가 유출되어 사람들의 입방아에 오르기도 하는데, 최악의 경우 피해 대책에 나서야 하는 상황까지 발생한다. 광고주로선 애초부터 마음에 들지 않았던, 알지도 못했던 아이디어가 그렇게 퍼지는 상황이 결코 달가울 리 없다.

광고업체들의 상을 타고 싶은 욕심이 이런 유감스러운 상황을 초래하는 경우가 종종 발생한다. 배우들이 오스카상, 에미상, 토니상, 영국 영화 및 텔레비전 예술상 등에 입상하는 영예를 즐기듯, 스포츠 선수들이 메달과 트로피, 높은 순위를 차지하기 위해 전력을 기울이듯 광고업체들도 업계에서 명성이 자자한 칸 국제 광고제나 클리오 광고제, D&AD 광고제, 원 쇼 국제 광고 디자인상 등에 입상해 위상을 떨치고픈 욕망을 갖고 있다. 이런 굵직한 대회에서 수상하면, 해당 업체의 명성이 한층 굳건해질 뿐만 아니라 창의적인 팀이라는 평판도 생겨난다. 수상 경력이 있는 업체들은 홈페이지에 그러한 사실을 자랑스럽게 드러내고 강조하며, 동종 업체들과 비교해 한 수 앞서간다는 점, 고객들로부터 더욱 신뢰를 얻을 수 있다는 점을 만끽한다. 그러나 이렇게 명성을 추구하는 것이 가끔 아둔한 결정을 초래하는 경우도 있다.

매년 6월, 날씨 좋은 프랑스 남부 칸Cannes에는 전 세계 광고계 인사 1만여 명이 모여드는 칸 국제 광고제가 열린다. 다들 서로 반갑게 인사를 나누는 한편, 인맥을 구축하려는 활발한 움직임과 뜻깊은 세미나 등이 진행되며, 현장엔 사람들의 손길을 기다리는 먹음직스러운 카나페와 갖가지 주류가 즐비하게 늘어서 있다. 2011년 행사에서 가장 화두가 된 건 광고업계의 새로운 강자로 부흥하는 브라질의 성장세였다. 그해 브라질은 네 번째로 많은 수상의 영예를 안았으며, 수도 상파울로는 세계 3위의 창의적 도시로 선정되었다. 브라질의 이런 빛나는 성적이 화두가 된 가운데 한 가지 사람들의 심기를 불편케한 광고가 있었으니, 이 역시 마찬가지로 브라질 발發이었는데, 지면 광고 부문 은사자상과 옥외 광고 부문 동사자상을 차지한 상파울로 출신 광고 업체 모마 프로퍼갠다Moma Propaganda가 만든 작품이었다.

광고상은 대개 그 광고가 얼마나 효과적이었는지, 얼마나 수익을 창출했는지에 기반해 선정되지만, 여느 상과 마찬가지로 주관적 판단이 개입하는 경우도 적지 않아 심사위원들 간의 이견도 종종 발생하곤 한다. 이는 지극히 정상적인 과정이다. 그러나 2011년 모마를 입상으로 이끈 해당 광고는 사람들에게 '진짜배기' 충격을 선사했다.

모마에 은사자상과 동사자상을 안긴 작품은 기아자동차의 SUV차량 스포티지Sportage 광고였으며, 스포티지에 탑재된 '듀얼 존 냉방 기능'을 특히 부각시키는 데 초점을 둔 작품이었다. 이 광고가 '기아 소아성애 광고KIA paedophile ads'로 불리기도 한다는 걸 감안하면 왜 그렇게 논란이 되었는지 여러분도 익히 짐작하시리라 생각한다. '온도 차'라는 소제목이 붙은 이 광고는 만화처럼 구성되어 있는데, 총 여섯 칸으로 좌우 세 칸씩 다른 느낌의 삽화가 그려져 있다. 왼쪽은 어린이용 만화 같은 느낌이라면 오른쪽은 좀 더 어른스러운, 에로틱한 느낌이 감도는 만화이다. 양쪽 그림엔 모두 '선생님'이 등장하는데, 왼쪽엔 선생님과 7세 정도 되어 보이는 꼬마 여자아이가 책상에 앉아 있고, 책상엔 사과가 하나 놓여 있다. 미소를 띤 선생님 옆으론 '뭐부터 시작하지?'라는 대사가 담긴 말풍선이 그려져 있다. 오른쪽 그림을 보면 왼쪽 캐릭터와 입은 옷은 같지만 생김새가 조금 다르다. 선생님은 조각 같은 턱에 넓은 어깨를 가진 남성으로, 여성은 S라인 몸매에 미니스커트를 입고 블라우스를 허리 위로 올려 묶어 허리를 드러내어 표현했다. '뭐부터 시작하지?'라는 선생님의 질문에 '해부학Anatomy, 몸을 뜻하기도 함은 어때요?'라고 여성이 대답하는데 이는 100% 성적인 암시가 담긴 표현이다. 차량을 홍보하는 광고인데 내용은 선생님과 제자 간의 부적절한 성관계를 암시하는 데다, 꼬마와 원숙한 여성을 대조시키는 '알 수 없는' 조합을 만들어 놓았다. 누가 봐도 역겹다고 느낄 만했지만, 2관왕이나 차지한 걸로 봐선 심사위원들은 생각이 달랐던 모양이다.

논란은 되지만 참신한 맛이 있어 광고업계 다수의 관심을 집중시킬 수 있는 광고와 다소 평범하긴 하지만 제품 및 서비스 판매 촉진 목적에 충실한 광고의 차이는 사실 오랜 기간 존재해 왔다. 광고제 심사위원들은 주로 전자를 선호한다. 광고주의 의도를 충실히 반영하지 못한다는 결점이 존재함에도 말이다. 인간에 대한 내 믿음이 너무 과한 건지는 모르겠지만 소아성애 판타지가 왜 자동차 광고의 소재가 되어야 하는지 난 도통 모르겠다. 듀얼존 냉방 기능을 강조할 수 있는 방법에는 '말 그대로' 수백여 가지가 있을 텐데. 이 기아차 광고에 수상의 영예를 안겨 준 당사자들의 생각과 내 생각의 격차가 너무 큰 모양이다. 심사위원을 대상으로 한 뇌물 수수나 비도덕적 접근이 있었다는 증거는 없지만, 이 사태를 보면 광고주인 기아자동차는 전혀 안중에도 없는 듯하다. 그러나 심사위원단이 과연 무슨 꿍꿍이를 갖고 그런 것인지에 대해서는 책을 따로 내서 설명해도 될 정도이다. 여기서 가장 우려되는 부분은 '이 광고가 기아자동차에 얼마나 부정적인 영향이 미칠까'이다.

아무튼 이런 광고가 광고제에서 입상한 것도 경악할 일인데, 한층 더 합리적인 방식으로 창의적인 사람들은 이 광고가 일반에 공개되었으면 두말할 나위 없이 혐오와 조롱의 대상이 되었을 텐데 그간 아무 반응이 없었다는 의혹을 제기했다. 브라질에서 처음 이 광고가 등장했을 때, 왜 온라인이고 오프라인이고 그렇게 조용했을까? 이유는 간단했다. 이 광고가 실제로 광고된 적이 '없기' 때문이었다. 이는 광고제 출품용으로, 저속한 주제로 화제를 불러일으킬 목적으로 만들어진 가짜 광고였다. 기아자동차는 이에 대해 아무것도 모르고 있다가 갑자기 스포티지 광고로 자사가 소아성애 논란에 휩싸였다는 당혹스러운 상황에 노출된 격이었다. 마이클 추, 기아자동차 글로벌 PR 담당 이사의 해명을 들어보자.

> "기아자동차 본사와 브라질 지사, 기아차 현지 대리점 모두 모마가 제작한 광고와 이 광고가 칸에 출품되었다는 사실에 대해 전혀 주지한 바 없었습니다. 더불어 해당 광고는 칸 광고제 홈페이지를 제외한 그 어떤 공개 석상이나 언론에서 사용된 바가 없다는 점을 분명히 알리는 바입니다."

공식적으로 기아차는 차분히 외교적인 대응에 나섰지만 비공식적으론 홍보 및 마케팅 담당자들이 기회주의적 태도를 보인 브라질 광고업체와 칸 광고제 주최 측에 상당히 격노했다고 한다. 기아차로선 당연히, 도대체 무슨 연유로 목적이 의심스러운 가짜 광고에 상을 줬는지, 그래서 자사를 이런 듣도 보도 못한 소동에 휘말리게 했는지가 의문스러웠다. 대회 조직위는 이에 대한 조사에 착수했고, 한 달 후 모마의 수상을 취소한다고 밝혔다. 필립 토마스 조직위원장은 공식 성명을 통해 다음과 같은 입장을 밝혔다.

> "칸 주최 측은 필요할 경우 모든 출품작이 비용을 지불하고 광고를 의뢰하는 광고주를 위해 제작, 사용된다는 점을 입증할 수 있어야 한다고 판단했습니다. 이에 대해 많은 대화가 오고 갔지만, 모마 프로퍼갠다는 이를 입증할 증거를 제공하지 못했기에 수상 자격이 없는 것으로 판단, 수상을 취소함을 밝힙니다."

그러나 사람들 대부분은 애초부터 그런 광고가 왜 수상작으로 뽑혔는지가 의심스러울 테다. 다행히도 소아성애는 자동차 마케팅에 사용했다간 지탄받기 딱 좋은 부적절한 주제에 속한다. 자살 폭탄 테러도 그렇다. 2005년 초 폭스바겐 자동차는 자살 폭탄 테러를 주제로 한 패러디 광고가 마치 자사 '폴로' 모델 광고로 오인받아 호된 경험을 한 바 있다. 광고 내용은 이렇다. 자살 폭탄 테러범이 폭스바겐 차량에 탑승해 목적지를 향해 달린다. 야외 좌석에서 사람들이 식사를 하고 있는 한 식당이다. 목적지에 도착한 테러범은 멈춰선 후 폭파 버튼을 누른다. 이윽고 엄청난 폭발이 일어나고, 범인이 타고 온 차량은 불구덩이에 휩싸인다. 엄청난 폭발이 있었음에도 광고 속 차량은 온전한 모습을 그대로 유지하고 있다. 그다음에 나오는 카피, '폴로, 작지만 강하다'. 폭스바겐은 소비자들이 이 광고를 자사가 의뢰해 제작한 것으로 오해할까 우려를 표했고, 도대체 누가 이런 광고를 만들어 냈는지 추적했다. 동시에 명예훼손 및 자사 지식재산권 침해 혐의로 소송을 제기하겠다고 으름장을 놓았다.

곧 '리와 댄Lee and Dan'으로 잘 알려진 런던 소재 광고기획자 리 포드Lee Ford와 댄 브룩스Dan Brooks가 이 광고의 배후에 있었다는 사실이 드러났다. 두 사람은 영화감독 스튜어트 프라이어Stuart Fryer의 도움을 받아 쇼릴Show Reel®용으로 이 광고를 제작했으며, 일감 하나 따낼 수 있을까 싶은 생각으로 폭스바겐의 영국 측 광고대행업체 DDB 런던에 이를 보냈다.

이 비디오가 어떻게 온라인에 유포되었는지는 불분명하지만 유포되자마자 급속도로 퍼져 나갔다. 폭스바겐은 이 가짜 광고와 거리를 유지하며 필요한 경우 광고에서 언급한 만큼 '강한' 대처에 나서겠다고 밝혔다. 상황이 이렇게 질척해지자 리와 댄은 미디어건 송사를 주로 다루는 데이비드 프라이스 솔리시터David Price Solicitors에 자문을 구했고, 곧 합의가 이루어졌다. 두 사람은 가짜 광고를 게재한 데 폭스바겐 측에 사과 입장을 표했고, 폭스바겐으로부터 일절 의뢰를 받지 않았음을 밝히며 해당 업체의 상표권 침해 및 명예훼손 혐의를 인정했다. 이에 폭스바겐은 피해보상청구를 하지 않겠다고 밝혔다.

포드, 현대
퇴짜 맞은 광고의 역습

폭스바겐이 이런 불법 광고가 더 이상 확산되지 못하도록 즉시 대응에 나선 이유 중 하나는 소비자들이 이를 '해당 브랜드가 승인한 정식 광고'라고 인식할 수 있기 때문이다. 2004년 동물 학대 논란을 불러일으킨 포드 스포트카

● 누군가에게 제시할 목적으로 제작한 소개용 영상물을 말한다.

SportKa 광고 영상을 예로 들어 보자. 이 영상을 보면 호기심 많은 고양이가 차 위로 올라가 오픈 선루프를 들여다보는데, 그러다 갑자기 선루프가 확 닫혀 버려 고양이는 목이 잘리고 몸통은 앞 유리를 타고 미끄러진다. 앞서 소개한 폭스바겐의 '테러리스트' 사례와는 다르게 스포트카는 포드가 정식 광고대 행업체인 오길비&마더Ogilvy&Mather에 의뢰해 제작한 광고였다. 제작이 완료되 어 광고주에게 선보이자 광고주는 내용이 부적절하다는 이유를 들어 거부했 다. 그러나 어떻게 온라인상에 유포되어 버렸고, 광고 업체는 실수로 벌어진 일 이라고 해명했지만 그다지 설득력 있게 들리진 않았다. 그럴듯한 변명이 광고 업자나 업계엔 통할지 모르겠으나, 소비자들은 점점 더 마케팅 책략에 냉소적 인 태도를 보이는 추세이다. 유출을 전략 삼아 써 놓고 아무 리스크가 없을 거 라 생각하는 사람이 있다면 줄리안 어샌지®가 최근 어떻게 살고 있는지 한번 열심히 들여다볼 필요가 있다.

'유출되면 안 되는 건데 이를 어쩌나'에 해당하는 온라인 차량 광고는 최 근 새로운 현상으로 떠오르고 있지만, 사실 전혀 새로운 건 아니다. 2004년부 터 2013년까지를 한번 살펴보자. 현대자동차는 내수 시장에서 투싼ix라 불리 는 유럽지역 모델 ix35 광고 영상을 공개했다가 비난의 뭇매를 맞고는 공식적 인 사과 입장을 표명한 바 있다. 당시 현대는 해당 광고 내용을 허가한 적도, 그 러한 지시를 내린 적도 없다고 밝혔다. 이 광고를 제작한 이노션 월드와이드 Innocean Worldwide 또한 사과 입장을 표명하며 영리 목적이 아닌, 제품의 장점을 과 장하는 기법을 사용한 광고에 대한 소비자 반응을 확인하기 위해 단 하루 유 튜브에 게재했을 뿐이라고 말했다. 유튜브에 단 하루? 영상이 퍼질 대로 퍼지

● 폭로전문 사이트 위키리크스의 설립자

고도 남을 시간이다. 게다가 이노션은 독립 업체도 아닌, 현대 산하 업체였다.

그렇다면 ix35 광고에서 '과장되게' 표현되어 비판을 자초한 그 내용은 무엇이었을까? '배관 작업'이란 제목의 이 영상은 낙심한 한 중년 남성이 자살을 시도하려는 상황을 그린다. 차고에 들어가 문을 닫고, 공기가 통하지 않도록 곳곳을 막은 다음 차량 배기구를 내부로 연결해 배기가스를 흡입해 목숨을 끊으려 한 것. 논란을 일으켜 여론의 관심을 끌어보려는 뻔한 시도인 게 너무 분명했다. 그렇다고 우울증이나 좌절, 자살 시도 같은 사회적 문제를 그렇게 얼렁뚱땅 '환경에 무해한 배기가스를 내뿜는 친환경 차량' 선전에 사용하고 싶었을까? ix35는 수소 연료 전지로 구동되는 모델이라 해당 광고 영상에서 나오듯 '100% 물 성분 배기가스'를 내뿜는다. 이 광고를 통해 뭘 느끼라는 걸까? '배기가스로 자살하려 했는데 친환경 가스라서 실패한, 운도 지지리도 없는 남자'라는 걸까? 어이구, 이렇게 딱할 수가.

그다음은? 고뇌에 찬 삶을 그만 끝내려 도로에 뛰어들었는데 현대차의 놀라운 속도 제어 기술 덕분에 차에 받히지 않아 다행히 죽음을 면하는 이야기인가?

이 광고 영상에 대한 반발은 어느 정도 예상 가능하기도 했고 일파만파 확대되기도 했다. 캡쳐, 방송, 온라인 미디어 등 온갖 곳에서 이에 대해 떠들고 나섰다. 이와 관련한 한 가지 가슴 아픈 사연이 광고업계 내부에서 들려왔다. 젊은 광고 카피라이터 할리 브록웰Holly Brockwell은 자신의 블로그에 현대자동차와 이노션에 보내는 공개 서신을 올렸는데, 차에서 자살한 아버지에 대한 끔찍한 기억이 되살아 나 영상을 보고 눈물을 흘렸다는 내용이었다.

'결국 가장 중요한 조회 수를 최대한 끌어올리기 위해 뉴스거리가 될 만한 것, 사람들의 입방아에 오르내릴 만한 것, 심지어 너무나도 충격적인 것까지 끌어들이는 이 업계를 모르는 바 아니지만, 왜 내가 단지 차를 팔려는 목적을 가진 모르는 사람들 때문에 눈물을 흘려야 하는지 모르겠군요. 이 광고는 제가 가진 최악의 기억, 우리 아버지의 죽음을 다시 떠올리게 했습니다. 우리 아버지도 차에서 자살을 시도하셨어요. 저는 그 일로 아버지를 다시 볼 수 없게 되었습니다. 생일 파티에도, 합격 발표 날에도, 졸업식에도 아버지는 안 계셨습니다.'

어떻게든 사람들의 뇌리에 남으려는 광고업계의 발악은 점차 심해져 극단으로 치닫고 있다. 그러나 정말 삶의 '극단'에 있는 사람들을 놀림감으로 삼는 우를 범하진 말아야 할 것이다.

세계자연보호기금
허가되지 않은… 어? 허가된 광고였다!

국제 자연보호 단체 세계자연보호기금World Wildlife Fund, 이하 WWF 역시 충격적인 수법을 썼다가 뜨거운 논란의 도마에 오른 적이 있다. 2009년 WWF 지면 광고는 이후 영상 광고로도 나왔는데, 경악할 만한 무신경함으로 점철된 내용을 담고 있어 비난의 뭇매를 맞았다. 이 영상에는 맨해튼 상공 위로 여객기 수십 대가 쏟아져 내리는 모습이 담겨 있다. 최악의 참사 중 하나로 꼽히는 2001년 9.11 테러 당시 월드 트레이드 센터가 비행기 폭격을 맞던 모습을 재연한 것이다.

이 광고를 통해 이들이 전달하고자 한 메시지는 2004년 박싱 데이Boxing

Day, 12월 26일에 인도네시아 발리 섬을 덮친 쓰나미 피해자는 9.11 테러 피해자의 100배에 달할 정도로 자연재해의 위력이 강력하다는 것이었다. 이 개념 없는 광고가 논란의 불씨를 활활 지피자 WWF 미국 지부는 즉시 성명을 발표하고 '부적절한' 게재였다며 애초에 승인이 이루어지지 않은 내용이었다고 밝혔다. 그러나 이후 굴욕스럽게도 브라질에서 이 광고가 정식 승인을 받았다는 사실이 밝혀졌다. 현지 광고대행업체 DDB가 프로 보노Pro Bono●로 제작한 이 광고는 WWF 브라질 지부 관계자의 승인하에 잡지에 게재된 것. DDB와 WWF는 공동 성명을 통해 해당 광고 제작 및 승인 사실을 인정하며 실수였다고 밝혔다. 이런 사태가 빚어지게 된 건 '자연은 위대한 힘을 갖고 있다는 메시지를 전달하려 했던 제작팀 일부의 경험 부족'이 원인이었다며, 불쾌하고 무신경한 내용으로 사람들의 경멸을 자초했다는 말을 덧붙였다.

하이텍, 위처리, 덴마크 관광청
진실을 은폐하려다 개망신당하다

논란거리를 만들어야 초장부터 조회 수를 확 올릴 수 있다는 환상을 떨치지 못하는 업체들은 그런 기만적 책략을 드러내기보다 대중을 눈속임할 생각부터 한다. 러닝화 브랜드 하이텍Hi-Tec은 리퀴드 마운티니어링Liquid Mountaineering이란 제목의 우스꽝스러운 영상을 공개했는데, 사람들이 마치 물 위를 걷는 것처럼 보이는 특수 효과를 사용했다. 애초에 화제를 끌어모으기 위해 제작된 것이 아니냐는 사실을 전면 부인해서 세간의 비난을 사더니, 결국

● 전문가들이 자신의 전문성을 활용해 사회적 약자와 소외계층을 돕거나 공익을 위해 무료로 봉사하는 활동

실토하고 뻔뻔스레 '메이킹 필름'까지 공개했다.

한술 더 떠 호주 의류 소매업체 위처리Witchery는 2009년 광고대행사 네이키드 커뮤니케이션스Naked Communications와 함께 새로운 남성 의류 라인을 홍보하려는 교묘한 술책으로 홍보 영상 '그 재킷을 입은 남성'을 제작했다. 영상을 보면 '하이디Heidi'라는 이름의 아름다운 한 젊은 여성이 카메라에 대고 혼자 대사를 하는 모습이 담겨 있는데, 유튜브에 올라온 많은 영상이 그렇듯 자기 집인 듯한 분위기의 침실이 배경으로 펼쳐져 있다. 몇 분 전 어느 카페에서 마주친, 자신의 마음을 사로잡은 한 정체 모를 남성을 언급하며 그가 재킷을 깜빡 잊고 갔다며, 그 재킷을 챙겨 집으로 가져왔다고 말한다. 신데렐라 이야기의 남성 버전인 걸까. 하이디는 그 '아름다운' 재킷을 킁킁거리며 냄새를 맡다가, 쓰다듬었다가, 보는 이들이 실크 안감을 자세히 볼 수 있도록 카메라에 바짝 들이댄다. 남자 옷에 대한 페티시를 가진 스토커 하이디가 도대체 누구인지 궁금했던 사람들은 그녀의 정체를 찾아 나서기 시작했다.

이 영상에 대한 소문이 꼬리에 꼬리를 물고 계속 퍼져 나가자 언론도 관심을 갖기 시작했다. 슬슬 이 영상의 진위 여부에 대해 회의적인 시각이 대두되었다. 그러나 기자들의 질문에 하이디는 진짜 자신의 사연이라고 주장하며 공영 방송에 나와 인터뷰까지 했다. 그러나 여전히 의심의 눈초리를 거두지 못하던 언론은 이에 대해 집중 취재를 시작했고 마침내 그 실체가 드러났다. 시드니 모닝 헤럴드는 '대국민 사기: 시드니 남자 신데렐라의 재킷, 광고로 드러나'라는 헤드라인으로 그 실체를 만천하에 공개했다. 광고 속 여성은 배우였으며 하이디란 이름도 가명이었다. 언론이 한번 물면 진실을 알아내는 건 시간문제라는 점을 간과한 네이키드와 위처리는 뒷덜미를 잡히고 말았다. 이후 내막이 '공개'된 점에 초점을 두고 긍정적으로 전개되었다기보다는, '기만'에 초점을 둔 부정적 상황이 펼쳐졌다. 두 업체가 의도한 바가 제대로 전달되지 않은 것이다. 네이키드는 이번 광고로 위처리에 대한 인식을 향상시키려 했지만, 시장 조사 결과 브랜드 인지도가 더 떨어진 것으로 드러났다. '광고' 결과로는 최악이다. 브랜드 인지도 향상을 단 며칠에 걸친 미스터리 영상으로 이루겠다는 욕심은 말이 안 되고 계산도 맞지 않다. 소비자들은 사기 치는 브랜드보다 유쾌한 브랜드를 더 선호한다. 투명성이 이래서 중요하다.

호주에서 수천 마일 떨어진 덴마크에서도 비슷한 일이 벌어졌다. 주범은 덴마크 관광청이었는데, 이 경우 선정적인 면이 문제가 되었다. 아이를 안은 한 젊은 여성이 카메라에 대고 이야기하는 내용인즉슨, 관광 온 남성과 술에 취해 뜨거운 원나잇을 보냈다가 이 아이를 갖게 되었고, 이름도 기억나지 않는 아이 아버지인 그 남성을 인터넷으로 찾고 있다는 것이다. 이 광고의 목적은 관광지로서 덴마크가 얼마나 다채롭고 활기찬 곳인지를 보여주기 위함이었다. 그러나 덴마크 언론이 해당 영상 속 사연이 가짜였음을 밝혀내었고, 곧 관광청은 도대체 왜 덴마크를 술 취한 여성이 이름도 기억 못 하는 관광객과 하룻밤 불장난을 하는 곳으로 묘사해야만 하냐는 질문 폭탄을 맞았다.

에델만
그렇게 진실함을 강조하더니

에델만 신뢰도 지표조사Edelman Trust Barometer는 기업의 정직성과 투명성의 중요성을 측정하는 도구이다. 에델만은 세계 최대 PR 업체로, 전 세계 66개 지사에 4천5백만 직원을 보유하고 있으며 지난 10년간 매해 기업, 정부, NGO 및 언론에 대한 대중의 신뢰도 조사를 꾸준히 실시해 오고 있다.

2013년 조사는 26개국 3만1천 명을 대상으로 실시되었다. 딱히 놀랄 일도 아니지만 전 세계적으로 대중의 정부에 대한 신뢰도 48%는 기업에 대한 신뢰도 58%보다 낮은 것으로 나타났다. 그렇다고 대부분의 기업이 늘 성실하고 정직한 자세로 임한다고 보긴 어렵다. 자사 상황이나 상태가 어떻든 CEO는 늘 진실만을 말한다고 믿는 사람은 18%밖에 되지 않았으며, 특히 선진국 시장 내 기업 신뢰도는 최하위를 기록했다. 이를 통해 기업이 얼마나 진실된 모습을 보이는가에 대한 사람들의 신뢰도가 전 세계적으로 위기를 맞고 있다는 결론을 내릴 수 있다.

고객사에 늘 열린 태도, 솔직한 태도를 견지하라고 조언하는 에델만의 기업 윤리가 도마 위에 오른 일이 있었는데, 에델만뿐만 아니라 고객사에도 큰 망신살이 뻗친 2006년 '아스트로터핑Astroturfing' 사건이 바로 그것이다. 아스트로터핑은 마케팅 용어로 어떤 기업이나 집단의 이익을 위해 대가를 받고 활동해 주는 '가짜 지지자'를 동원하는 행위를 말한다. 주로 가짜 블로그를 만들어 목적에 맞는 글을 올리는 방법을 사용하는데, 이런 가짜 블로그를 '플로그Flog, Fake+Blog'라고 칭한다. 이름에서도 알 수 있듯 떳떳하지 못한 이런 마케팅 행위를 제대로 된 마케터들은 절대 용납하지 않는다.

어리석게도 에델만은 고객사인 슈퍼마켓 체인 월마트를 위해 플로그 두 개를 열었다. 조금 더 본격적으로 운영했던 건 '미국 월마트 탐험Wal-Marting Across America'이라는 이름의 블로그였는데, 짐과 로라라는 이름의 남녀가 함께 미국 내 월마트 지점 곳곳을 돌며 느낀 소감이 쓰여 있었다. 이들은 월마트 직원들이 얼마나 친절한지, 업무 환경이 얼마나 훌륭한지, 제품 품질과 가치가 얼마나 우수한지, 주차 공간이 얼마나 잘 조성되었는지 등에 대한 찬사를 늘어놓았다. 수상한 냄새를 풍기는 건 비단 월마트 수산 코너의 생선뿐만이 아니었다. 자발적으로 월마트를 돌며 좋은 말만 해대는 이 두 사람에게서도 그런 냄새가 풍겨 오긴 매한가지였다. 2011년 한 해 순 매출만 4천190억에 달할 정도로 덩치가 큰 공룡 기업 월마트는 언제나 사람들이 예의 주시하는 대상이다. 수상함을 느낀 사람들은 뒷조사를 하기 시작했고, '미국 월마트 탐험' 블로그는 단순히 호기심 많은 모험가들이 올리는 순수한 이야기가 아니라 가족 친화적인 기업이 아니라는 세간의 비판을 불식시키기 위한 홍보를 목적으로 고용된 이들이었다. '월마트를 위해 일하는 가족들'은 에델만과 결탁한 블로그였다. 〈비즈니스위크Businessweek〉가 게재한 '월마트 사태: 짐과 로라의 실체'라는 폭로 기사를 통해 내막이 만천하에 공개되었고, 이에 대한 비판 여론이 거세지자 에델만은 결국 개입에 대해 실토하고 말았다.

자신들이 그동안 역설해 온 바와 정반대되는 행보를 보인 것이다. PR계의 선두 주자인 에델만은 그간 최적의 온라인 커뮤니케이션 지침을 제공해 왔으며, 자신만의 관심사와 편향을 갖고 블로그를 읽는 사람들이 제대로 된 판단을 할 수 있도록 블로그상에서 항상 열린, 진실한 태도를 견지하라고 조언해 왔다. 그러나 월마트 사태로 자신들이 내세운 바를 스스로 어겼다는 망신스러운 상황이 드러났고, 위선이라는 혹평을 피할 길이 없었다. 내겐 특히 남일 같지 않았는데, 지금은 전 세계적 기업으로 우뚝 서 있지만 본디 이 기업은 1952년, 초대 창업주이자 PR계의 거물 인사 중 하나로 꼽히는 대니얼 에델만이 세운 가족 기업이었다.

나는 2002년 대니얼 에델만을 그의 런던 사무실에서 실제로 볼 기회가 있었다. 〈파이낸셜 타임스The Financial Times〉에 실릴 에델만 창립 50주년 기념 기사를 위해 그를 인터뷰한 것이다. 당시 82세였던 에델만은 아직 정정했고, 주 5일 꼬박 회사에 나와 직원들 및 고객들과 자신의 기량을 적극적으로 공유했다. 6

년 전 CEO 자리에서 물러나 아들 리처드에게 보직을 넘겨주었지만, 당시 대니얼은 자신의 과거 업적보다 향후 뭘 할지에 더 관심이 많은 열혈 노인이었다. 그는 2013년 1월 안타깝게도 세상을 떠났다. 그는 고객들이 여전히 가치와 잠재적 영향력을 발견한다는 가정하에 에델만 사업이 추구해야 하는 밝은 전망을 예측하고 원칙으로서의 PR의 성장하는 성숙도에 대해 이야기했다.

"PR의 중요성은 갈수록 확대될 것인데, 그 이유는 고객이든 직원이든 주주든 금융권이든 규제 당국이든 우리와 접점을 형성하는 이해관계자와의 관계 구축이 우리 사업의 기반이기 때문이다."

사업가로 잔뼈가 굵은 대니얼이 내게 강조한 말이다. 그가 2002년 내게 넌지시 언급한 관계 모델은 잘은 모르겠지만 4년 후 벌어진 아스트로터핑 파문보다는 훨씬 투명한 경우를 말하는 것이리라. 2006년 에델만은 PR계의 황금률이라 할 수 있는 '즉각 대응' 법칙을 어기고 자사가 저지른 짓에 대해 며칠이나 입장 표명을 유보하며, 의혹과 비판을 키우는 우를 범해 상황을 더욱 악화시켰다. 〈비즈니스위크〉에 블로그 보도가 나간 후 일주일이 지나서야 열혈 블로거인 리처드 에델만 대표가 블로그를 통해 입장을 밝혔다.

'문제가 된 두 블로거의 정체를 애초부터 확실히 밝히지 못한 실수를 시인하고자 합니다. 이는 우리 고객이 아닌, 100% 저희의 책임이며 실수입니다.'

푸른 잔디 아래에 잠들어 있을 故 대니얼 에델만에겐 자사의 오랜 역사 중 가장 묻어버리고 싶을 수치스러운 사건이 아닐까 싶다.

나는 아버지 에델만에 이어 아들 에델만의 인터뷰도 시도했다. 수치스러운 사건이었음에도 리처드 에델만 대표는 나의 인터뷰 요청에 흔쾌히 응하고 자신의 생각을 들려주었다.

"주류 사업에 있든 SNS나 블로그에 있든 늘 후원 및 투자와 관련해서는 투명성을 견지해야 합니다. 저희는 이런 기본 원칙을 전 세계 우리 지사 직원들에게 충분히 각인시키지 못했어요. 이는 저희가 앞으로 꾸준한 교육과 엄격한 질적 관리를 통해 개선해 나가야 할 집단적 실패입니다."

우트코노스, SZ
뒷돈 찔러주고 홍보용 블로거 동원하고

최근 몇 년간 벌어진 갖가지 아스트로터핑 사건 중에는 러시아 온라인 소매업체 우트코노스Utkonos의 소행도 포함되어 있다. 2007년 이 업체는 국내 인기 SNS인 〈라이브저널LiveJournal〉에 자사가 고품질 제품을 저가에 판매하며 빠른 배송 서비스를 제공한다는 칭찬 글을 올리도록 사람들을 매수했다. 사람들이 하나둘 칭찬 일색인 글에 의구심을 갖고 진상을 파헤친 결과 홍보 목적이었단 사실이 알려지며 돈 받고 글을 써 준 이들은 비난의 뭇매를 맞았고, 해당 업체는 부패한, 사람을 갖고 노는 광고를 게재하는 업체로 공격받았다. 공신력 있는 언론이라면 '사설'과 '광고'의 상이한 맥락을 분명히 구분할 수 있어야 한다. 사설과 광고의 차이는 받은 것이 뒷돈이냐 아니냐 하나로 갈린다. 이를 제대로 구분하기 위해서는 광고성 사설의 경우 '광고용' 혹은 '광고 포함'

이라는 경고 문구가 반드시 함께 삽입되어야 한다.

러시아의 경우 소비에트 연방 붕괴 이후 언론 환경이 크게 바뀌긴 했지만 여전히 윤리성 및 신빙성에 대해서는 다소 미심쩍은 부분이 있다. NGO인 국경 없는 기자회는 2013년 언론의 자유 지수에서 러시아를 179개국 중 148위에 놓았다. 혹시 궁금해할까 봐 알려주는데 최하위권에는 소말리아, 시리아, 투르크메니스탄, 북한 및 에리트레아가 있다. 러시아에는 심지어 언론에 뿌리는 뇌물을 칭하는 용어Zakazukha가 따로 있을 정도이다. 실제로 2001년 세계PR협회는 언론 투명성 캠페인을 벌인 바 있는데, 뇌물 수수나 아스트로터핑 등과 같은 언론의 비윤리적 행위를 줄여 나가자는 의도였다. 당시 세계PR협회 알래스데어 서덜랜드Alasdair Sutherland 대표는 특히 러시아 언론 부정부패 타파에 목소리를 높였다. 이 시점에서, 또 이번 장이 정직성과 투명성에 대한 내용을 담고 있기도 하니 밝히는 게 맞는 듯한데… 사실 난 10여 년 정도 프리랜서 자격으로 세계PR협회 사설팀을 맡았던 적이 있다. 그러나 나는 땡전 1원도 받은 바가 없다. 심지어 이 책에 세계PR협회에 대해 쓰지도 않았다.

세계PR협회의 이 캠페인은 전 세계 언론사와 PR 관계자들에 의해 채택되어 언론 투명성 헌장을 탄생시키는 데 기여했다. 그러나 이런 지침과 선의에도 늘 블로그나 리뷰 사이트 등에서 비윤리적인, 의심스러운 행위가 끊이지 않았고, 기존 언론사의 부패 정도가 희박한 국가에서는 시장에서 활동하는 시민 기자단이 부정 마케팅 행위에 연루되는 사례가 빈번했다. 2009년에는 기술업체 벨킨Belkin 직원 1명이 자사 제품 리뷰를 긍정적으로 남겨 달라며 사람들을 매수해 덜미를 잡혔고, 같은 해 혼다 역시 자사 페이스북 페이지에 신제품 크로스투어Crosstour 사진을 공개하면서 아스트로터핑을 해 비난에 휩싸였다. 신제품 디자인에 대해 대부분의 사람들이 부정적인 반응을 보이던 와중에 갑자기 이에 반박하는 매우 긍정적인 호평이 올라왔는데, 알고 보니 이는 자신의 정체를 밝히지 않았던 혼다 관계자가 쓴 글이었다. 어디 이들뿐인가. 식당, 호텔, 뮤지션, 작가 등 갖가지 분야에 종사하는 다양한 사람들이 아마존이나 트립어드바이저TripAdvisor 등의 사이트에 가족과 지인 등을 동원해 호의적인 리뷰나 코멘트를 올리곤 하는데 당연히 객관성이 결여되어 있을 수밖에 없다. 온라인에서 다른 사람인 척하고 자신의 작품이나 제품을 칭찬하는 글을 올리는 이들도 있는데, 이를 '삭 퍼핏Sock puppet'이라고 칭한다. 역사학자 올랜도 피지스나 범죄소설가 스티븐 레더를 비롯, 리뷰를 조작하는 자들이여 조심하라! 그러나 요즘은 소비자들이 워낙 기민한 탓에 뭔가 이상하다 싶으면 즉시 알아채고 판별하는 분별력을 갖고 있다.

마케팅에 너무 무리수를 둘 때 사람들의 우려를 부르는 이런 터무니없는 사태가 벌어진다. PR은 잘 짜인 거짓말이라는 신랄한 오랜 격언도 있지 않은가. 자신들을 속이려는 목적으로 기울이는 노력에 호의적일 소비자는 없다. 2010년 독일 주요 일간지 〈쥐트도이체 차이퉁Suddeutsche Zeitung, 이하 SZ〉이 아이폰 앱 출시와 더불어 진행한 블로그 판촉 행위는 '소비자를 기만하려 애썼다'는 느낌을 주기 딱 좋았다. SZ 판촉 활동을 대행한 스위스 소셜 미디어 광고사 트리가미Trigami는 온라인상에서 활동 가능한 1만5천여 명 규모의 블로거 네트워크를 보유하고 있었다. 트리가미는 이들에게 SZ 앱에 대한 호평을 블로그에 게재해 달라 지시했고, 이들의 '창작' 수고를 덜어주기 위해 어떤 양식으로 글을 써야 하는지 대본까지 제공했다. 그러나 블로거 중 한 명이 실수로 이에 대한 말을 흘리고 말았다. 잽싸게 이를 포착한 경쟁사는 SZ가 블로거를 매수해 리뷰를 조작했다며 비판의 글을 올려대기 시작했다. 자사 신문에 게재되는 모든 글과 비평의 정직함과 신의를 수호해야 할 저명 언론사가 이런 짓을 했으리라 누가 생각했을까? 비판의 여론이 거세지자 SZ는 즉시 홍보 활동을 중단했다. 세심하고 꼼꼼한 보도를 하는 기업임에 나름 자부심을 갖고 있던 SZ 편집국은 자사의 평판이 이런 불공정함과 부당함으로 훼손되었다는 사실에 경악을 금치 못했고, 즉시 '실패한 마케팅'이라는 신랄한 표제와 함께 SZ는 자사의 마케팅 실수에 대해 자아비판 칼럼을 올렸다. 상처가 꽤 컸을 것이다.

그러나 저러나 어쩌다 이런 유능한 언론사가 그렇게 아마추어적인 실수를 저질렀을까? SZ 온라인 마케팅을 담당하는 제품 관리자 피터 빌츠-볼게무트 Peter Bilz-Wohlgemuth는 이 사태에 사과 입장을 표하며 브리핑 과정에서 뭔가 착오가 있었다고 설명했다. 트라가미와의 아이디어 회의 현장에서 빌츠-볼게무트는 광고를 통해 소비자들이 우리 제품에 긍정적인 평을 해 준다면 좋겠다는 의견을 냈는데, 트리가미 측의 한 직원은 이를 블로거들이 너무 있는 그대로, 자신들의 사용 소감을 허심탄회하게 쓰기보다는 대체적으로 긍정적인 평을 써 주길 바란다는 의미로 오해한 것이다. 이들 블로거들은 애플 앱 스토어 제품에 대한 호평을 쓴 적도 있다. 2011년 소셜미디어 마케팅 업체 이버징 ebuzzing을 인수한 트리가미는 블로거들에게 SZ 앱 리뷰는 판촉의 일환이라는 점을 강조했다고 하는데, 이게 사실인지 어쩐지는 명확하지 않다. 업체 설립자 레모 우에레크Remo Uherek는 광고주가 의도한 바와 다르게 광고가 진행된 건 자사 내부 관리가 제대로 되지 않았기 때문이라는 사과 성명을 발표했다. 양쪽 모두에게 참 불편한 상황이 아닐 수 없었다.

SZ가 애초부터 소비자들을 기만하려 한 건 아니었다. 그러나 소비자들이 별 거부감 없이 받아들일 수 있는 것과 농락당했다고 여길 만한 것의 차이는 사실 큰 게 아니다. 사람들이 SZ에 기대한 건 최소한 '이보다는 나은' 홍보 활동이었다. 만약 SZ가 정치권에서 벌어진 투표 조작에 대한 기사를 쓴다면 당연히 높은 도덕적 잣대에 기준해 해당 사건을 평하지 않을까? 소비자들이 들이대는 잣대라고 다를 게 없다. 브랜드는 신뢰를 바탕으로 구축된다. 이런 신뢰를 금 가게 하는 마케팅 행위는 해당 브랜드의 미래에 독이 될 뿐이다.

• 캐나다 내륙에 위치한 앨버타^{Alberta} 주는 2009년 관광객 유치 홍보 자료에 영국 노섬벌랜드^{Northumberland} 해변 사진을 넣었는데, 이 사실이 일파만파 퍼진 건 앨버타 주 정부가 공식 사과 입장을 밝히면서부터였다. 뜻하지 않은 홍보 기회를 맞닥뜨린 영국 노섬벌랜드 관광청은 앨버타 주가 '우리도 잘 모르는 북 잉글랜드의 아름다움을 홍보해 주셔서' 매우 신난다는 입장을 표했다.

• 온라인 저작권 보호를 위한 프랑스 정부기관 아도피^{HADOPI}는 복잡한 법적 절차에 휘말린 바 있다. 2010년 1월, 프레데리크 미테랑^{Frederic Mitterand} 문화부 장관은 마침내 우리의 '얼굴'이 생겼다는 말과 함께 아도피 로고를 전격 발표했다. 그러나 몇 시간도 안 되어 해당 로고에 사용된 폰트는 그래픽 디자이너 장 프랑수아 포르셰^{Jean Francois Porchez}가 개발한 것으로 해당 저작권은 프랑스 텔레콤에 있다는 사실이 드러났다. 저작권 사용 허가를 받지 않고 해당 폰트를 가져다 쓴 아도피로서는 매우 당혹스러운 상황이 아닐 수 없었다. 해당 로고를 제작한 플라 크라에아티프^{Plan Creativ}는 즉시 폰트를 바꿔 로고를 수정했다.

• 2012년 9월 미국 보험사 헬스넷^{Health Net}은 옥외 광고에 자사 상품을 호평하는 가짜 고객 트윗을 올려 호된 비난에 휩싸였다. 살짝 아프신 분?

☑ 누굴 속일 목적으로 포토샵을 사용하지 말라.

☑ 광고 효과를 살짝 잃는 한이 있어도 절대 대중을 기만하지 말라.
단기 매출 상승이 꾸준한 브랜드 평판보다 소중하진 않다.

☑ 마케팅 및 커뮤니케이션 활동 시 늘 투명성을 유지하라.

☑ 타인의 저작물을 함부로 가져다 쓰지 말자.

☑ 광고 내용이 정확하고 믿을 만한지 검토하라.

☑ 대외적인 허가 없이 무단 브랜드 광고 및 홍보 활동이 이루어지
지 않도록 주의하라.

CHAPTER 08

빗맞은 과녁

고객도, 파트너도 잘못 겨냥하다

제아무리 대상 고객층이 넓은 브랜드라도 정확히 어떤 고객을 대상으로 하겠다는 '정조준'은 매우 중요하다. 간단히 말해서 우리 제품이나 서비스를 누구에게 팔 것인지 모르고서 어떻게 시장에서 자리를 잡고 홍보 행위를 할 수 있겠는가. 또한, 누가 우리 고객인지도 모르는데 어떻게 제품과 서비스를 사 주십사 동기를 부여할 수 있겠는가. 대형 브랜드는 시장 세분화에 상당한 공을 쏟으며, 연령, 성별, 지역, 쇼핑 습관, 소득, 가치 등을 비롯한 갖가지 행동 양식별로 대상 소비자를 나눈다. 우리 브랜드가 집중해야 할 고객층을 규정하고 또 파악하는 작업은 신제품 개발 및 마케팅 커뮤니케이션을 위한 탄탄한 기반이 되어 준다.

　마케팅 상의 가장 큰 숙제 중 하나는 하나의 고객층으로 탄탄한 기반을 마련해 두는 한편, 새로운 고객층을 겨냥할 방법을 찾는 것이다. 자동차 제조사 메르세데스Mercedes는 A-클래스 시리즈 마케팅 시 이 부분에 대해 집중적으로 고민했다. 이 업체는 그간 시장에서 차분하고 고급스러운 이미지를 바탕으로 나이가 조금 있는, 부유한 고객들이 주로 선호하는 브랜드로 여겨졌다. 메르

세데스는 새로운 역작으로 간주되는 신제품 A-클래스의 대상 고객층으로 젊은 층, 특히 1980년대 이후 출생자인 Y세대를 겨냥했다.

젊은 층은 좋은 차도 물론 선호하지만 광고 내용이나 문구에도 상당히 신경 쓴다는 점을 포착, 광고대행사 맥서스Maxus와 AMV BBDO에 의뢰해 트위터를 필두로 한 TV 광고를 제공했다. 유튜브에 올라온 #YouDrive 광고 영상은 듀얼 스크린 방식을 활용해 제작되었다. 트위터 사용자들은 미국 오디션 프로그램 〈엑스 팩터X Factor〉 방영 중에 나오는 실시간 벤츠 광고를 보고 이후 상황이 어떻게 전개될지, 서로 다른 스크린에서 펼쳐지는 #hide숨는다와 #evade탈출한다 중 하나의 상황을 택할 수 있으며, 더 많이 트윗 된 해시태그 상황으로 이후 이야기를 진행시키는 방식으로 광고를 진행했다. 대상 고객층이 Y세대라는 점에 유념해 포르투갈 리스본의 거리에서 한 가수가 동료와 함께 깜짝 공연을 펼치려 하고, 당국은 이를 막으려 하는 흥미진진한 스토리를 구성했다. 동시에 잘 차려입은 남성이 품위 있게 카오디오로 현악 4중주를 듣고 있으며, 고요한 거리를 따라 부드럽게 달리는 A-클래스의 모습을 한껏 강조했다. 광고가 나가고 두어 달 후, A-클래스 매출은 영국 해치백 시장에서 6.2%나 상승했으며, 총 7만7천여 대가 팔려 나갔다. 중요한 건 구매 고객 연령이 기존보다 10세 정도 낮더라는 것. 새로운 고객층을 겨냥한 광고가 제대로 성공을 거둔 것이다.

그러나 고객층을 겨냥했다고 해서 꼭 목표 달성을 이룰 거란 보장은 없다. 한번 해 봤다가 쓴맛을 본 사람이라면 '될 대로 되라지 뭐' 하는 생각이 들 만도 하다.

애니미
시장을 오판해 홀딱 망하다

애니미Animee의 기구한 사연은 2009년 글로벌 양조업체 몰슨 쿠어스Molson Coors의 영국 지사인 비터스윗 파트너십BitterSweet Partnership이 생겨날 무렵으로 거슬러 올라간다. 비터스윗 파트너십은 여성들에게 한층 어필할 수 있는 맥주 제품 생산을 고민 중이었다. 조사에 따르면 전체 영국 내 맥주 판매 중 여성 구매자의 비율은 17%에 불과했고, 맥주를 거의 혹은 아예 마시지 않는 여성은 무려 79%에 달했다. 몰슨 쿠어스가 보기에 여성을 제대로 공략한 '여성 친화적 맥주'를 잘만 탄생시키면 4억 파운드, 한화로 7천240억 원의 추가 매출 달성이 가능하겠단 계산이 나왔다. 즉시 업체는 여심을 공략할 수 있는 2개년 신제품 개발 계획에 돌입했다. 여성 3만여 명을 대상으로 맥주를 마시지 않는 이유를 철저히 조사했고, 이에 대다수의 여성들이 맥주는 맛이 없으며, 제품 모양새도 다 거기서 거기라 구별하기가 어렵다는 의견을 보였다. 이러한 조사 결과를 반영해 신제품 구성 및 포장 전략을 마련했다.

2011년 가을, 공들여 연구·개발한 신제품이 마침내 출시되었고, 2백만 파운드를 투자해 '애니미 만세Hurray for Anime'라는 이름의 홍보 캠페인을 제작했다. 알코올 도수 4%, 미세 여과를 거친 가벼운 청량감의 이 신제품 맥주는 클리어 필터Clear Filtered, 제스티 레몬Zesty lemon, 크리스프 로즈Crisp Rose의 3가지로 시장에 선을 보였다. 기존의 맥주병 디자인과는 전혀 다른 신제품 디자인은 흡사 캐스 키드슨Cath Kidston® 제품처럼 보일 정도였다. 병 라벨과 멀티팩 디자인은 차분한 파란색에 은색을 띄며, 음료 색상에 따라 병 색상을 달리했다. 메인 라

●　화려한 무늬가 특징인 영국의 의류 및 생활용품 전문 브랜드

벨을 보면 맥주 재료에 살짝 여성성을 가미하려는 노력이 보이는데 여성 단체의 꽃꽂이 작품 같단 느낌을 주기도 한다. 이 제품을 만든 이들은 이 모든 아이디어를 짜내느라 이미 기진맥진했겠지만 이후 추가 활동에 나서기 전에 잠시 쉬어갈 타이밍이기도 했다.

당초 애니미라는 제품은 여성성과 세련됨을 강조하려는 의도에서 구상된 것이지 여성 소비자를 낮춰 보려는 의도는 없었다. 그러나 본의 아니게 대상 고객층인 여성 대다수에게 '우리를 깔보는 것인가'라는 느낌을 심어 주고 말았다. 벨기에에서 생산되는 램빅 맥주를 필두로 한 과일맛 맥주도 나름의 오랜 유서를 자랑하지만, 애니미 제품은 어딘가 모르게 여성들을 정통 맥주 맛은 도통 모르고, 와인 등 다른 술을 더 즐긴다는 가정하에 과일맛 맥주나 마시면 될 부류로 치부해 버리는 듯한 인상을 준다. 그래서 많은 이들은 애니미를 진짜 맥주가 아닌 알코올 섞인 탄산음료나 가짜 술로 인식했다. 영국 가디언이 운영하는 '입소문Word of Mouth'이라는 음식 블로그에 소피 애서턴Sophie Atherton은 여성과 맥주 사이를 가로막았던 장벽을 제거하기는커녕, 그냥 스파클링 워터로밖에 보이지 않는다는 혹평을 남겼으며, 애니미 홍보에 투입한 2백만 파운드는 차라리 여성을 대상으로 기존 제품을 홍보하는 데 사용하는 게 더 나았을 거란 의구심을 보였다.

저명한 맥주 전문가 멜리사 콜Melissa Cole은 애니미 시음 후 '이걸 마시고 맥주라고 생각하는 사람이 있다면 내 모자를 씹어 먹겠다'라며, 맨손으로 땅을 파서 애니미 재고를 다 묻어버려도 되겠다는 촌철살인 평을 남겼다. 글쎄 다 묻는 것도 쉽지 않을 텐데. 매출도 부진해, 조롱과 무관심은 있는 대로 받아, 결국 1년 후 몰슨 쿠어스는 애니미를 영국 시장에서 전량 회수하며 비터스윗을 해체한다고 밝혔다. 애니미 맛은 달콤했는지 몰라도 애니미라는 브랜드가 본 맛은 씁쓸하기 그지없었다.

　대상 고객층을 얕잡아 보는 건 결코 현명한 전략이라 볼 수 없으며, 몰슨 쿠어스는 그런 면에서 명백한 실수를 저질렀다. 게다가 여성만 집중적으로 공략하는 마케팅을 펼친 탓에 남성 소비자를 유리시켜 버렸다. 맥주 시장의 주요 소비원이 남성임을 감안하면 절대 취해서는 안 되는 전략이었다. 그러나 성장에 온 관심을 집중시키는 맥주 업체라면 여성 소비자를 대상으로 한 시장은 참 탐나는 영역이긴 하다. 더 많은 여성 소비자를 맥주 시장으로 끌어내지 못하란 법은 없고, 실제로 영국 내 일부 맥주 브랜드를 비롯한 몇몇 업체는 여성 소비자를 더욱 적극적으로 유치하는 데 성공한 적도 있다. 여성 소비자들이 가장 꺼리는 맥주 광고 중 하나는 맥주가 남성의 전유물인 듯한 느낌을 풍기는 광고이다. 이는 여성들에게 '넌 여기 어울리지 않아'라는 메시지를 주는 것과 다를 바가 없다. 맥주 시장에 여성 소비자를 더욱 적극적으로 참여시키려면 남녀 소비자를 구분해 제품을 생산할 것이 아니라 성 구별 개념을 뛰어넘는 브랜드 구축이 이루어져야 할 것이다.

빅
여성 고객을 사로잡으려다 그만

　여성 소비자에게 특화된 제품을 개발했다가 성 차별 논란에 휩싸인 건 몰슨 쿠어스뿐만이 아니다. 필기구 전문 제조업체 빅Bic은 '빅 포 허Big for Her'라는 여성용 펜 제품을 선보였다가 아마존 사이트에서 소비자들의 호된 질타를 받은 바 있다. 빅이 보는 여성이란 거울을 자주 들여다보고 자신을 바비 인형이라 착각하는 존재였나 보다. 핑크와 보라 등 다양한 파스텔 색상에 '여성들이 쥐기에 딱 편한' 슬림 라인 디자인을 갖춘 빅 포 허 제품으로 여성 소비자를 집중적으로 공략하려 한 건 누가 봐도 반발이 예상되는 전략이었다. 문제는 '도대체 그게 언제 적 여성관이냐', '집에서 밥이나 하는 존재가 여성인 줄 아냐' 등 여성 소비자들의 반감이 거셌을 뿐만 아니라 소외감을 느낀 남성 소비자들도 아마존에 엄청난 불만 댓글을 올려대기 시작한 것이다.

에이미 허드슨이라는 여성의 리뷰를 살펴보자.

'다음 날 전 완전 새로 태어난 것 같다고 말하면 과장이겠죠? 제 일상에서 변화를 뚜렷이 느끼기 전까진 3~4일 정도 걸렸어요. 저는 조금 더 타이트한 옷과 전에는 신고 걸어 다닐 수 없을 것 같았던 신발을 신기 시작했어요. 셋째 날 밤, 제 머리카락은 15cm나 자랐어요. 어깨 길이 정도였는데 훨씬 길어져서 이제는 헤어 제품이 더 필요할 지경이었죠. 회사의 남성 동료들도 절 보더니 달라졌대요! 마침내 전 제 능력이 아닌 외모로 평가받게 되었어요!'

이런 리뷰도 있었다.

'제 남편이 남성용 펜에는 손도 대지 말라며 글을 못 쓰게 해요. 그래서 전 제 용돈을 털어 빅 포 허를 샀는데, 써 보니 정말 멋지군요! 여성스러운 색상에 그립감도 좋아 제 작고 섬세한 손에 딱입니다. 이 펜을 쓰니 새로운 요리법, 바느질, 가드닝 등에 대한 다양한 아이디어가 막 솟아나는 것 같아요. 저를 한층 독립적인 여성으로 만들어 준 이 제품을 우리 남편은 별로 마음에 들어 하지 않습니다. 남편은 여성성이 부각되는 제품을 매

우 싫어해요.'

　이런 식의 비꼬는 리뷰가 꼬리에 꼬리를 물고 이어졌고, 빅 브랜드와 연관이 없는 사람에겐 그저 재미있는 상황이었다. 이런 반응이 물론 전에 없었던 건 아니다. 제모제품 브랜드 비트 포 맨Veet for Men도 이런 리뷰 수난을 겪은 바 있는데, 제품의 강력한 성능을 놓고 잔인하리만치 신랄한 리뷰가 쏟아졌다. 확인해 보고 싶은 분들에게 재미있지만 제법 잔인하다는 점을 미리 경고해 드립니다.

　비트 포 맨과 빅의 큰 차이라면 비트의 경우 제품엔 문제가 없고 단지 남성이 사용하기 적절치 않다는 리뷰가 많았던 반면 제품에 대해서는 되레 호평이 많았다. 하지만 빅은 여성을 아래로 본 듯한 인상을 줬다. 여성을 비하했다는 리뷰가 점차 많아지면서, 블로거와 언론 등도 이에 주목하기 시작했고, 온라인상에서 논란은 한층 확대되어 갔다. 설상가상으로 더 많은 사람들의 관심을 끌면서 비판의 목소리는 더욱 고조되어 갔다.

　게다가 트위터에 @bigforher 계정을 확보해 놓지 않은 탓에 누군가 가로채 장난칠 수 있는 여지를 남겨 놓았다. 2012년 10월에는 TV에까지 나왔다. 코미디언 엘런 드제너러스Ellen DeGeneres가 자신의 TV 쇼에서 이 펜을 쓰면 '변덕이 죽 끓는 우리 여성들의 기분 변화에 맞서 싸울 수 있다'라며 칭찬 아닌 칭찬을 하는 패러디 영상을 만든 것이다. 여성 전용 제품으로 여성 고객을 사로잡으려다가 되레 모욕만 준 꼴이 되었고, 빅이 입은 타격은 꽤 컸다.

　빅을 이런 곤란스러운 상황에 빠뜨린 제품은 '빅 포 허'가 처음이 아니었다. 1970년대 말, 당시 문구류부터 일회용 라이터까지 다양한 부분에서 맹활약 중이던 이 업체는 일회용 속옷이라는 다소 엉뚱한 분야까지 진출해 소비자들의 고개를 갸우뚱하게 만든 적이 있다. 일회용인 건 그렇다 치고, 지금 선보인 상품군과 새로이 선보일 속옷 사이에 어떤 연관성이 있는지가 사람들의 궁금증을 자아낸 것이다. 이렇듯 다수를 납득시키지 못한 상품 개발 및 브랜드 확장 전략은 수포로 돌아갔다. 빅은 퍼퓸 빅^{Parfum Big}이라는 저가 향수도 선보였는데 이 역시 얼마 가지 못했다. 미국 내 드럭스토어에서 판매되는 향수 시장이 아무리 커도, 아무리 매출 전망이 밝은 영역이라도 퍼퓸 빅은 여전히 헛다리였다. 아무리 저가 향수 시장이라고 해도 소비자들이 향수에 기대하는 건 '세련미, 매혹, 신비로움'이다. 일회용 플라스틱 라이터와 저가 볼펜 생산 업체와 고급 기호품인 향수 사이에서 연관성을 발견할 수 있는 소비자가 과연 얼마나 될까?

역사는 묘하게 반복되는 경향이 있는데, 라이터 제조업체 지포^{Zippo}가 선보인 여성용 향수는 2012년 〈애드위크^{Adweek}〉가 뽑은 최악의 브랜드 확장 사례로 선정되었다.

1950년 크리스탈 볼펜을 선보이며 시장에 등장한 빅은 '볼펜' 하면 자동 반사적으로 떠올리는 브랜드로 이미 굳건한 입지를 다져 놓았으니 여기에 집중하는 것이 더 나을 듯싶다. 또 하나, '빅 포 허'의 사례에서도 알 수 있듯 대상 고객을 너무 만만하게 보는 건 금물이다.

닷지 라 팜므
여왕이신 미국 여성의 명을 받들다

미국 여성 카레이서 다니카 패트릭^{Danica Patrick}이 닷지 라 팜므^{Dodge la Femme}에 대해 뭐라고 말할지 궁금하다. 1950년대, 크라이슬러는 차량에 점차 관심을 갖기 시작하는 여성 소비자층을 사로잡기 위해 어떻게 하면 좋을지 고심

중이었다. 2차 대전으로 인해 큰 변화를 맞은 사회에는 수백만 명의 여성 근로 자들이 쏟아져 나왔고, 점차 독립적이고 자립적인 면모로 거듭나는 여성 시장을 공략하기 위한 기업들의 움직임도 발 빨라졌다. 이런 추세에 부응해 크라이슬러는 1955년 커스텀 로얄 랜서Custom Royal lancer 모델을 기반으로 한 닷지라 팜므를 출시했다. 그러나 반세기 뒤 빅Bic과 애니미Animee가 저지른 실수처럼 크라이슬러의 신제품 역시 '여성 전형화'가 너무 과했다. 여성만을 위한 최초의 차량으로 출시된 이 제품 외관은 로즈 핑크와 화이트 투톤으로, 내부는 자카드 소재 좌석에 파스텔 분홍색의 태피스트리 장식으로 이루어져 있었으며, 여기에 '멋스러운' 비옷에 '시크한' 우산에 '죽이는' 가방까지… 핑크 일색인 아이템들이 구비된 점이 특징이었다. 역시나 핑크색으로 된 네 페이지짜리 차량 홍보용 브로슈어는 '여왕 폐하인 미국 여성의 명을 받들어'라는 아부성 카피와 함께 엔진 성능이나 연비 등의 일반 차량 특징이 아닌, '우천 시에 대비한 레인 부츠'가 준비되어 있다는 소개글이 담겨 있다. 영국 자동차 전문 칼럼니스트인 제레미 클락슨Jeremy Clarkson이라면 이런 표현은 절대 사용하지 않을 것이다.

당시 시대상을 살펴보자면 1950년대는 바비 인형이 한창 전성기를 누리던 시기이자 미국의 대표적 여성 운동가인 베티 프리단Betty Friedan이 그녀의 저서 『여성의 신비The Feminine Mystique, 1963』를 출간하기 전이었다. 여성 해방 운동이 등장하기 전 시기였지만 닷지 라 팜므의 존재는 어딘가 모르게 위화감을 줬다. 쇼룸에서나 실제 매출에서나 별다른 반응이 나오지 않았고, 결국 출시 2년 만에 단종되었다. 자동차에 예쁜 액세서리를 포함시켰다는 점을 내세워 홍보하는 건 그다지 설득력 있다고 보기 어렵다. 되레 '남성이 생각하는 여성'의 이미지를 일방적으로 드러낼 뿐이다. 여성 해방 운동이 본격화되기 전인 1950년대, 바비 인형의 전성시대였지만 이 제품을 사려 드는 여성은 없었다.

다농
유통 전략을 잘못 잡아 돈만 날리다

기능성 식품 시장은 대단한 약진을 보이고 있다. 영양과 건강관리 두 영역을 한데 아우르는 이 시장은 단순한 웰빙을 넘어서 질병 예방 및 통제 기능까지 포함한 신제품 개발 붐으로 이어졌다. 미국 시장정보업체 트랜스페어런시 마켓 리서치Transparency Market Research의 연구에 따르면 전 세계 기능성 식품 시장의 가치는 2011년 1천421억을 기록했으며, 2017년까지 2천48억 규모로 성장할 것으로 예상된다고 한다. 성장 잠재력이 대단한 셈이다.

2007년 프랑스 식품업체 다농Danone은 자국 및 일부 유럽 국가에 신제품 요거트 '에센시스Essensis'를 선보였다. '다농' 하면 요거트를 떠올릴 정도로 대표적인 요거트 브랜드이기도 했고, 이번 신제품 매출에 대한 기대도 높았다. 그러나 에센시스는 기존 요거트와 달리 보라지꽃 오일에 비타민E, 녹차 추출물 등 색다른 원료로 만들어졌다. 꾸준히 먹으면 피부가 좋아진다는 광고 문구를 내세워 먹을 수 있는 화장품 개념으로 홍보에 들어갔다. 몇백 유로를 쏟아부은 에센시스 TV 광고에는 젊은 여성들이 나와 에센시스를 먹는 모습을 보여 주면서 잡티 하나, 주름 하나 없는 매끄러운 피부를 자랑하기까지 한다. 항산화제와 프로바이오틱 성분이 함유되어 있다며, 이들의 효능이 과학적으로 입증되었다는 설명까지. 심지어 요거트를 한입 먹고 피부가 달라지는 그래픽 화면까지 삽입했다. 마지막은 '피부 속까지 영양을 주세요'라는 문구로 마무리했다. 이 문구는 제품 용기에도 삽입되었다.

미용 효과를 내세우며 기존 요거트와 전혀 다른 차별된 이미지를 내세웠지만 유통 전략은 그렇지 못했다. 에센시스는 시중 슈퍼마켓 진열대에 다른 제품들과 함께 나란히 놓여 외관상 별로 두드러져 보이지도 않았고, 그런 와중에 괜히 비싼 가격만 더욱 부각되어 보였다. 마침 글로벌 금융 위기가 터져 소비자들의 호주머니 사정이 더욱 얼어붙는 악재가 겹쳤다. 무엇보다 가장 결정적인 실수는 대상 소비자를 잘못 겨냥한 것이었다. 아무래도 외모에 신경 쓸 수밖에 없는 오늘날의 세상에서 에센시스 같은 제품이 먹혀들 만한 시장 하나 없겠느냐마는, 최소한 슈퍼마켓은 아니었다. 보다 세련된, 보다 고급스러운 시장을 겨냥하는 게 나았을지 모른다. 출시 초반의 반짝 관심이 사라지자 매출이 떨어지기 시작했다. 맛의 차별화가 매출 상승으로 이어지진 못했다. 엄청난 관심과 함께 등장했던 이 제품은 결국 2년 후 시장에서 완전히 사라졌다.

다농은 요거트 분야에선 비록 살짝 헛걸음질 쳤지만 기능성 식품 시장에선 상당히 잘 해내고 있다. 에센시스를 출시한 그해, 이 업체는 특수영양식품업체 뉴트리시아Nutricia를 인수해 연 매출을 10%까지 끌어올렸으며, 뉴트리시아 브랜드 단독으로만 연 수익 10억을 달성해 엄연한 효자 종목을 얻었다. 뉴트리시아는 특수 영양 제품을 주로 생산하며, 일부는 의료용 목적으로만 구매 가능한데, 이렇게 성장할 수 있었던 비법은 환자 및 전문가 집단과 쌓은 탄탄한 관계에 있었다. 에센시스보다는 훨씬 나은 '대상 소비자 조준' 사례가 아닐까 싶다.

퀴즈노스
비호감 마스코트로 외면받다

덴버에서 탄생한 패스트푸드 레스토랑 체인 퀴즈노스Quiznos는 구운 샌드위치와 프랜차이즈 형식의 사업 모델로 널리 알려져 있다. 글로벌 금융 위기가 세계를 휩쓴 2007~2009년에 걸쳐 천여 개 매장이 문을 닫긴 했지만, 여전히 미국을 비롯한 전 세계 25개국에서 퀴즈노스 매장이 운영되고 있다. 서브웨이 Subway가 시장을 선도하고 있다면, 퀴즈노스는 도전자로 시장에 뛰어든 후발 주자인 셈이다.

2004년 퀴즈노스와 광고대행사 마틴 에이전시Martin Agency는 18~24세 젊은 층을 집중적으로 공략하는 마케팅 전략을 찾아 나섰다. 대서양 건너 런던에서 해법을 하나 찾았는데, 재미있는 이미지를 주로 올려 젊은 층에서 대단한 인기를 누리고 있던 웹 애니메이터 겸 싱어송라이터 조엘 베이치Joel Veitch를 활용키로 한 것이다. 베이치와 함께 만든 홍보 영상이 바로 스퐁몽키스 Spongmonkeys이다. 튀어나온 눈에 덥수룩한 털을 가진, 마치 화면에 붕 떠 있는 듯한 캐릭터들이 돼지 멱따는 듯한 목소리로 우스꽝스러운 노래를 하는 모습이 담겨 있다. 베이치는 스퐁몽키스의 우주에 대한 사랑뿐만 아니라 가끔 치즈와 체플린 비행선, 마멋을 좋아하기도 한다는 내용이 담긴 곡 'We like the Moon'을 만들었는데, 이를 각색해 퀴즈노스 샌드위치의 맛과 따뜻하고 바삭한 식감을 강조하는 광고가 탄생했다. 여기에는 퀴즈노스 매장만의 특징인 '페퍼 바'에 대한 소개도 담겨 있다. 스퐁몽키스가 온라인에서 입소문을 타고 퍼져 나가자 퀴즈노스는 브랜드 아이콘으로 정착시킬 수 있겠다는 희망으로 부풀어 올랐다.

그러나 퀴즈노스가 미처 예상치 못한 건 많은 사람들이 스퐁몽키스를 부정적으로 인식할 수 있다는 점이었다. 워낙 특이해서 젊은 층 공략엔 성공적이었지만 기성세대들은 왜 음식 광고에 쥐가 등장하는지 도통 납득할 수 없다는 반응을 보였다. 그것도 쇳소리를 내는 눈이 툭 튀어나온 비호감 쥐 말이다.

온라인상에서 화제를 일으키는 데 성공했을진 몰라도 중장년층을 사로잡기엔 역부족이었다. 이 광고가 나가자 퀴즈노스에는 3만여 건의 전화 및 이메일 항의가 쏟아졌고, 웹사이트 접속량도 4배나 폭주했다. 스폰몽키스를 통해 이목을 집중시키긴 했지만 완전 마음에 들어 하는 젊은 층과 완전 마음에 들어 하지 않는 중장년 층으로 고객이 양분되는 부작용이 일어났다.

이렇게 양극화로까지 이어진 광고가 브랜드에게 득이 되는 경우도 있지만 퀴즈노스의 경우에는 그렇지 않았다. 소비자 불만이 빗발치자 퀴즈노스 지점들이 피해를 보기 시작한 것이다. 미국 앨라배마 주 모빌Mobile에서 매장을 운영 중인 휴이 맥Huey Mack은 언론과의 인터뷰를 통해 이렇게 말했다.

"우리 지역 사람들 중 퀴즈노스 광고를 좋게 평가하는 사람은 없었어요. 매출에 지장을 줄 게 뻔했습니다."

텍사스 주의 어느 매장 주인도 비슷한 입장을 표했다.

"광고에 대한 테스트 그룹의 반응은 좋았다는데 그래서 뭐 어쩌란 말입니까? 내 가게는 손님 다 잃고 문 닫게 생겼는걸요."

이 외에도 계속되는 불만 접수에 지쳐 가는 지점들이 늘어났고, 일부 지점은 아예 가게 앞에 '불만 접수는 본사로 하세요'라는 안내판을 내걸기도 했다. 점주 입장에서는 되도록 광고와 거리를 두는 게 살아남을 수 있는 유일한 방법이었다. 그리고 식당 광고에 왜 쥐가 등장하는지 설명하는 데도 지쳐 버렸다.

점주들은 지쳐 가고 소비자 불만은 쌓여가자 퀴즈노스는 지상파 광고 전면 중단에 나섰지만, 또 MTV에서는 한동안 계속해서 방송이 되었다. 이를 보면 대상 고객을 제대로 겨냥하지 못한 것이 이 광고의 패착이라고 결론 내릴 수 있다. 스폰몽키스라는 희한한 캐릭터에게 서식처가 있다면 그건 다름 아닌 인터넷이다. 굳이 그 외의 영역으로 나와야 한다면 그나마 젊은 사람들이 많이 찾는 음악 방송 등의 연예 콘텐츠 방송이 적합하다고 볼 수 있다. 광고로 사람들의 이목을 끈다는 차원에서 퀴즈노스의 광고는 제 역할을 한 셈이지만 지상파에 광고를 내보낸 건 다소 모험에 가까웠다. 10~20대에게 큰 사랑을 받았던 이 광고는 그 이상 연령대의 사람들에겐 천대받았다. 이 광고는 비록 '호감 가는' 광고로서는 아니지만 독창성 면에서는 아직도 꾸준히 회자되고 있다. 2011년 스폰몽키스는 타임지에 '10대 이상한 광고'에 선정되어 이름을 올렸다. 개인적으로 난 이 광고를 좋아한다. 선두 브랜드를 따라잡으려는 후발 브랜드가 제한된 예산으로 제작한 광고로 지상파에 진출해 소비자들 눈에 들고자 하는 바람은 충분히 납득이 간다. 하지만 이 스폰몽키스 광고의 대상 고객을 젊은 층으로 한정했더라면 훨씬 더 성공적인 결과를 거둘 수 있지 않았을까 싶다.

대상 시장을 규정하고 파악하는 것은 제품 개발 전략 및 메시지 전달을 망라하는 마케팅의 필수 요건이다. 데이터 분석 도구를 활용해 소비자 시장을 한층 세분화할 수 있으며 더욱 정교한 시장 조사가 가능하다. 하지만 그만큼 헛다리 짚기도 쉽다. 기업들은 대개 고객 및 잠재 고객을 이해하기보다 자기 자신을 더욱 잘 이해한다. 우리는 1:1로 이뤄지는 개별 마케팅 시대이자 엄청난 정보를 감당해야 하는 빅 데이터의 시대에 살고 있다. 이 말은 마케터들이 전략 형성의 기준으로 삼는 데이터가 너무 광활해 의미 없을 수도 있고, 혹은 너무 협소해 도대체 어느 고객층을 공략해야 하는지 파악하기가 어려운 리스크에 노출된다는 뜻이기도 하다. 어떤 시장을 공략할 것인지는 언제나 명확히 윤곽이 잡혀 있어야 하며, 공략하고자 하는 대상에게 불쾌감을 안겨 주거나 당황케 하는 실수는 없어야 한다. 이런 부분이 지켜지지 않았기에 스퐁몽키스 광고는 중장년층의 불쾌감을 초래했고, 에센시스의 존재감은 미약했으며 애니미는 여성을 우습게 보는 것 아니냐는 비판을 받은 것이다.

스타 마케팅의 폐해
스타의 몰락은 곧 브랜드의 몰락

사이클이라는 고된 스포츠에 몸담은 랜스 암스트롱은 선수 생활을 하며 다칠 만큼 다쳤다. 그러나 그 어떤 물리적 부상도 도핑 혐의가 인정되었을 때만큼 치명적인 몰락을 불러오진 않았다. 도핑 사실이 밝혀진 후 암스트롱은 〈오프라 윈프리 쇼〉에 나와 심경을 허심탄회하게 밝히기도 했지만, 투르 드 프랑스Tour de France 주최 측은 그의 7회 우승 전적을 무효로 했으며 나이키, 트렉 사이클, 라디오샥RadioShack, 에너지 식품 브랜드 허니 스팅거Honey Stinger 등은 스폰서십을 전격 철회했다. 노란 유니폼을 입은 그는 한때 사이클계의 총아이자 소속팀을 이끄는 강철 의지의 소유자로, 암 투병 후에도 다시 예전 기량을 말끔히 회복해 스폰서들의 러브콜을 한 몸에 받았던 존재였으나, 이제는 랜스 암스트롱이란 이름만으로 스폰서 업체에 부정적 이미지를 줄 수 있는 존재로 전락했다.

암스트롱을 17년간 꾸준히 후원해 온 네덜란드 라보 은행Rabobank은 도핑 스캔들에 자사 선수단까지 연루되자 모든 스폰서십을 전격 중단했다. 그러나 자사 선수들과의 남은 계약을 존중해 블랑코 프로 선수단 소속으로 경기에

뛸 수 있도록 조치를 취했으며, 이후 2013년 초 이 선수단은 제 100회 투르 드 프랑스를 앞두고 벨킨을 새로운 스폰서로 맞이했다.

나는 스포츠 광팬인지라 사이클계의 약물 파문을 지켜보는 마음이 썩 편치 않았다. 특히 묵묵히 고된 훈련에 임하며 자신을 희생하는 무고한 선수들이 도핑 의혹을 받는 사실에 더욱 마음이 아파 온다. 2013년 투르 드 프랑스 우승을 차지한 크리스토퍼 프룸Christopher Froome의 기자회견 현장에서 도핑 관련 질문이 쏟아졌는데, 그로서는 그런 질문이 한편으론 이해되면서도 답하기가 참 짜증스러웠을 것이다. 암스트롱 사태 이후 한층 엄격한 반도핑 절차를 도입한 사이클계가 전보다는 훨씬 투명하게 운영되고 있다는 점은 어느 정도 근거가 있어 보인다. 전 세계에서 진행되는 갖가지 스포츠 행사 중에서도 3대 사이클 대회인 투르 드 프랑스, 부엘타 아 에스파냐, 지로 디탈리아는 마케팅 기회로 활용하기에 특히 유용하다.

2009년 골프 황제 타이거 우즈의 불륜 스캔들이 터지자 AT&T와 액센츄어 등 여러 후원사들은 이미지 타격을 우려해 후원 중단을 선언했으나 나이키만은 그의 골프 역량과 사생활은 별개라며 꿋꿋이 제자리를 지켰다. 그렇다고 나이키가 원래 이렇게 관대했느냐 하면 그렇진 않다. 미국 육상선수 매리언 존스와 저스틴 게이틀린이 암스트롱과 흡사한 약물 파문에 휩싸였을 땐 가차 없이 후원을 중단했다.

나이키는 논란에 어떻게 대처하느냐에 관해서는 누구보다 일가견이 있다. 2007년, 전미미식축구연맹 스타 쿼터백이자 애틀랜타 팰컨스 소속 마이클 빅Michael Vick 선수는 불법 난투극에 가담한 혐의로 유죄 판결을 받고 20개월간 감방 생활을 해야 했다. 그러나 이후 필라델피아 이글스 소속으로 멋지게 복귀에 성공하자 나이키도 다시 그와 후원 계약을 체결했다. CNN은 이에 대해

'더 나은 모습으로 돌아온 빅의 긍정적 변화를 지지한다'는 입장을 밝히기도 했다. 2013년 2월, 남아공 의족 스프린터 오스카 피스토리우스^{Oscar Pistorius}가 살인 혐의로 체포됐을 당시, 나이키는 잽싸게 발을 빼야 했다. 피스토리우스 홈페이지에 게재된 나이키 광고 문구는 '나는 탄창 속의 총알'이었는데, 총기 살해 혐의를 받고 있는 해당 선수에게 사용하기엔 상당히 부적절한 내용이라 즉시 삭제한 것이다.

유명 인사와 후원사의 파트너십은 세간의 상당한 관심과 영예를 끌어모으고 서로의 위상을 높일 수 있는 효과적인 방법일 수 있지만, 위의 사례와 같이 불미스러운 사건에 연루되면 심각한 문제로 이어질 수 있다. 제휴 관계가 부정적 결과로 이어진 몇 가지 사례를 소개하자면, 다음과 같다.

- 자동차보험사 처칠^{Churchill}은 자사 광고 모델인 코미디언 두 명이 면허 정지 처분을 받자 즉시 광고 계약을 취소했다. 광고 모델로 나온 빅 리브스^{Vic Reeves}는 2005년 음주 운전으로, 마틴 클룬즈^{Martin Clunes}는 2012년 과속 운전 적발 건수가 누적되어 면허 정지를 당한 것이다. 안전 운전을 장려해야 하는 자동차보험사로서의 입장을 고려하면 절대 과한 대응이라 볼 수 없지만, 클룬즈는 2013년 〈라디오 타임스〉와의 인터뷰에서 '그쪽이 그런 식으로 나올 줄 몰랐다'며 볼멘소리를 했다. "신경질적인 데다 매우 냉정한 처사였어요. 무례한 거죠. 인사도 없더군요. 고맙다는 인사도 없이 계약을 끊어 버렸어요." 무슨 인사를 하라는 건지? 모델료를 챙겨가 놓고 우리를 당혹스럽게 해서 고맙다는 인사라도 기대하는 건가?

- 독일 가금류 가공업체 비젠호프^{Wiesenhof}가 2012년 8월, 독일 분데스리

가 축구단 베르더 브레멘의 유니폼을 2년간 후원하겠다고 발표하자 해당 구단의 환경 대사이자 독일 녹색당 소속 위르겐 트리틴Jurgen Trittin 의원은 비젠호프의 생산 공정에 항의하며 사퇴 의사를 밝혔다. 베르더 브레멘 구단주 클라우스 디터 피셔에게 보내는 사퇴 의향서에서 그는 비젠호프 사가 협소한, 비인도적인 환경에서 동물을 사육한다는 내용과 함께 '베르더여 영원하라, 비젠호프여 꺼져라'라는 구절을 덧붙였다. 이 소동이 벌어진 후 베르더 브레멘은 시즌에서 매우 저조한 활약상을 보였다.

• 1988년 미국 맥주 제조사 미켈롭Michelob은 락 기타리스트 에릭 클랩튼Eric Clapton을 TV 광고 모델로 발탁했다. 해당 광고 사운드트랙은 멋졌지만 클랩튼이 오랜 기간 알코올 중독을 앓았던 점을 감안했을 때 과연 그가 맥주 모델로 적합한지 의문이 불거졌다. 클랩튼은 그 후 카리브 해에 있는 안티구아Antigua 섬에 알코올 및 약물 중독자를 위한 크로스로드 치료 센터를 설립하기도 했다.

• 2012년 9월, 덴마크의 유명 놀이공원 티볼리 가든Tivoli Gardens은 코펜하겐 퍼Kopenhagen Fur를 향후 3년간 공식 크리스마스 파트너로 선정한다고 밝혔다. 계약 조건의 일환으로 티볼리 가든 내에 코펜하겐 퍼 매장이 신설될 예정이었으며, 이에 대해 토르벤 닐센Torben Nielsen 코펜하겐 퍼 CEO는 '우리 덴마크 밍크 생산업체들이 세계 최고 수준임을 널리 알릴 완벽한 기회입니다'라는 소감을 전했다. 이에 모피 반대론자들은 가만있지 않았다. 그들은 2012년 크리스마스 시즌에 매장 오픈 행사가 열리자 놀이동산 입구에서 횃불을 들고 시위를 벌이고 이 파트너십을 철회하라는

온라인 탄원서를 제출했다.

• 영국 팝 그룹 아토믹 키튼Atomic Kitten의 보컬이자 리얼리티 쇼 출연으로 널리 알려진 케리 카토나Kerry Katona의 사생활은 참 말도 많고 탈도 많았다. 2008년 그녀는 납세 의무를 다하지 못해 런던고등법원에 파산 신고를 하기도 했다. 대부업체 캐시 레이디Cash Lady를 운영하는 소액금융 전문기업 PDB는 늘 돈 문제가 끊이지 않았던 카토나야말로 금전적 어려움을 겪고 있는 잠재 고객들의 공감대를 불러일으키기에 최적의 인물이라 판단했으며, '신속한 대출, 신속한 인생'이라는 카피를 내세운 TV 광고에 그녀를 출연시켰다. 2013년 5월, 이 광고에 대해 30여 건의 불만이 접수되자 영국 광고심의위원회ASA는 해당 광고에 금지 명령을 내렸다. 이유인즉슨 카토나의 유명세를 내세운 광고는 자칫 시청자들에게 방탕한 생활을 영위하기 위해 소액 대출에 의존하는 성향을 심어줄 수 있다는 것이다. 2013년 7월, 카토나가 두 번째로 파산 선언을 하자 캐시 레이디는 그녀와의 광고 모델 계약을 중단했다.

인피니언
마케팅 방향을 잘못 잡은 기술 업체

1999년 독일 전기·전자기업 지멘스Siemens는 반도체 분야를 따로 독립시켜 인피니언Infineon이란 이름의 자회사를 세웠다. 이듬해인 2000년, 이 업체는 뉴욕 증시에 상장되었는데, 이를 기념하는 차원에서 울리히 슈마허Ulrich Schumacher 인니피언 CEO는 카레이서 복장으로 포르쉐를 몰며 월 스트리트를 한 바퀴 돌았다. 세계 챔피언을 여러 차례 석권한 F1 레이서 미하엘 슈마허 Michael Schumacher와 이름이 같다는 우연이 어느 정도 작용한 면도 있겠지만, 레이싱을 사랑하는 슈마허 대표가 사실 자기 욕심에서 한 일에 더 가깝다. 아마추어 레이서이기도 한 그의 사무실에는 구형 포르쉐 엔진이 전시되어 있으며, 월스트리트 레이싱에 전설의 레이서 마리오 안드레티Mario Andretti를 대동할 정도로 레이싱에 조예가 깊었다. 2002년 자신의 레이싱 사랑을 기업 활동에 더욱 반영해 미국스톡카경주협회인 나스카NASCAR와 인디카IndyCar 대회가 개최되는 캘리포니아 소노마 레이스웨이Sonoma Raceway 후원 계약을 체결했고, 이후 이곳은 인피니언 레이스웨이라는 새로운 이름을 갖게 되었다. 인피니언이 자동차 업계에 칩을 공급하긴 하지만, 막 B2B 마케팅에 뛰어든 신생 기술 업체가 레이싱 후원까지 하는 건 시기상조였다. 이 업체의 주요 대상 고객층은 레이싱 팬들이 아니기 때문이다. 2004년 3월, 슈마허는 인피이언 이사회에 의해 퇴출되었으며, 컨설팅업체 버슨-마스텔라를 경영하는 라이너 베스터만 Rainer Westermann을 신임 대표로 추대해 마케팅 커뮤니케이션, 브랜딩, PR 및 스폰서십 업무를 일임했다. 인수인계를 받은 그는 경악을 금치 못했다. 베스터만 대표는 당시 상황을 다음과 같이 이야기했다.

"몇 년간 적자가 나는 상황에서도 레이싱 후원에 과다한 돈을 쏟아붓고 있었어요. 소노마 레이스웨이 후원 계약엔 레이싱 용품에 새길 인피니언 로고 사용권이 포함되어 있었습니다. 인피니언이 기술 업체가 아닌 레이스 경기장으로 각인될 판이었지요. 미국 국경 심사대에서 직장이 어디냐는 질문에 우리 직원들이 인피니언이라고 답하자 이민국 직원이 나스카' 소속이냐고 하더군요. 〈월스트리트저널〉은 '인피니언, 새로운 레이싱 경기까지 사업 영역을 뻗치다'라는 기사를 낼 정도였어요. 레이싱 투자를 계속할지 말지 저를 설득하는 자리에서 레이싱 조직위 관계자는 자사에 투자하면 2천5백만 달러의 광고 효과를 낼 수 있을 거라고 하더군요. 저는 바로 그 점이 문제라며, 인피니언의 한 해 마케팅 예산은 2백만 달러에도 못 미친다고 답했습니다."

인피니언의 마케팅은 레이싱 광팬의 열정적인 사랑에 중심을 잃어버린 셈이다.

소노마 레이스웨이 후원 사업은 비효율적인 돈 낭비라고밖에 볼 수 없었다. 설상가상으로 이와 관련한 문제가 터져 나오기 시작했다. 베스터만 사장의 설명을 들어 보자.

"제가 대표직을 맡고 보니 경영진의 사리사욕을 채우기 위한 이면 계약 때문에 경주용 차량 후원이 꼭 진행되어야 하는 상황이었습니다. 처음 부임한 그해에 후원 계약을 따내기 위한 뒷돈 거래에 연루된 일부 경영진이 경찰에 자수하고 사퇴하는 일이 있었습니다. 경주용 차량 후원은 인피니언이 저지른 마케팅 실수의 상징과도 같았어요. 쓸데없이 많은 돈을 쏟아부은 것밖에 안 됩니다."

뭔가 있어 보이는 후원 기회에 절로 눈이 돌아갈 수도 있다. 잘나가는 스포츠 선수들이나 스포츠 종목 등에 연계하고 싶은 마음이 들 수도 있다. 그러나 냉정한 기업 세계에서 이런 후원에 발을 담가서 긍정적 결과를 볼 수 있으려면 우선 그 투자가 자사 이미지나 사업 목표에 완벽하게 부합되어야 할 것이다.

☑ 대상 고객이 누구인지, 시장에서의 위치가 어느 정도인지 분명히 파악하라. 시장 세분화, 대상 고객 설정 및 위치 설정은 마케팅 성공의 초석이다.

☑ 시장 내 틈새는 기회가 될 수도 있지만 반드시 기회가 된다는 법은 없다. 제품에 대한 실수요가 있는지 늘 확인하라.

☑ 대상 고객을 절대 얕잡아 보지 말라.

☑ 유통 전략이나 언론 홍보 전략의 방향을 제대로 잡아야 낭비를 최소화하는 방향으로 제품의 이점 및 마케팅 메시지를 전달할 수 있다.

☑ 해당 광고 모델이 사기, 범죄, 부정 및 기타 불미스러운 사례와 연루되면 브랜드 이미지 역시 타격을 입는다.

CHAPTER 09

브랜드 확장이
너무했네

과도한 사업 및 업종 확장 사례

브랜드 확장으로 소위 말하는 '대박'을 치려면 우선 소비자들이 납득할 수 있는 방향으로 움직여야 한다. 소비자들로부터 '아! 그렇지!' 혹은 '왜 인제야 한 거야? 진작하지'와 같은 반응이 터져 나오면 제대로 움직인 거라 볼 수 있다. 애완동물 사료 제조사 아이암스Iams가 애완동물 보험 시장으로 진출한 사례가 그 좋은 예이다. 사료 제조와 금융 서비스는 성격이 전혀 달라 보이지만 일반 대중이 보기엔 '동물' 영양에서 '동물' 보건으로 옮겨간 셈이라 그 격차가 크게 느껴지지 않았다. 무엇보다도 아이암스가 지향하는 핵심 가치를 전혀 훼손시킬 일이 없었다. 만약 이 업체가 완전히 생뚱맞게 담보상환 보장보험 시장에 진출했다고 가정해 보자. 같은 보험은 보험이지만 과연 소비자들이 얼마나 납득할까 싶다. 애완동물을 위해 으리으리한 대궐을 지어주려고 담보 대출을 받은 사람이 아니고서야 별 관심이나 있을까?

아이암스의 담보상환보장보험 시장 진출만큼이나 생뚱맞은 예를 또 든다면 아마 생수전문업체 에비앙Evian이 란제리 시장에 진출하는 경우를 상상해 볼 수 있으려나. 근데 상상이 아니라 이는 실제 있었던 일이다. 그것도 평범한 속옷이 아니었다. 에비앙이 선보인 속옷은 워터 브라Water Bra라고 해서 에비앙 생수를 넣어 시원함이 유지되게끔 디자인된 제품이었다. 다시 한 번 말하지만 이는 진짜 있었던 일이다. '생수 제조업체인 우리의 특징을 잘 살린, 물을 활용한 혁신적인 속옷'이라는 게 에비앙 측의 설명이다. 물이야 누구나 사용할 수 있는 흔한 소재이긴 하지만, 에비앙의 이런 기행은 자사 이미지를 '업그레이드' 시키는 것이 아닌 '다운그레이드' 시키는 것밖에 안 됐다. 누가 낸 아이디어인지 모르겠지만 이 아이디어가 나왔을 때야말로 찬물을 끼얹었어야 마땅하다.

크래프트
어설픈 제품명으로 비난받다

여기서 잠깐 테스트. 다음 중 이상한 것을 하나 고르시오: 아이맥iMac, 아이팟iPod, 아이폰iPhone, 아이패드iPad, 아이스낵 2.0iSnack 2.0. 여러분들은 당연히 마지막 것을 골랐으리라 생각한다. 아이스낵 2.0이 정확히 뭔지 몰라도 우리가 익히 아는, 전 세계적으로 워낙 입지가 탄탄한 애플 제품이 아니라는 것은 한눈에 알 수 있다. 그럼 아이스낵 2.0은 도대체 뭘까? 난 USB로 작동되는 자동판매기 같은 느낌이 든다. 아이튠즈와 연동해서 음악을 재생 목록에 올려놓으면 맛있는 냄새가 풍길 듯한 기기 같다. 그러나 현실은 좀 다르다. 전혀 생뚱맞다고나 할까. 아이스낵 2.0은 놀랍게도 병에 담긴 음식이다. 게다가 그냥 음식이 아니고 한 나라의 정체성을 대변하는 음식이다. 아이스낵 2.0의 사례는 한 나라의 보물에 비견되는 그 나라 대표 음식을 건드릴 때에는 상당히 주의해야 한다는 교훈을 시사한다.

그 '한 나라의 보물'은 바로 효모 추출물로 만든 스프레드의 일종인 베지마이트Vegemite이다. 호주를 대표하는 음식으로 90년 넘는 역사를 자랑하며 대표적 호주산 제품이기도 하다. 호주 출신 팝 가수 맨 앳 워크Men at Work의 히트곡 '다운 언더Down Under'에서도 언급된 적 있다. 이런 상징적인 입지를 가진 제품이지만 매출이 점점 떨어지고 브랜드 가치가 미약해지는 상황은 어김없이 찾아왔다. 베지마이트를 소유한 크래프트 푸드Kraft Foods는 이 제품의 유명세를 당연한 것으로 인식했고, 소비자 중심 마인드도 덩달아 해이해졌다. 상황이 이렇게 되자 크래프트의 호주·뉴질랜드 사업을 총괄하는 사이먼 탤벗Simon Talbot 지사장은 브랜드 쇄신을 위한 마케팅 혁신의 필요성을 절감했다.

브랜드 이미지에 대한 대대적인 소셜미디어 분석을 통해 베지마이트와 크래프트의 또 다른 히트 상품인 필라델피아 크림치즈를 혼합한 새로운 시장을 뚫어볼 수 있겠다는 분석이 나왔다. '치지마이트 스크롤Cheesymite Scrolls'이라는, 베지마이트와 크림치즈 믹스를 넣어 굽는 빵 레시피가 이미 제빵 하는 사람들 사이에서 큰 인기를 끌고 있었다. 시장 조사 결과 소비자들은 조금 더 간편히 먹을 수 있는, 용기에서 즉시 꺼내 먹을 수 있는 유사 제품이 있었으면 한다는 생각을 갖고 있음을 알 수 있었다. 호주 사회가 점차 다문화 사회로 거듭난다는 건 국외 소비자들의 수가 증가한다는 뜻이고, 이는 베지마이트를 잘 모르는 이들이 많다는 뜻이기도 했다. 새로운 베지마이트 응용 제품을 개발 중이던 크래프트는 젊은 층과 다문화 인구를 집중 공략 대상으로 삼았다. 또한, 하루 중 어느 때고 먹을 수 있는 제품으로 만들고자 했다. 이런 목적에 부합하는 제품 개발을 완성하고 나니 이제 이름을 붙일 차례였다. 치지마이트Cheesymite는 이미 호주 베이커리 체인 '베이커스 딜라이트Bakers Delight'의 상표권으로 등록되어 있어 사용할 수 없었다. 탤벗 지사장을 위시한 마케팅 팀은 신제품 이름 공모전을 펼쳐 사람들의 이목을 끌어 보기로 했다.

2009년 7월, '색다르게 맛있는 베지마이트를 경험해 보세요'라는 홍보 문구와 함께 크림치즈를 섞은 베지마이트 제품이 시장에 나왔는데, 아직 이름이 정해지지 않아 '이름을 붙여주세요 Name Me'라는 라벨을 달고 나왔다. 호주 및 뉴질랜드에서 약 4만8천여 명이 참여한 이 공모전에서 우승한 이에게는 상금이 수여될 예정이었다. 몇 주가 지나자 최종 선정된 이름을 놓고 이런저런 추측이 들려오기 시작했다. 이때까지만 해도 신제품에 대한 반응은 썩 괜찮았다. 한 달에 1백만 개 정도 팔렸는데, 2천2백만 명 규모의 시장에서 이 정도 매출이면 신제품으로선 뛰어난 성적인 셈이다. 분위기를 한층 고조시키기 위해 크래프트는 거금을 들여 호주 풋볼 최종 결승전 광고를 따냈고, 여기서 신제품 이름 공모전 결과를 발표하기로 했다. 광고 방송 직전, 경기장에 모인 사람들에게 제품명이 공개되었다. 이미 앞서 소개해 익히 알고 있는 문제의 그 이름, 아이스낵 2.0은 마케팅 팀이 선정해 이사회에서 만장일치로 승인을 받은 이름이었다. 혁신을 연상시키는 이름인 데다 애플 i시리즈 제품이 구축한 명성에 편승하고자 하는 의도라 볼 수 있다.

그러나 반응은 최악이었다. 사람들은 아이스낵 2.0은 장난이고, 진짜 이름이 따로 있을 줄 알았다. 그런데 '진짜 이름'이 따로 있는 게 아닌 상황이 분명해지자 베지마이트 팬들은 소셜 미디어에서 불만을 터트리기 시작했다. 이름이 왜 이 모양이냐는 글이 트위터에만 수천 개가 올라왔고, 페이스북에서는 10여 개 그룹이 아이스낵 2.0은 호주 대표 음식을 갖고 장난치는 이름이라며 맹렬한 반대 의사를 표했다. 어떤 이는 심지어 '아이스낵 2.0보다 나은 이름'이라는 웹사이트를 열기도 했다. 아이스낵 2.0이란 이름을 응모한, 퍼스에 거주하는 27세 그래픽 디자이너 딘 로빈스 Dean Robbins 역시 네티즌들의 맹공을 받았다. BBC 아시아태평양 뉴스는 로빈스가 한 짓은 문화 범죄라며, 속죄를 위해 알몸에 베지마이트를 바르고 시드니 거리를 뛰어야 한다고 말한 어느 분노한 베지마이트 팬의 사연을 보도하기도 했다. 사태가 심각해지자 크래프트는 로빈스와 그의 가족이 호주를 잠시 떠나 발리에 머물도록 했다. 언론에서나 SNS에서나 격렬한 반응이 계속되자 크래프트는 사태를 종식시키기 위해 즉시 이름을 바꿀 것인지, 아니면 또 한 차례 새로운 이름 공모전을 열 것인지를 놓고 고민했다. 3일 후 아이스낵 2.0이 그렇게까지 수호할 만한 이름은 아니라고 판단하며 새로운 이름 공모전을 열기로 결정했다. 사이먼 탤벗, 크래프트 호주 뉴질랜드 지사장으로부터 당시 상황에 대한 이야기를 들어보자.

"당시 저희는 사면초가였어요. 언론은 계속해서 그 얘기를 떠들어댔죠. 결국 공모전을 다시 열었습니다. 재빨리 이벤트 페이지를 만들었고, 5일간 진행된 이 이벤트에 5만 명이 몰려들었어요. 이들이 선택한 이름은 치지바이트Cheesybite였습니다. 한 가지 아이러니한 점은 그 와중에 신제품이 3백만 개나 팔려 나갔다는 거예요. 호주 역사상 시범 제품이 그렇게나 많이 팔려 나간 건 처음이었습니다. 새로운 이름을 발표하자 사람들은 아이스낵 2.0 라벨이 찍힌 제품은 이제 단종된다 싶어 너도나도 구매에 나섰습니다. 그래서 애초부터 이 모든 게 마케팅 계략이 아니냐는 의혹을 제기하는 사람들도 있었는데 아닙니다. 우리는 소비자 취향을 거스르는 제품이 될까 봐 우려했어요. 저희 실수죠. 다행히 재빨리 나서 사태를 수습한 건 올바른 대처였다고 봅니다. 소비자 의견을 적극적으로 반영한 것이죠."

두 번째 설문 조사는 첫 번째 공모전에서 나온 6개 후보 중 하나를 고르는 방식이었다. 베지마이트 치지바이트Vegemite Cheesybite가 36% 득표로 가볍게 1등을 차지했으며, 베지마이트 스무스Vegemite Smooth가 23% 득표로 2위를 차지했다. 크래프트는 두 번째 설문 조사를 진행하며 '여러분의 의견을 들려 주세요'나 '여러분의 피드백을 귀 기울여 듣겠습니다'와 같이 참여를 독려하는 표현을 사용해 인간미를 드러냈다. 베지마이트라는 제품이 워낙 국가적 상징성이 있다 보니 국민 모두 이에 대한 애정을 갖고 있다는 점을 제대로 파악한 것이다.

베지마이트 소동은 비단 내수 시장 문제에 그치지 않고 글로벌 시장에서도 파장을 일으켰다. 2009년 9월 7일, 크래프트는 영국 식품업체 캐드버리Cadbury를 100억 파운드에 공개 매입하겠단 의사를 밝혔지만 캐드버리 이사회는 이를 즉시 거절했다. 당시 아이스낵 2.0 소동이 벌어지던 상황이라 캐드버리 측은 크래프트의 판단력 및 신뢰도에 대해 의문을 품었던 것이다. 크래프트는 공개 매입이 틀어지지 않도록 조속한 대처에 나설 수밖에 없었다.

다행히 신제품 소동이 점차 잦아들기 시작했다. 치지바이트로 이름을 바꿔 제품이 출시되기 시작하자 희귀품이 되어버린 아이스낵 2.0 라벨 제품이 불티나게 팔려 나갔고, 치지바이트 매출 역시 순조로웠다. 무엇보다 오리지널 베지마이트 매출이 지장을 받지 않아 다행이었다. 되레 그간 하향세를 그리던 매출이 신제품 소동으로 5% 반등하는 효과로 이어졌다.

탤벗 지사장은 아직도 그 자리를 지키고 있다. 달라진 점이라면 크래프트가 캐드버리에 몬델리즈Mondelez까지 인수해 아이스낵 2.0 때보다 훨씬 덩치가 커졌다는 점이다. 아이스낵 2.0은 제품 혁신 자체는 좋았지만 이름에서 실수를 범한 흥미로운 사례이다. 매출이 꾸준하다는 것은 제품의 질이 나쁘지 않다는 말이었고, 이름 짓기를 통해 '하면 안 되는 일'이 무엇인지 제대로 교훈도 얻었을 터였다. 크래프트는 호주 및 뉴질랜드 시장에서 혁신을 계속해 나가고 있으며, 잘될 때가 있는 반면 아닐 때도 있다. 2011년 어린이 고객을 겨냥해 염분을 줄이고 조금 더 순한 맛을 낸 '마이 퍼스트 베지마이트My First Vegemite'를 선보였지만, 매출이 썩 좋지 않아 2012년 해당 제품은 단종되었다.

탤벗 지사장은 당시를 회상하며 공모전을 열었던 점, 애초에 가장 많이 나온 이름을 선택하지 않았던 점은 실수였다고 말한다. 그런 식의 접근이 대중을 화나게 하는 건 당연하지 않을까?

"우리는 브랜드로서는 최초로 사이버 린치에 맞선 셈이었죠."

후회가 묻어나는 탤벗 지사장의 말이다. 아이스낵 3.0은 나오지 않을 테니 숨죽이지 않아도 됩니다.•

거버
이유식 같은 성인용 식품으로 실패하다

1970년대에 소셜 미디어가 있었다면 이유식 제조업체 거버Gerber 사도 앞서 소개한 크래프트처럼 사이버 린치를 호되게 당했을지 모른다. 1974년, 거버는 '싱글즈'라는 성인용 제품을 출시해 새로운 시장 진출을 꾀했는데, 막상 내놓은 '성인용' 제품은 이유식과 별 차이가 없었다. 대상 고객은 간편식을 선호하는 대학생 및 1인 가구였다. 컵라면 팟 누들Pot Noodle과 같은 성공을 거두려면 상업적으로 먹혀들 수 있는 분명한 장점이 있어야 했지만, 거버는 성인들이 어

• 원문은 'Don't hold your breath for iSnack 3.0.' 애플 신제품 발표 시 항상 'Hold your breath for~' 라는 표현을 사용했기에 이를 패러디한 문장이다.

떤 제품을 원하는지를 제대로 파악조차 하지 못하고 헛다리를 짚었다.

거버는 지중해산 채소, 소고기가 든 크림, 블루베리 등 다양한 맛의 간편식을 선보였다. 조그마한 유리병에 담긴 이 제품들은 겉으로 봐선 이유식과 크게 달라 보이지 않았고, 심지어 맛도 별 차이가 없었다. 이런 '이유식과 다를 바 없는 제품'에 성인 소비자들이 별 반응을 보일 리 만무했고, 더구나 처량하게 유리병에 담긴 간편식을 혼자 떠먹는 모습은 소비자들에게 '초라한 내 모습'으로 인식되었으며, 자존감마저 날아가 버릴 듯한 느낌을 심어줘 구매 의욕을 싹 사라지게 만들었다. '싱글즈'란 이름은 외로운 성인들이 먹는 이유식이란 인상이 너무 강했다. 앞서 1950년대 담배 브랜드 스트랜드가 고독함을 어필한 광고를 내보냈다가 홀연히 사라져버린 사례에서도 볼 수 있듯, '홀로'를 강조해서 잘되는 브랜드는 없었다. 거버의 싱글즈 제품이 뭔가를 남긴 게 있냐고 묻는다면 1975년 나온 에릭 카멘^{Eric Carmen}의 히트곡 'all by myself'가 생각난다는 말밖에 할 말이 없다. 그해에 나온 또 다른 히트곡 베이 시티 롤러스^{Bay City Rollers}의 'Bye Bye Baby'도 잘 들어맞을 듯하다.

잠시 삼천포로 빠졌는데, 다시 원점으로 돌아가자. '싱글즈'로 별 재미를 못 본 거버의 패착이라면 새로이 진출하고자 하는 시장의 대상 고객^{성인}을 제대로 파악하지 않고, 기존에 익숙한 사업^{이유식} 방식으로 신규 시장에 접근하는 우를 범했기 때문일 테다. 결과적으로 거버는 틈새시장을 파고들긴 했지만, 마치 '발육이 정지된 어른'들이나 먹을 법한, 대상 고객을 충분히 포괄하지 못하는 상품을 내놓았기에 실패할 수밖에 없었다.

생뚱맞은 제품 개발
의욕은 좋으나 거북한 아이디어들

한 사업 분야에서 다른 사업 분야로 진출하는 일은 결코 쉽지 않다. 버진 Virgin이나 GE, 디즈니Disney 등 탄탄하고 유연한 모회사를 기반으로 사업 영역을 확장해 나가는 기업도 있지만, 이는 사실 손에 꼽을 정도이다. 이미 입지가 탄탄히 다져진, 인지도를 어느 정도 확보한 기업이라면 이런 디딤돌이 있으니 새로운 분야로의 도약도 잘될 거라 생각할 만하다. 사업 확장에 성공한 대표적인 사례로 의류업체 캐터필러Caterpillar를 꼽을 수 있다. 튼튼한 작업복을 생산하는 업체라는 브랜드 이미지 덕분에 튼튼하고 내구성 있는 건설 및 광산장비 생산 분야에 뛰어들었을 때에도 그 이미지가 잘 부합해 매끄럽게 신규 시장에 안착할 수 있었다. 그러나 성공적이지 '못한' 사례로 꼽히는 경우가 더 많다. 몇 가지를 함께 살펴보자.

• 1982년 치약 브랜드 콜게이트Colgate는 '콜게이트 키친 앙트레Colgate Kitchen Entrees'라는 간편 냉동식품 라인을 선보였다. 음식 먹고 양치해야 치아 관리가 되니 두 제품 사이에 상관관계를 굳이 찾아보자면 찾을 수야 있겠지만, 그래도 얼린 냉동식품과 민트향 나는 치약의 조합은 뭔가 어색했다. 그다음엔 사탕 맛 치실을 선보이려나? 윽.

• 땀에 젖은 청바지, 엔진 오일, 낡은 가죽. '오토바이 라이더' 하면 이런 냄새를 자연스레 떠올리게 되는데 오토바이 제조사 할리 데이비슨Harley Davidson의 생각은 달랐던 모양이다. 1990년대 이 업체는 향수를 출시했다. 할리 데이비슨 제품의 강인함과 파워를 사랑하는 골수팬들은 '향수'

가 기존 브랜드 이미지와 맞지 않다고 생각했다. 브랜드의 핵심 가치를 저버리는 건 폭주족의 도로 질주만큼이나 무모한 짓이다. 무엇보다 할리 데이비슨의 신비로움은 묵직하게 털털거리는 엔진 소리에서 나오는데, 어떻게 이런 묵직함이 향수라는 '앙증맞은 소품'과 매치될 수 있다는 생각을 했을까? 결국 이 제품은 석양이 지는 캘리포니아 고속도로를 질주하는 폭주족보다 빨리 시장에서 모습을 감추고 말았다. 샤넬 넘버 파이브No.5가 오토바이 변속기 윤활유로 더 나았을 거란 말도 나왔다. 할리 데이비슨은 향수 외에도 다양한 분야에 도전하는 패기를 보였지만, 그중 어느 것도 주력 상품인 오토바이만큼 승승장구하지 못했다.

• 치즈맛 나는 내 입술에 키스해 줘요Kiss me, cheesy lips! 뭔가 정이 안 가는 카피이다. 치즈맛 스낵 브랜드 치토스는 2005년 로타 러브Lotta luv와의 컬래버레이션을 통해 치즈맛 립밤을 선보였다. 포장에 '매우 강렬한 치즈맛'이 난다고 쓰여 있는데, 소비자들은 이를 곧이곧대로 받아들여 입술과 혀를 동원해 맛을 확인하기까지 했다. 몬테레이잭치즈향 쉐이빙 폼이나 파마산치즈향 샤워젤 같은 제품이 나왔더라면… 생각만 해도 아찔하다.

• 클레롤 터치Clairol Touch의 요거트 샴푸. 1979년 출시된 이 제품의 요거트로 머리를 감는다는 발상은 소비자들에겐 영 꺼림칙하게 다가왔다. 앞의 사례와 마찬가지로 맛을 보는 소비자들도 있었다. 요즘 소비자들이야 머릿결을 부드럽게 하기 위해 요거트를 바른다는 아이디어에 그리 거부감이 없지만 1970년대 소비자들에겐 상당히 당황스럽고도 거부감 드는 아이디어였다.

• 그로부터 20년 후 미국 허스트 사 소유 패션 잡지 〈코스모폴리탄〉이 요거트 제품을 선보였을 때도 사람들은 생뚱맞다는 반응을 보였다. 1999년 복숭아, 체리 등 여러 가지 맛의 저지방 요거트 제품을 선보였는데, 시장에서 그리 오래 살아남지 못했다. 선정적인 기사를 주로 다루는 이 잡지에서 가끔 침실에서 요거트를 사용하는 법 등의 기사를 싣기도 하지만, 요거트의 '요' 자와도 별 관련이 없어 보이는 〈코스모폴리탄〉이 내놓은 이 제품을 소비자들은 굳이 사야 할 필요성을 느끼지 못했기 때문이었다.

• 호텔 투숙객들은 자연스레 식사 서비스를 이용할 일이 많으므로 케이터링과 호텔 사업은 서로 연관성이 있다. 그런 맥락에서 보면 외식 업체가 호텔 분야로 진출하는 것도 그리 생뚱맞진 않은 것 같다. 그러나 패스트푸트 체인점 이미지가 강한 맥도날드의 호텔 사업 진출은 조금 상황이 달랐다. 2001년, 맥도날드는 스위스 베른Berne과 로잔Lausanne 사이에 위치한 륄리Lully와 취리히 공항 인근 두 곳에 4성급 골든 아치Golden Arch 호텔을 세웠다. 뚜렷한 색채와 스파르타식 실내 장식이 돋보이는 이 호텔은 스위스에선 드물게 24시간 영업하는 맥도날드 매장을 갖고 있었다. 케이터링에 얼마나 일가견이 있느냐는 차치하고, 맥도날드는 일단 호텔 사업에 맞는 운영 능력을 충분히 갖추고 있었다. 24시간 드라이브쓰루Drive-through° 매장을 운영하는 것과 24시간 호텔 컨시어지Concierge를 운영하는 것은 별반 다르지 않기 때문이다. 그러나 한번 생각해 보라. 하루 종일 바쁜 스케줄을 소화하느라 고되고 지친 출장 여행객들이 맥도날드 음식으

___

° 차에 탄 채로 이용할 수 있는 식당·은행 등

로 하루를 마무리하고 싶을까? 2년 후, 골든아치 호텔 두 곳은 결국 문을 닫고 말았다. 위치에는 아무 문제가 없었다. 새로이 단장한 취리히 공항과 륄리 지역 내 위치한 다른 호텔은 모두 성황리에 영업 중이었다. 맥도날드의 문제는, 비록 사업 역량은 갖췄을지 몰라도 호텔 사업을 하기에 적합한 이미지를 갖추지 못한 까닭이었다. 또한, 독일어를 주로 사용하는 스위스 지역에서 성공할 생각이었으면 독일어로 '바닥bottom'을 뜻하는 단어와 발음이 비슷한 '아치Arch'라는 단어를 사용하지 않는 편이 나았을 것이다.

• 1879년대 미국 콜로라도에서 탄생한 쿠어스Coors 맥주는 자사 라거 맥주가 록키 마운틴Rocky Mountain 용천수로 만들어진다고 홍보했다. 1990년, 쿠어스는 이 용천수를 더욱 적극적으로 활용해 플레인, 레몬, 라임 및 체리맛 탄산수 라인을 선보였는데, 제품 라벨엔 맥주와 똑같은 쿠어스 로고가 새겨져 있었다. 한 세기가 넘도록 '쿠어스'를 맥주로만 인식한 미국인들은 쿠어스 로고가 붙은 탄산수를 보고 아연실색했다. 매출이 영 지지부진하자 쿠어스는 결국 탄산수 시장에서 손을 뗄 수밖에 없었다.

크레스트와 킷캣
과유불급, 오버했다가 낭패 보다

미국 심리학자 베리 슈워츠Barry Schwartz는 2004년 저서 『선택의 역설: 과유불급』을 통해 선택의 여지가 너무 많으면 사람들은 불안해한다고 주장했다. 선택의 여지는 많을수록 좋다는 기존의 관념에 정면으로 반박한 그의 주장은 대안이 너무 많으면 소비자는 이에 압도당해 어찌해야 할 바를 모르는 상황에 처한다는 내용을 골자로 했다. 일단 지르고 그 후에 잘 산 건지 아닌지 결정하는 이들도 있는 반면, 눈앞에 너무 많은 선택권이 주어지면 당황해서 일단 결정을 보류하고 보는 이들도 있다. 이런 주장을 한 이는 비단 슈워츠뿐만이 아니었다. 여러 심리학자들이 '선택 부하' 및 '선택 과잉'에 대한 연구를 진행했다.

슈워츠의 주장은 마케터들에게 상당히 흥미로운 이슈를 던져 준다. 휴대전화를 비롯한 기타 전자 기기들의 경우 기존 모델이나 경쟁사 제품보다 더 많은, 더 나은 성능을 보유하고 있다는 점에 초점이 맞춰져 마케팅이 진행된다. 그러나 평소 자신이 자주 사용하는 핵심 기능을 뒷전에 두고 '새로운 성능이나 기능'에 더 초점을 맞춰 물건을 구매하는 소비자는 그리 많지 않다. 브랜드 확장 시 이런 '선택 과잉'이 발생하기 쉽다. 미국 식품마케팅연구소에 따르면 미국 내 슈퍼마켓에 진열된 제품의 가짓수는 재고 관리 코드 기준으로 1만 5천~6만 개가량이라고 하는데, 이렇게나 고를 물건이 많으니 소비자들이 '딱 이거다!'라고 선택을 내리기가 점점 힘들어지는 것이다. 브랜드 역시 사업 확장 중에 본의 아니게 소비자들에게 과도한 스트레스를 심어 주고, 그로 인해 매출에도 타격을 입는 사태가 벌어지기도 한다.

P&G의 치약 브랜드 크레스트Crest가 그 좋은 예이다. 1980년대 크레스트는 극단적인 사업 확장을 통해 치약의 맛과 기능을 쪼개고 쪼개 치석 관리부터 미백, 잇몸 보호 기능 제품까지 소비자들이 경악할 만큼 다양한 종류의 치약을 선보였다. 이유를 알 수 없는 이 극단적 사업 확장으로 탄생한 치약 종류는 무려 52가지에 달했는데, 마치 칫솔에 붙은 솔의 개수보다 더 많은 개수의 치약을 선보이겠다고 작정한 듯 보였다. 소비자들은 52가지나 되는 제품 앞에

도대체 뭘 고르면 좋을지 알 수 없어 곤란했다. 『브랜드 실패Brand Failures』를 쓴 매트 헤이그Matt Haig는 이렇게 말했다.

"크레스트가 한 가지 제품을 선보였을 때 주가는 50센트 이상 올라갔습니다. 그러나 제품 개수가 38개가 되자 시장 점유율이 36%까지 떨어졌고, 50개가 넘어가자 25%까지 곤두박질쳤습니다. 경쟁사 콜게이트Colgate보다 못한 성적이었지요."

네슬레Nestle 역시 자사의 인기 제품인 초콜릿맛 웨하스 킷캣Kit Kat 제품군을 무리하게 확장했다가 영국 시장에서 큰 낭패를 봤다. 1930년대 처음 출시된 킷캣은 수십 년간 영국 초콜릿 바 시장에서 부동의 1위 자리를 지켰고, 1958년에 광고대행사 JWT의 도널드 질리스Donald Gillies가 만든 'Have a Break, Have a Kit Kat'이란 카피가 히트를 치며 이후 킷캣의 상징으로 자리 잡았다. 1999년 킷캣 매출이 시들해지기 시작하자 네슬레는 킷캣 청키Kit Kat Chunky라는 신제품을 선보였는데, 이 제품이 갓 나왔을 땐 매출이 제법 괜찮았다. 긍정적인 시장 반응에 고무된 네슬레는 2003년부터 2005년까지 블러디 오렌지, 크리스마스 푸딩, 다크 초콜릿, 라임 크러시, 레드 베리, 스트로베리 앤 크림, 세비야 오렌지, 망고 앤 패션프루트, 화이트 초콜릿, 레몬 앤 요거트 등 실로 다양한 맛의 킷캣을 선보였다. 그러나 시장 반응은 썩 좋지 않았고, 크레스트와 마찬가지로 선택의 여지가 너무 많아 소비자들을 압도시키는 면이 있었다. 하도 종류가 많아 오리지널 킷캣을 찾기가 힘들다는 불만마저 터져 나왔다.

다양한 맛의 제품을 생산하는 건 설비 추가 없이 제조법을 바꾸기만 하면 되었기에 별도의 개발 비용은 들지 않았지만, 시장 실패의 대가는 톡톡히 치러야 했다. 2006년 7월 〈월스트리트저널〉에 실린 '새로운 맛을 실험하다가 쓴맛만 본 네슬레'라는 기사에 따르면 2년 사이 영국 내 킷캣 매출은 18%나 떨어졌다고 한다. 슈워츠의 역설 이론에서도 알 수 있듯 너무 많은 선택권은 매출 전반을 잠식시킨다. 킷캣 골수팬들조차 신제품을 별로 마음에 들어 하지 않았다. 네슬레와 유통업체 측은 가격을 낮추지 않고서는 재고를 처분할 길이 없다는 사실에 난감해했다. 도매업체 베스트웨이Bestway의 아샤드 쵸더리Arshad Chaudhary 구매팀장은 〈월스트리트저널〉과의 인터뷰를 통해 이렇게 말했다.

"남아도는 킷캣 재고는 말 그대로 홍수처럼 넘쳐 났어요. 제품 종류가 한두 가지 정도일 땐 좋았지만, 한두 달에 걸쳐 신제품이 하나씩 나오기 시작하면서부턴 상황이 우스워졌습니다."

네슬레는 결국 오리지널을 제외한 모든 '색다른 맛'의 제품을 단종시킬 수밖에 없었다. 그 후 영국 시장 내 제품 개발은 마구잡이식 양산이 아닌, 한두 가지에 집중하는 방식으로 이뤄졌다.

제품 개발이 성공하려면 우선 소비자들이 해당 브랜드에 우호적인 태도를 갖고 있어야 하며, 그 브랜드가 뻗어나가는 방식에 별 거부감을 느끼지 않아야 한다. 마케터 입장에서는 전혀 다른 새로운 브랜드를 만드는 것보다 훨씬 리스크가 낮은 셈이다. 그러나 브랜드 확장은 어쩔 수 없이 해당 브랜드의 핵심 가치에 어느 정도 생채기를 남기게 마련이다. 너무 잦거나 너무 동떨어진 브랜드 확장은 반드시 문제를 야기한다.

아이러니하게도 킷캣의 인지도가 영국 시장만큼 탄탄하지 않은 다른 나라에서는 또 전혀 다른 상황이 펼쳐졌다. 독일 등의 시장에서는 '색다른 맛' 킷캣

이 잘 팔려 나갔다. 특히 혁신에 대한 조예가 남다른, 특이하고 이상하다고까지 여겨질 정도로 독특한 제품에 대한 수요가 높은 일본 시장에서도 재미난 상황이 벌어졌는데, 희귀 제품, 별난 제품을 선호하는 일본 소비자들에게 맞추어 네슬레는 간장, 녹차, 진저에일, 된장, 블루베리 케이크, 레몬 식초, 구운 옥수수, 까망베르 치즈, 와사비, 붉은 감자 등 무려 200여 가지 맛 킷캣을 한정판으로 출시한 것이다. 내가 지어낸 게 아니다. 더 나열할 수도 있지만 내 혀가 제발 좀 그만하라고 소리를 지르는 통에⋯ 네슬레는 일본 소비자들의 '한정판 수집 욕구'에 부응하는 데 재주를 보였다. 재미있는 점은 일본 소비자들은 킷캣을 자신이 먹으려고 사는 것이 아닌 주로 선물용으로 구매했다는 것이다. 킷캣의 일본식 발음은 '킷토 캇토'인데 이는 '꼭 승리한다'는 '킷토 캇츠_{きっと勝つ}'와 비슷해 수험생을 위한 선물로 인기가 많았다. 일본에서 킷캣은 행운의 상징인 셈이다.

킷캣의 일본 시장과 영국 시장에서의 마케팅 전략은 차별화를 필요로 했다. 일본에서는 제품군을 다양하게 할수록 반응이 좋았는데, 제품 자체를 즐길 목적이 아니라 선물로 사용되는 경우가 많았기 때문이다. 이와 반대로 영국에서는 오리지널을 제외한 '색다른 맛' 제품은 그저 불운으로 가는 열쇠일 뿐이었다. '킷토 캇츠'는 참 기분 좋은 표현이지만 브랜드 확장에 한해서는 '킷토 캇츠_{꼭승리한다}'는 결코 있을 수 없다.

- ☑ 브랜드 확장에 나설 분명한 이유가 있는가? 새로운 브랜드의 성공 가능성이 어느 정도인가?

- ☑ 제품 개수를 너무 많이 늘리면 소비자들을 혼란스럽게 할 뿐만 아니라 해당 브랜드의 핵심 가치에도 악영향을 미친다.

- ☑ 제품 및 브랜드 확장 시 '생산이 용이한가'보다 '시장이 원하는가'에 더 초점을 맞출 필요가 있다.

- ☑ 대중이 특히 애착을 갖는 브랜드의 경우 브랜드가 멋대로 제품 개선에 나섰다가는 소셜 미디어에서 큰 반발이 일 수 있다.

BRAND

CHAPTER 10

국경만큼 넘기 힘든
문화 장벽

문화적 차이로 인한 사건과 혼란

괴짜들의 이야기로 유명한 영국 드라마 〈몬티 파이튼Monty Python〉을 보면 주인공이 영어-헝가리어 여행 표현 사전을 보는 상황이 나온다. 배우 존 클리즈John Cleese가 런던을 방문해 가게 점원과 이야기를 나누려 하는 헝가리 여행객으로 분했는데, 엉뚱한 번역으로 말도 안 되는 영어를 하는 모습이 웃음을 자아낸다. "내 호버크래프트에 장어가 드글거려요"라던가, "우리 집으로 다시 돌아올래요, 바운시 바운시˙?"와 같이 적나라한 표현을 너무 아무렇지 않게 사용해 점원을 들었다 놨다 한다. 국가 간 문화 차이로 빚어지는 의사소통 상의 오류를 표현한 것인데, 이 드라마의 경우 황당한 상황을 연출하려고 일부러 표현 사전을 이상하게 만든 설정이었다.

꼭 이런 드라마 같은 상황이 아니더라도, 국경을 넘어 마케팅을 펼치는 브랜드로선 이와 유사한 당황스러운 일을 자주 경험하게 된다. 문화적으로 민감한 부분들이나 언어 뉘앙스 차이, 현지 소비자 등 조심스러운 부분 일색이다.

˙ Bouncy bouncy는 '성교'를 뜻한다.

그러나 세계화 덕분에 이런 난감함에 직접 다가가 몸으로 부딪쳐야 하는 브랜드의 경우가 늘어나고 있으며, 특히 내수 시장이 포화되었거나 성장이 정체된 경우에는 더욱 그런 모험이 불가피하다.

이런 난감함을 뚫고 세계 무대에서 탄탄한 입지를 구축한 브랜드의 경우 커다란 보상이 주어지는 건 두말할 나위가 없다. 브랜드 컨설팅 전문업체 인터브랜드Interbrand의 2013년 베스트 글로벌 브랜드 보고서를 보면, 상위 3위를 차지한 브랜드는 애플과 구글, 코카콜라인 것으로 드러났다. 이들 기업의 가치는 790억 달러에 달한다고 하는데, 세 기업을 합한 수치가 아니라 각각의 수치를 말한다. 애플의 기업 가치만 1천억 달러에 족히 이를 것이다. 100위를 차지한 의류업체 갭Gap만 해도 40억 달러에 달한다. 전 세계적 입지를 자랑하는 기업들이 벌어들이는 액수는 그야말로 어마어마하다. 그러나 제아무리 세계적으로 뻗어나가는 기업이라고 해도 이따금 문화 차이로 인한, 언어 차이로 인한 당혹스러운 실수를 하고 만다. 특히 이제 막 세계 시장으로의 도약을 시작한 중소기업의 경우 문화적 장벽에 익숙지 않아 그러한 실수를 할 가능성이 한층 높다. 국가 간 장벽 속에 가로막혀 버리는 경우가 부지기수인 것이다.

이케아
사우디 시장에 맞추려고 여성을 지우다

문화적으로 민감한 부분을 건드리려다 스스로 난감해지는 브랜드의 경우를 종종 본다. 2012년 10월, 스웨덴 가구업체 이케아Ikea는 사우디아라비아 시장에 선보이는 제품 카탈로그에 찍힌 여성을 포토샵으로 삭제했다가 큰 낭패를 봤다. 엄격한 이슬람법에 따라 사우디아라비아 여성들은 팔다리와 머리를 가려야 하며 광고에 여성이 모습을 드러내는 일은 거의 없다. 2000년 스타벅스가 사우디아라비아 시장에 진출했을 당시, 자사 로고 속에 그려진, 머리를 길게 늘어뜨린 바다의 여신 사이렌Siren의 모습을 지우고 왕관 부분만 남겼는데, 사우디 여성 인권 상황에 반대하는 이들은 이를 비판하기도 했다. 10여 년이 지나 이케아가 다른 나라 버전에는 그대로 있는데 사우디아라비아 버전에만 여성의 모습을 싹 지운 카탈로그를 내놓았을 때에도 당연히 '검열이다', '가치보다 이윤을 앞세우는 행위다'라는 비판의 목소리가 터져 나왔다.

이케아는 민간 기업이지만 스웨덴을 대표하는 기업인지라 스웨덴 문화를 널리 알리는 외교관이나 다름없으며, 이케아 로고에 나타난 푸른색과 노란색은 스웨덴 국기를 상징하기도 한다. 뉘얌코 사부니Nyamko Sabuni 스웨덴 양성평등장관은 AP와의 인터뷰를 통해 이에 대해 불쾌감과 비판적 심기를 드러냈다.

"스웨덴이 지향하는 이미지와 가치의 중요한 부분을 삭제한 겁니다. 다른 어느 나라보다 더 이케아의 원칙과 가치를 알아야 하는 나라에서 말이죠. 결코 옳은 행위라 볼 수 없습니다."

이케아는 이에 다음과 같은 내용의 성명을 발표했다.

"우리는 사우디아라비아 시장에 배포하는 카탈로그에서 여성을 제외시키는 것이 우리 기업의 가치와 상충한다는 점을 인지하고 이에 맞게 대응했어야 했다."

그도 그럴 것이, 1990년대 이케아는 미국 내 첫 TV 광고에서 동성 커플을 등장시켰던 기업이었다. 당시 그 광고 때문에 폭탄 테러 위협을 받기도 했다. 진보적, 포용적 이미지로 이케아를 인식했던 많은 소비자들에게 사우디아라비아 카탈로그에서 여성을 지워버린 사건은 쉽사리 납득이 되지 않았다. 가끔 이상한 제품 이름Fartfull으로 소소하게 물의를 빚긴 했지만, 이는 분명 국제적인 논란을 불러일으킨 소동이었다.

이케아의 사우디아라비아 사태는 비판을 받을 만했다. 문화와 종교를 넘나드는 마케팅 전략을 펼칠 때는 주의해야 하는 것이 마땅하다. 나이키는 1990년대 농구화 제품 '에어Air' 라인을 출시했는데, 아랍 시장에서 'Air'의 현지 표기가 '알라Allah'와 비슷해 소동이 일어나자 3만8천여 제품을 즉각 회수했고, 사과의 의미로 미국 내 이슬람 초등학교에 5만 달러를 기부했다. 이런 발 빠른 대처로 다른 무슬림 국가로 반감이 퍼져 나가는 사태를 미연에 방지할 수 있었다. 한편, 반대의 경우도 있었다. 영국 스포츠웨어 업체 엄브로Umbro는 2002년 '지클론Zyklon'이란 이름의 제품을 출시했다가 유대인 소비자의 집단 반발을 산 적이 있는데, 지클론 B는 나치의 유대인 대학살에 사용된 독가스 이름이었기 때문이다. 엄브로는 즉시 제품명 변경에 나섰고, 어떤 의도가 있었던 것이 아니며 유감스럽다는 입장을 표했다. 영국 내 유대인 연합은 어떻게 이렇게 무신경할 수가 있느냐며 엄브로를 맹비난했다.

나치와 연관된 소동이 하나 더 있다. 2012년 8월, 인도 사업가 두 명은 아마다바드Ahmedabad에 '히틀러Hitler'라는 남성 의류 매장을 열었다. 상점 간판을 보면 'Hitler' 중 'i' 위 점 부분에 나치 상징인 스와스티카卍가 새겨져 있어 사람들 눈에 띄지 않으려야 띄지 않을 수가 없었다. 스와스티카는 고대 인도 상징으로 전부터 널리 사용되어 왔지만, 이 매장에서는 나치가 사용한 것처럼 살짝 비틀어진 문양을 간판에 새겨 넣었다. 이는 나치당의 공식 문양이기도 했다. 이에 대한 불만이 쏟아졌고, 특히 해외에서의 반발이 강했다. 인도 구자라트Gujarat 주 자치 당국은 매장 측이 간판을 내리겠다는 약속을 어기자 직접 제거에 나섰다.

인도 사람들이 유럽의 역사에 대해 그리 소상히 알지 못하는 데다 인도 현지에서는 남을 휘어잡으려는 성향의 사람을 흔히 '히틀러'에 빗댄다는 점을 감안하면 인도 바깥에서 비난의 목소리가 터져 나오는 건 그리 놀랄 일이 아니다. 인도에서 2011년에 방영되어 큰 성공을 거둔 TV드라마 〈히틀러 디디Hitler Didi〉는 남성이 넘쳐 나는 곳에서 강력한 여성으로 자리매김하는 여성의 모습을 담고 있다.

왜 의류 매장 이름을 '히틀러'라고 지어야 하는지 도대체 이해가 안 가는 분들에게 조금이나마 도움이 될 만한 배경지식이 있다. 국경을 넘나드는 마케팅을 기획 중인 사람이라면 참고할 만하다. 관점이라는 건 문화별로, 언어별로 상당히 달라질 수 있다는 점이다. 인도의 관점에서 보면 2차 세계대전으로 영국이 독일과 맞붙은 전쟁에 집중하느라 당시 식민지였던 인도에 큰 관심을 두지 못했고, 이로 인해 1947년 인도의 독립이 가능했다. 즉 이 맥락만 놓고 보면 인도에게 히틀러는 자유에 한 발짝 더 다가가게 해 준 촉매제였던 셈이다. 인도에서만큼은 히틀러가 나머지 세계에서 인식되듯 그런 악마 같은 존재가 아니었다. 극단적인 예이긴 하지만, 국경을 넘나드는 마케팅을 진행할 때 주의해야 하는 관점과 관련해 미묘한 차이점에 얼마나 신경 써야 하는지를 잘 보여 주는 사례이다. '생각은 글로벌하게, 행동은 국지적으로Think Global, Act Local'라는 문구가 이를 제대로 요약했다고 할 수 있다. 글로벌 무대에서 성공하기 위해서는 브랜드 역시 일관된 글로벌 전략을 취해야 하지만생각, 지역적 특성에 맞춰 실행해 나가기 위해서는행동 유연성을 발휘하는 자세가 필요하다. 기술의 발전으로 몇 천 킬로미터 떨어진 곳도 가벼이 연결할 수 있는 환경이 조성되었지만, 여전히 지구촌 시민이 갖는 개별적 특성은 그대로 남아 있다.

스타벅스
아일랜드인들을 분노케 한 애국심 마케팅

마케팅 시 국가를 서로 혼동하지 않도록 주의해야 하며, 특히 식민지 국가의 경우 더욱 세심한 주의가 필요하다. 스타벅스는 엘리자베스 2세 여왕의 즉위 60주년 기념 행사를 진행하며 이와 관련된 상황을 겪은 바 있다. 2012년 6월, 스타벅스는 트위터 사용자들에게 '영국인이라 뿌듯할 때는 언제인가요?'라는 질문을 던졌다. 이 질문은 스타벅스 영국 트위터뿐만 아니라 아일랜드 계정에도 올라갔다. 이 질문에 괘씸함을 느낀 어느 아일랜드 팔로워는 '지금 아일랜드 스타벅스 매장에 있는 사람이라면 〈맨 인 블랙Men In Black〉에 나오는 기억제거장치의 트위터 버전이 있었으면 좋겠다는 생각을 하겠군요'라는 트윗을 올렸다. 아일랜드 시트콤 〈파더 테드Father Ted〉에 출연한 배우 그레이엄 라인핸Graham Linehan은 스타벅스에 '무개념'이라며 일갈을 날렸다.

드물게 문화적 차이가 기회로 둔갑하는 운 좋은 경우도 있는데, 2012년 런던 올림픽과 관련된 사례가 그 좋은 예이다. 별 탈 없이 올림픽 행사가 순조롭게 진행되던 중 주최 측은 한 가지 당혹스러운 실수를 저지르고 말았다. 북한 여자축구팀이 참가한 경기에서 선수를 소개할 때 대한민국 국기가 올라가는 바람에 북한 측이 경기를 하지 않겠다고 으름장을 놔버린 것이다. 이 에피소드에서 아이디어를 얻은 안경 전문점 스펙세이버Specsavers는 북한 국기와 대한민국 국기를 나란히 놓고 '우리 안경점에 왔으면 헷갈리지 않았을 텐데'라는 카피를 넣은 온라인 광고를 게재하는 기지를 발휘했다.

물론 모르고 헷갈려서 불쾌감을 주는 것과 일부러 작정하고 불쾌감을 주는 것은 확연한 차이가 있다. 후자의 경우 어떤 경우든 비난을 받아 마땅하다. 이탈리아 패션 브랜드 돌체앤가바나Dolce & Gabbana의 경우 2012년 1월 홍콩에서 현지인 차별 논란에 휩싸인 적이 있다. D&G의 홍콩 플래그십 매장 앞을 지키고 선 보안 요원들이 홍콩 거주민들이 사진을 찍으면 저지하면서 중국 본토인들을 비롯한 다른 나라 사람들이 그럴 때는 별다른 저지를 하지 않았던 것이다. 아마 D&G는 중국 본토에서는 명품을 사면 세금이 비싸 홍콩으로 건너와 마음껏 명품 쇼핑을 하는 중국 공무원들의 '밀월여행'을 숨겨주려는 의도에서 그랬는지도 모른다. 이유가 어떻든 간에 홍콩 현지인들은 이런 부당한 대우에 분노했다. D&G 매장 바깥에 수천 명의 시위대가 몰려든 어느 한 주말에는 문을 닫을 수밖에 없었다. 소셜 미디어에서도 비난 여론이 격화되었고, 안티 D&G 페이스북 회원 수는 2만여 명으로 늘어났다. D&G는 속히 성명을 통해 '자사는 홍콩 시민들의 심기를 불편케 할 어떤 움직임에도 관여한 바가 없음을 강조하고 싶습니다'라는 입장을 표했지만, 그럼에도 이 브랜드를 향한 사람들의 적대감은 사그라지지 않았다. 일주일이 넘도록 비난 여론이 들끓자 D&G는 홍콩 매장 창문에 송구한 마음을 더욱 강조한 사과문을 실었다.

'캔톤로드Canton Road에 위치한 저희 매장에서 벌어진 일로 홍콩 시민들의 심기를 불편케 해 드렸으며, 이에 심심한 사과의 말씀을 드리고자 합니다. 자사는 홍콩 시민뿐만 아니라 개인의 권리와 지역 법을 준수하는 모든 이들의 방문을 진심으로 환영합니다.'

명품에 높은 세금을 부과하는 중국 본토 정부의 방침으로 현지 신흥 부자들은 쇼핑을 위해 다른 나라를 찾는 일이 많아졌다. 세금을 이렇게 높게 매기는 또 다른 이유는 중국 내 만연한 위조품 제조를 방지하기 위한 목적이기도 하다. 월드 럭셔리 포럼World Luxury Forum의 조사에 따르면 2013년 1월, 중국 내 명품 소비는 5년 만에 최저치인 8억 3천만 달러를 기록한 반면, 해외여행을 떠난 중산층이 현지에서 명품을 구매하는 금액은 10배나 증가해 85억 달러에 달했다. 전년 동기 대비 2012년 18%나 증가한 것이다. 명품을 찾아 떠나는 중국 관광객들이 가장 즐겨 찾는 곳은 파리였다. 매년 파리를 찾는 중국인 수는 1백만 명에 달하며, 이는 계속해서 늘어나는 추세이다. 파리 시내 명품 매장들과 고급 호텔은 중국인들의 발길을 모으기 위해 중국식 차와 음식을 마련하는 등 적극적인 마케팅에 나서고 있다. 홍콩에서 벌어진 D&G 사태는 중국 관광객들에게 '유리한' 상황이었겠지만, 중국인들이 어디서나 이런 환대를 받는 건 아니다. 2012년, 자딕앤볼테르Zadig and Voltaire 창업주 띠에리 지예Thierry Gillier는 패션지 〈위민스 웨어 데일리Women's Wear Daily〉와의 인터뷰에서 이렇게 말했다.

"2014년 파리에 신축 부티크 호텔을 오픈 할 예정입니다. 손님은 골라서 받을 거예요. 중국 관광객들은 받지 않을 겁니다. 파리에는 수요가 많아요. 사람들이 원하는 곳은 조용한, 어떤 프라이버시가 보장되는 공간입니다."

지예의 발언으로 중국인들이 분노하자 자신이 중국인을 싫어해서 그런 것이 아니라며 즉각 사과했지만, 그러면서도 자신의 '서툰' 발언은 '관광버스를 가득 메운 관광객들'에겐 룸이 40개밖에 안 되는 자신의 부티크 호텔 문이 열리지 않을 것이란 점을 강조하고자 했다는 말을 잊지 않았다.

사연 많은 브랜드명
현지 언어에 맞지 않는 브랜드명

여행은 우리의 생각을 넓혀 주지만, 누구에게나, 어떤 브랜드에게나 다 그런 건 아니다.

• 미스트^{Mist}는 독일어로 '거름, 비료'를 뜻한다. 아이리시 미스트^{주류}, 미스트 스틱^{고데기}이 독일어 사용권 시장에서 잘 팔리지 않았던 게 다 이유가 있는 셈이다. 그러나 1960년대 롤스로이스는 독일 시장 진출을 앞두고 원래 실버 미스트^{Silver Mist}였던 신형 세단의 이름을 실버 섀도우^{Silver Shadow}로 잽싸게 바꾸는 기지를 발휘했다.

• 도요타 역시 롤스로이스와 마찬가지로 원래는 MR2라는 이름의 쿠페를 프랑스 시장에 내놓기 전에 잽싸게 바꿨다. MR2의 발음이 '응가'를 뜻하는 프랑스어 'merde'의 발음과 상당히 비슷했기 때문이다. 그러나 이런 실수를 미연에 방지하지 못한 자동차 제조사들의 경우도 상당히 많다. 포드의 핀토^{Pinto}가 브라질에 가면 '작은 남성 성기'란 뜻이 되고, 미쓰비시의 파제로^{Pajero}는 스페인에선 자위행위란 의미를 나타낸다. 도요타의 피에라^{Fiera}는 푸에르토리코에선 '나이 든 못생긴 여성'이란 의미이다. 어디 가서 내세우기 뭣한 이름들이 아닐 수 없다.

• 쉐보레 노바Nova가 남미 시장에 출시되었을 때 일화도 상당히 유명한데, 'no va'는 현지어로 '가지 않는다'는 뜻을 나타낸다. 차가 가지 않으면 정말 큰일 아닌가! 놀려 먹기 참 좋은 일화지만 의외의 상황이 벌어졌다. 노바 매출이 썩 괜찮았는데, 이유인즉슨 'Nova'와 'no va'는 철자는 갖지만 띄워 쓸 때와 붙여 쓸 때 발음이 달랐던 것이다. 'nova'는 우리가 익히 알고 있는 '보사 노바'와 같은 오히려 친숙한 단어였다.

• P&G가 선보인 의약품 브랜드 빅스Vicks는 독일 시장에선 Wick로 이름을 바꿨다. Vicks는 독일어로 욕과 비슷한 발음이었기 때문이다. 티슈 브랜드 퍼프Puffs 역시 독일 시장에서는 위험한 이름인데, 독일어로 puff는 '사창가'를 뜻하는 단어이기 때문이다.

• 2009년 드미트리 메드베데프 러시아 대통령의 아프리카 방문 당시 러시아의 공룡 에너지 업체 가스프롬Gazprom과 나이지리아 국영석유업체가 합자회사를 설립하기로 합의했다는 소식이 전해졌다. 이 합자 회사의 이름이 상당히 난감했는데, 그 이름은 바로 마치 갱스터 랩에나 나올 법한 '니가즈Nigaz'였다.

• 일본 여행사 킨키 니폰Kinki Nippon은 킨키 섹스에 대한 문의 전화를 몇 차례 받고 난 후 일부 지역 영업소 이름을 바꿔야 했다.

• 슈웹스 토닉 워터Schweppes Tonic Water는 이탈리아 시장에서 '슈웹스 토일렛 워터Schweppes Toilet Water'로 잘못 번역된 채로 마케팅이 진행되

는 곤란한 상황을 맞았다. 에너지 업체 파워젠^{Powergen}은 자회사를 갖고 있는데, 이 자회사 도메인이 상당히 헷갈리기 쉬운 명칭이었다. www.powergenitalia.com는 실제 사용 중인 도메인이지만, 언뜻 보면 'genitalia^{생식기라는 뜻}'만 눈에 들어와 '전기 회사가 맞나' 하는 착각을 불러일으킨다.

- 조리용 소스를 생산하는 샤우드^{Sharwoods}는 영국 시장 내 '번드^{Bundh}' 제품 홍보에 6백만 파운드를 투자했다. 이 제품을 접하고 깜짝 놀란 펀자브어 사용자들은 펀자브 말로 bundh는 '엉덩이'를 뜻한다고 지적했다.

- 이탈리아 미네랄워터 제조사 트라피칸테^{Traficante}는 스페인에 가면 '마약 밀매상'이 된다.

- 벤 앤 제리사²⁰⁰⁶나 나이키²⁰⁰⁹나 모두 블랙앤탠^{Black & Tan} 제품을 선보였다가 혼쭐났던 경험이 있다. 흑맥주와 에일맥주 색상 대비를 고려해 지은 '블랙앤탠'이란 이름은 아일랜드 소비자들에겐 1920년대 초반 아일랜드 독립전쟁 당시 자국민을 과격하게 탄압한 영국 특수 부대의 이름과 똑같아 안 좋은 기억을 연상시켰던 것이다.

사연 많은 브랜드 슬로건
현지 언어에 맞지 않는 슬로건

- 1970년대 후반, 미국 컴퓨터 제조업체 왕^{Wang}은 고객 서비스에 더욱

전념하겠단 굳은 의지를 담아 새로운 슬로건을 선보였다. 그러나 영국 지부 마케팅 팀은 조금 곤란한 기색을 보였는데, 새로운 슬로건 'Wang Cares'는 영국 발음으로는 'wankers^{자위하는 사람}'로 들렸기 때문이다.

• 스웨덴 진공청소기 제조사 일렉트로룩스^{Electrolux}는 1960년대 'Nothing sucks like an Elextrolux'라는 기억에 남을 만한 슬로건을 선보였다. 이 업체는 'suck'을 '빨아들이다'라는 뜻으로 사용해 진공청소기 성능을 강조하려 한 것이지만, 'suck'은 '망하다, 후지다'라는 뜻으로도 '널리' 사용되는 단어란 말씀. 얼핏 들으면 '제발 성능이 좋아야 할 텐데'란 걱정이 드는 슬로건이다.

• 글로벌 슬로건을 중국어로 변환하는 건 진짜 보통 일이 아니다. 펩시는 대만 시장에서 '펩시와 함께 살아요'라는 슬로건을 내세워 홍보에 나섰는데, 중국어로 번역하니 엉뚱하게도 '펩시는 여러분 조상님을 되살려 냅니다'라는 뜻이 되어 버렸다. 1920년대 코카콜라가 중국 시장에 처음 진출했을 때의 에피소드도 상당히 유명하다. 코카콜라를 현지식으로 발음하면 '커커컨라^{蝌蝌啃蜡, kēkēkěnl}'가 되는데, 이는 '올챙이가 양초를 씹어 먹는다'는 괴기한 의미를 나타냈던 것. 그러나 이는 코카콜라의 자충수가 아니라 열정이 너무 과했던 현지 점주들이 저지른 실수였다. 자충수를 둔 예에는 KFC가 있다. 1980년대 중국 시장에 진출한 KFC의 유명 슬로건 Finger lickin' Good을 중국어로 번역한 결과 '손가락을 먹어라'라는 뜻을 나타냈던 것.

• 파커 펜Parker Pen은 멕시코 시장에서 자사 펜은 잉크가 새지 않아 여러분을 당황스럽게 하지 않는다는 점을 강조하고자 'embarrass'라는 단어를 사용했는데, 스페언어로 'embarazar'는 임신시킨다는 뜻이 되기도 한다. 그래서 '새지도 않고 임신도 안 시킨다'는 뜻이 되어 버린 것. 글 쓸 때마저 안심(?)할 수 있으니 얼마나 좋은가.

• 미국 항공사 브래니프Braniff는 1980년대 멕시코 라디오와 TV를 통해 비즈니스석에 마련된 호화 가죽 시트 홍보를 위해 '가죽 시트로 편안한 비행하세요'라는 뜻의 현지 표현 'Vuelo en Cuero'를 사용했다. 그러나 방송에 나갈 때 'en cueros' 발음이 '홀딱 벗다'라는 뜻의 단어로 들렸던 것. 나체로 비즈니스석을 이용하는 승객들을 노린 건 아니었겠지만, 정작 소비자들은 그렇게 받아들였다.

더글라스, 슐렉커
뎅글리슈의 피해자들

한국에는 한국식 영어 콩글리쉬가 있듯, 프랑스에는 프랑스식 영어 프랑글레Franglais가, 독일에는 독일식 영어 뎅글리슈Denglisch가 있다.

글로벌 사업 세계에서 영어가 갖고 있는 패권은 마케터들에게 놀라운 기회를 선사한다. 그러나 영어를 모국어로 하지 않는 국가에서 영어로 마케팅을 진행할 땐 신중해야 한다. 영어 마케팅이 성공적으로 진행되는 경우도 있다. 국경을 넘나드는 마케팅 활동 시 어떤 통일감을 주기도 하고, '지구촌 시장'이라는 멋진 개념에 부합하기도 한다. 반면 모국어의 특성을 짓밟거나 문화적 이

질감을 주고, 단순히 이해를 받지 못하는 등 역효과만 내는 경우도 허다하다. 비영어권 사람들은 멀쩡한 우리말이 있는데 도대체 왜 영어를 써야 하는 건지 의아해한다.

2004년 독일에서는 마케팅에서 사용되는 뎅글리슈를 놓고 갑론을박이 벌어졌다. 뎅글리슈는 독일어를 뜻하는 독일어 Deutch와 영어를 뜻하는 독일어 Englisch가 합쳐진 것으로, 프랑스식 영어를 뜻하는 Franslais 역시 비슷한 조합으로 이루어져 있다. 뎅글리슈는 독일어권에서 영어 사용이 우려스러울 정도로 많아지는 세태를 뜻하기도 한다. 그해 5월, 독일 유력 경제지 〈한델스브라트Handelsblatt〉는 마케팅 대행사 디알레고Dialego와 함께 자국 내에서 가장 인기 있는 광고 슬로건이 무엇이었는지에 대한 설문 조사를 실시했고, 기억에 남는 순으로 순위를 매겼다. 당시만 해도 영어 슬로건을 사용하는 독일 업체나 다국적 업체는 그리 많지 않았고, 한델스브라트 차트에서도 이들 이름은 찾아볼 수 없었다. 쾰른 소재 브랜드 컨설팅 업체 엔드마크Endmark의 조사에서도 비슷한 결과가 나왔는데, 독일 소비자들이 영어 슬로건을 제대로 이해하지 못하는 경우가 많았던 것이다.

영어 슬로건보다 독일어 슬로건이 더 효과적이었음을 입증할 또 다른 증거는 2004년 7월, 도르트문트Dortmund 출신 통계학자 이자벨 킥Isabel Kick의 연구를 통해 드러났다. 킥은 독일 내에서 널리 사용되는 마케팅 슬로건 10개를 24명의 사람들에게 실험해 보았다. 그중 5개는 독일어, 나머지 5개는 영어 슬로건이었다. 슬로건을 들은 24명의 참가자들이 거짓말 탐지기와 유사한 자율 신경 저항 측정기에 어떻게 반응하는지를 살펴보았다. 그 결과 독일어 슬로건을 들었을 때 사람들이 더욱 강력한 반응을 보였으며, 특히 감정적 유대감을 더욱 깊이 느끼는 것으로 드러났다. 영어 슬로건에 대한 반응은 상대적으로 적었는데, 이 말은 모국어만큼 수용이 되지 않았거나 이해가 잘 되지 않았음을 시사하기도 한다.

흥미롭게도 맥도날드McDonald's가 몇 달 앞서 진행한 실험에서도 비슷한 결과가 나왔다. 2004년 2월, 맥도날드는 수년간 현지에서 사용해 오던 영어 슬로건 '에브리 타임 어 굿 타임Every Time a good time'을 I'm lovin' it을 뜻하는 독일어 표현 'Ich liebe es'로 바꾸었다. 독일 시사주간지 〈슈피겔Spiegel〉의 조사에 따르면 맥도날드가 집중적으로 공략하는 고객층은 14~59세인데 이들 중 불과 59%만이 '에브리 타임 어 굿 타임'이 무슨 말인지 제대로 이해할 수 있었다고 한다. 맥도날드의 당초 예상보다도 현저히 낮은 수치였으며, TV 광고에서 그렇게나 여러 번 떠들어댔음에도 그 정도라는 건 대단한 충격이었다.

엔드마크와 킥을 모두 조사했던 또 다른 슬로건에는 향수, 서적, 쥬얼리 및 제과류를 주로 판매하는 독일 대형 소매업체 더글라스Douglas가 사용하는 '컴 인 앤 파인드 아웃Come in and Find Out'이 있었다. 더글라스의 의도는 자사 상점을 방문하면 흥미로운 여러 제품을 발견할 수 있다는 점을 드러내려는 것이었으나 정작 소비자들은 '우리 상점에 들어와서 출구를 찾아보라'는 의미로 해석하기 일쑤였다. 확실히 소비자를 상점으로 끌어들이기엔 무리가 있어 보인다. '굿 바이Good Buy'는커녕 '굿 바이Good Bye'가 될 판이었다. 언론에서 자사 슬로건이 '안 좋은 방향으로' 회자되자 불길함을 느낀 더글라스는 그해가 저물기 전 애물단지 로고를 버리고 '더글라스가 여러분의 삶을 바꿔드립니다'라는 뜻의 'Douglas macht das leben schoner'로 전환했다. 당시 이렇게 영어 슬로건에서 자국어 슬로건으로 갈아탄 업체들이 꽤 있었다. 독일 국적항공사 루프트한자Lufthansa 역시 'There's no better way to fly'라는 영어 슬로건에서 '이 순간을 위한 모든 것'이라는 뜻의 'Alles fur diesen Moment'를 내세우기 시작했다.

    뎅글리슈 사용에는 이런저런 부작용도 많았지만, 그렇다고 완전 실패라 볼 순 없다. 영어는 독일어 광고에서 자주 사용되는 단골손님이었으며, 같은 독일어를 사용하는 오스트리아나 스위스 소비자들이 보기에 더욱 그러했다. 이를 뒷받침할 근거는 매우 많다. 온라인 광고 포털 Slogans.de는 독일 마케팅에서 가장 널리 사용된 100개 단어를 선정하는 슬로고미터Slogometer를 선보이는데, 언제나 빠지지 않고 10권에 포함되는 단어가 'your'와 'you'였다. 'life'와 'We', 'world', 'more', 'better', 'business', 'be'와 'on' 등도 모두 50위권에 진입한 단어들이다. 엔드마크는 2003년 이래로 독일 마케팅 업계에서 사용된 영어에 대한 3가지 조사를 더 실시했는데, 가장 최근에 이루어진 것이 2013년 버전이다. 독일 언론과 엔드마크는 지난 10년간 진행된 결과가 상당한 일관성을 유지하고 있다는 사실에 흡족해했다. 그 결과란 독일 내에서 사용되는 영어 마케팅 슬로건이 차지하는 비중은 25%였으며, 전체 소비자 중 2/3가량이 이런 영어 슬로건을 제대로 이해하지 못한다는 것이다. 이와 관련해 베른트 잠란트Bernd Samland 엔드마크 총괄 파트너의 말을 들어보자.

    "뎅글리슈와 관련해 2가지 다른 현상을 발견할 수 있습니다. 하나는 영어 자체가 잘못된, 영어권 사용자들의 웃음을 살 만한 슬로건이에요. 제가 여태까지 본 것 중 가장 웃겼던 건 오스트리아 그라츠Graz의 작은 공항에서였어요. 모차르트 쿠겔을 판매하는 조그마한 상점이었는데 'Mozart's balls®'을 판매한다고 써 놨더군요. 같은 맥락으로 독일 사람들

  ● Balls는 남성의 고환이라는 뜻도 갖고 있어서 이렇게 표현하면 '모차르트의 고환'이라는 의미가 된다.

이 'Rucksack'이라고 표현해야 맞는 '배낭'을 'Body bag[*]'이라고 한다던가, 'Bakery'가 맞는 표현인데 'Backshop'이라고 표현하는 경우[**]를 들 수 있겠지요."

'독일로 오세요 여러분, 독일에서는 패셔너블한 색상에 펑키한 디자인을 갖춘, 유명 로고가 붙은 바디 백Body Bag을 절찬 판매 중입니다. 어린이용 만화 캐릭터 바디 백도 있어요. 쇼윈도에 전시되어 여러분의 소유욕을 자극시킵니다. 백샵Backshop이라고 해서 등 자세 교정에 뭔가 도움될 만한 제품이 있을까 기대하셨다면 허탕 치신 겁니다.'

이렇게 오해의 소지가 다분한, 보는 사람마다 제각각의 의미로 받아들이는 이런 우스꽝스러운 영어 표현은 악의 없는 오해인 데다 보는 사람의 웃음마저 자아낼 수 있지만, 핵심 마케팅 메시지를 대상 고객 전체가 이런 식으로 오해하고 잘못 받아들이는 건 분명히 문제가 된다. 잠란트는 번역 오류에 관해서도 지적했다.

"두 번째 현상은 영어 번역이 잘못되는 경우예요. 예를 들어 맥주 브랜드 벡스Beck's의 '여러분의 벡스 체험experience을 환영합니다'라는 로고를 대부분 '여러분의 벡스 실험experiment을 환영합니다'로 한다던가, 르노 자동차의 '변화를 모세요Drive the Change'를 '잔돈 갖고 모세요Drive with the change'라고 하는 경우죠. 이런 식의 오역은 큰 문제를 야기할 수 있습니다. 포드 독일 지부는 'Feel the difference'라는 슬로건을 '한발 앞서 나가는 생각'

---

[*] Body bag은 영어로 '운구용 부대'를 뜻한다.
[**] 독일어로 빵집이 'Bäcker'라서 영어로 'Backshop'이라 잘못 표현한 경우이다.

이라는 뜻의 'Eine Idee weiter'라고 번역했는데, 'difference'를 '차별화하다'라는 뜻의 'differential'과 혼동했기 때문이에요. 뿐만 아니라 TV 리포터가 사람들에게 포드의 'feel the difference'가 무슨 뜻인지 아는지 물었을 때 제대로 답한 사람이 없었습니다."

그럼 이런 부작용에도 도대체 왜 영어는 독일 마케팅 업계에서 그리 중요한 입지를 차지하게 된 걸까? 이 질문에 대한 답은 그리 간단치 않다. 잠란트는 3가지 요인이 작용한다고 본다. 첫째, 미국계 혹은 일본계 다국적 기업들이 독일 사람들의 영어 수준이 정확히 어느 정도인지 잘 알지 못한다. 둘째, 독일 사람들 중 일부는 나치 시대에 선전 목적으로 오용된 방식의 언어 습관을 아직도 떨치지 못하고 있다. 셋째, 독일 사람들의 영어 사랑은 각별해서, 'handy'나 'pullunder'와 같이 새로운 단어가 끊임없이 생겨나는 영어라는 언어를 좋아하기 때문이다.

그러나 앞서 살펴보았듯 영어를 마케팅에 끌어들여 늘 성공을 거두는 건 아니다. 의약품 및 가정용품 업체 슐렉커Schlecker는 영어 슬로건을 사용했다가 심한 낭패를 본 업체이다. 한창 잘나갈 때 보유 직원 수만 5만2천 명, 유럽 곳곳에 드럭 스토어 체인점을 갖고 있어 연 매출만 70억 유로에 달했던 이 업체는 수년간 재정 적자에 시달렸다. 2011년 슐렉커는 대대적인 리브랜딩을 통한 사업 체질 개선에 나섰다. 로고도 새롭게 만들고, 산뜻한 매장 인테리어에 'For you, Vor Ort'라는 새로운 뎅글리슈 슬로건을 선보였다. 독일어와 영어를 혼합한 슬로건이야 이것 말고도 많지만, 문법적으로 틀린 게 문제였다. 이 슬로건을 만든 이는 뒤셀도르프 소재 국제 광고대행사 그레이Grey였는데, 슐렉커 TV 광고 또한 그레이 작품이었다. 'For you, Vor Ort'라는 슬로건은 세간의 관심을 끌어보자는 의도에서 만들어졌으나 문법이 틀린 걸로 관심을 끌었을 뿐 진정한 '소비자들의 관심'으론 이어지지 않았다. 독일 마케팅지 〈호리존트Horizont〉의 조사에 의하면 응답자의 77%가 이 슬로건이 정말 별로라고 답했고, 나머지 10%는 '모르겠다'는 반응을 보였다. 전반적인 반응은 그저 '모름'이었다. 경제적으로 허덕이며 어떻게든 회생하려는 기업에 이런 소비자 반응이 유쾌했을 리 만무하다.

이 상황도 충분히 우울한데 상황은 더 우울한 방향으로 흘러가기 시작했다. 독일어보존협회 관계자 한 사람이 슐렉커에 접촉해 뎅글리슈 슬로건에 대해 항의한 것이다. 이에 플로리안 바움Florian Baum 슐렉커 대변인이 내놓은 답변은 가히 다이너마이트급 위력의 폭탄 발언이었다. 그는 이렇게 답했다.

"이 슬로건은 귀하와 저같이 교육 수준이 높은 상위 5% 정도의 사람들을 대상으로 한 것이 아닙니다. 나머지 95%, 우리만큼 배우지 못하고 형편도 열악한 사람들을 위한 것임을 고려하여 주시기 바랍니다."

슐렉커가 국민 대다수를 멍청하다고 생각한다는 의미의 이 답변을 어떻게 해석해야 할까? 바움의 이런 경솔하고 거만한 발언은 눈 깜짝할 속도로 온라인상에 퍼져 나갔고, SNS에선 소비자를 우습게 아는 기업은 문을 닫아야 한다는 비난의 목소리가 쏟아졌다. 슐렉커는 공식 블로그에 올라온 비판 글을 맞대응하며 상황을 더욱 악화시켰고, 자사는 '중급 교육 수준'을 의미하는 것과 '멍청하다'는 말을 혼동해서는 안 된다며 박식한 척 꼬집어댔다. 불난 집에 부채질하듯 비난 여론이 더욱 가열된 건 당연했고, 언론이 낚아채기에 딱 좋은 상황이 연출되었다. 〈더 로컬〉은 '슐렉커, 소비자의 지적 수준을 모독하다'

라는 헤드라인으로 기사를 게재했고, 조간신문 〈디벨트 Die Welt〉는 민심을 완전히 잃은 후 오히려 '당황스럽다'는 입장만 내놓았던 자유민주당FDP의 상황과 똑같다는 기사를 올렸다.

당시 사태가 얼마나 험악했는지 알아보고 싶다면 구글에서 '슐렉커 쉿스톰Schlecker Shitstorm*'으로 검색해 보면 된다. 2012년 2월, 독일어 전문가 패널이 선정한 '2011년 독일어에 가장 큰 영향을 미친 단어'로 '쉿스톰Shitstorm'이 꼽힐 정도였다. '올해의 외국어' 선정단은 쉿스톰을 택하며 '공론 문화의 변화를 여실히 보여줄 수 있는 표현으로, 이에 준하는 마땅한 독일어 표현이 없어 대체하기에 용이한 단어'라며 선정 이유를 설명했다. 당시 최고 화제였던 그리스 금융 위기와 카를테오도어 추 구텐베르크**의 박사 논문 표절 스캔들에 뒤지지 않게 슐렉커는 저속하지만 사람들의 이목을 집중시키기 딱 좋은 신조어를 독일 문화에 정착시키는 데 큰 역할을 해냈다. 참 웃긴 건 슐레커의 허접한 뎅글리슈 사용으로 독일어에 또 하나의 영어 표현이 새로이 자리 잡았다는 점이다. 슐렉커는 그 난리를 치고 얼마 가지 않아 명을 다하고 말았다. 2012년 파산 신고를 끝으로 업계에서 모습을 감췄다.

국제 무대에서 영어가 갖는 패권만큼 영향력 있는 뎅글리슈의 산물은 사실상 없다. 세계 최고의 광고 디렉터로 꼽히는 존 헤거티의 안목으로 널리 세상에 알려진 아우디의 슬로건 '기술을 통한 진보Vorsprung durch Technik'는 예외로 하고 말이다. 독일어+영어를 뎅글리슈가 아닌 '잉그만Engman'이라고 불렀으면 상당히 존재감 있었을 텐데. '잉그만'이란 성을 가진 사람들은 열이 조금 받겠지만. 오히려 별로 필요하지 않은데 자주 보이는 건 독일어 혹은 스칸디

---

* 매우 살벌한 상황을 뜻한다.
** Karl-Theodor zu Guttenberg, 논문 표절 사건이 밝혀지자 추 구글베르크라는 굴욕적 이름이 따라붙었다.

나비아어 발음에 주로 사용되는 움라우트Umlaut를 붙인 브랜드명인데, 하겐다즈Häagen-Dazs, 구Gü, 프룻스틱스FrütStix, 스쿤치Scünci, 히부Hibü 등이 그 예이다. 신규 브랜드들이 이렇게 움라우트가 붙은 명칭을 사용하는 데에는 다 이유가 있다. 우선 로고 구성 시 그래픽 디자이너들이 표현 및 독창성 면에서 조금 더 여유 있게 작업할 수 있으며, 특정 언어의 고유 특징을 살리기가 더욱 수월하기 때문이다. 고유 특징이 더욱 짙게 밴 로고를 사용하는 브랜드는 실제로 그렇지 않다 하더라도 소비자들이 보기에 한층 탄탄한, 안정감 있는 브랜드로 보인다. 요즘 소비자들은 실상과 대외적 이미지가 크게 차이 나는 브랜드를 귀신같이 잡아낸다. 그러나 애초에 기만하려는 의도가 아니라면, 어느정도의 장난기는 또 너그러이 받아주는 게 소비자들이다. 예를 들어 Gü의 경우 'goo'라는 단어와 비슷한 효과를 내려 한 것인데, 프랑스어로 맛, 미각을 나타내는 단어 'gout'와 발음도 비슷하기에 쫀쫀한 푸딩 제품의 이름으로 사용하기엔 딱이다. 음악계에서도 이런 움라우트 사랑이 두드러졌던 시끌벅적한 전례가 있었다. 1970년 초부터 10년 정도 헤비메탈 바람이 불었을 당시 등장한 그룹들 사이에선 강렬한 고트적 느낌을 대폭 부각시키기 위해 그룹 이름에 움라우트를 넣는 게 유행이었다. 이런 목적으로 사용되는 움라우트는 '락도트Rock Dots'라는 이름이 따로 붙을 정도였다. Blue Öyster Cult, Motörhead, Mötley Crüe, Queensrÿche 등과 같은 그룹이 그 예이다. 마치 전통 식자 용어 같은 느낌을 준다. 음량을 있는 대로 키워 듣는 헤비메탈 밴드들이 '움라우트 이름 짓기' 선구자로 활동해 오늘날 비슷한 이름을 가진 브랜드에 전례를 남겨 주었다. 움라우트 이름만큼은 '번역의 혼란'을 잘 피해 간 모양이다.

애이드리언 휠러
강세 확인을 잘 했어야지

PR 그룹 GCI의 애이드리언 휠러Adrian Wheeler는 유럽, 중동 및 아프리카 대륙 내 28개 지사를 담당하고 있으며, 세계 유수 기업들의 글로벌 마케팅 자문 경험도 풍부해 이 분야에 대해서는 제법 아는 게 많은 사람이다. 스털링Sterling 이란 조그마한 PR 에이전시를 설립하며 마케팅계에 발을 들인 휠러는 1980년 대 GCI에 자사를 매각하면서 지금의 직책을 맡게 되었는데, 그 자리에 갓 올 랐을 때 자신의 광고인 인생에서 가장 창피한 기억으로 남을 글로벌 마케팅 실 수를 경험했다. 그는 그때의 일을 다음과 같이 회상했다.

"어느 날 미쓰비시 자동차로부터 연락을 받았어요. 자동차 업계에서 우리가 쌓은 명성을 알고 있다며, 신차 '스텔리언Stallion 마케팅을 의뢰하 고 싶다고 말이죠. 늘 하던 대로 우리는 어떤 식으로 홍보할지 미리 브레 인스토밍을 좀 해 보았습니다. 앞서 나간 거죠. '머스탱을 넘어Beyond the Mustang 등 여러 가지 창의적인 아이디어를 내 보았습니다. 미쓰비시 홍보 팀이 도착해서 신차에 대한 간단한 브리핑을 시작했는데, 첫 슬라이드를 보자마자 등골이 오싹했어요.

미쓰비시의 신차 이름은 스텔리언이 아닌 '스태리언Starion이었습니다. 조사, 시장 내 입지, 언론 반응, 개념 등 우리가 한 모든 사전 작업이 휴지 조각이 되어 버린 거죠. 우리가 자동차 마케팅에 얼마나 일가견이 있는 지에 대해 겨우 브리핑하는 수밖에 없었어요. 미쓰비시 측은 매우 점잖 은 태도를 보였지만, 두 번 다시 연락하지 않았습니다."

그 당시엔 정말 망신에 망신, 그런 망신도 없었지만, 지금은 웃으며 그때 기억을 떠올린다고 한다.

☑ 현지어를 번역하는 데 구글 번역이나 기타 무료 번역 툴을 사용하지 말라. 항상 전문 번역 서비스를 사용하고 원어민의 확인을 받도록 하라.

☑ 새로운 브랜드 이름을 지을 땐 다른 나라 말로 바꿀 경우 우스꽝스러운 혹은 불쾌감을 주는 발음이나 뜻이 되지 않도록 유의하고 욕설이나 속어, 은어가 아닌지 확인하라.

☑ 타 문화 및 종교에서 금기하는 사항에 특히 유의하라.

☑ 한 국가나 문화 집단을 다른 국가 및 집단과 혼동하지 않도록 주의하라.

☑ 우리 브랜드의 연혁에 대해서도 제대로 숙지하라.

CHAPTER 11

어설픈 재정비로
결국은 원상 복귀

전략 실패, 형편없는 개편 사례

2012년, 존슨&존슨은 3년 내에 자사가 생산하는 제지, 화장품 등 모든 제품에서 '유해 물질'을 제거하겠다고 천명했다. 자사의 유아용 샴푸 '노 모어 티어스No More Tears'에 발암 물질이 들어있다는 의혹이 제기되면서 불매 운동 및 '안전한 화장품' 캠페인으로 불거지자 대응에 나선 것이다. 펩시코PepsiCo 역시 자사 스포츠 음료 게토레이Gatorade에 유해 물질이 첨가되어 있다는 의혹을 받은 바 있다. 2013년 미국 미시시피 주에 거주하는 한 10대 소녀가 Change.org 사이트를 통해 펩시코 게토레이 제품 성분 중 하나인 브롬화 식물성 기름BVO 사용 금지 탄원서를 올렸고, 이에 20만여 명이 서명하며 열기가 고조되자 펩시코는 즉각 사용 중단 입장을 밝혔다. 일본이나 유럽 등지에서 이 BVO는 내연제로 분류되어 식용으로 사용할 수 없다. 이는 결과적으로 잘된 사례이고, 제품 개선을 했다가 되레 예전만 못한 낭패를 본 경우도 허다하다.

코카콜라
세계 최고의 브랜드가 쭐면 이렇게 된다

자신감 없는 코카콜라의 모습을 보기란 좀처럼 쉽지 않다. 1886년 미국 애틀랜타 주에 거주하던 약사 존 S. 펨버튼에 의해 세상에 모습을 드러낸 코카콜라는 수십 년간 똑똑한 마케팅을 통해 진정한 '글로벌' 브랜드로 자리 잡았고 오늘날까지도 지구 상에서 가장 인지도가 높은 브랜드로서의 위상을 유지하고 있다. 코카콜라의 존재감이 어느 정도냐 하면 오늘날 우리가 인식하는 덥수룩한 턱수염에 넉살 좋은 미소를 띤 몸집 큰 '산타 할아버지'의 이미지는 사실 1931년 코카콜라 지면 광고에 나온, 일러스트레이터 해돈 선드블롬이 그린 바로 그 이미지이다. 코카콜라가 이 산타 할아버지 이미지를 내놓기 전까진 다양한 산타의 모습이 존재했었다. 1920년대 중반까지 이미 하루 판매량이 6백만 병에 달했던 이 업체는 이 광고를 내보내면서 산타가 끄는 썰매처럼 가파른 매출 상승 효과를 톡톡히 봤다. 그 후 반세기 동안 코카콜라는 전 세계 곳곳에 생산 시설을 세우면서 '누가 나를 막을쏘냐'의 기세로 세계 무대로 뻗어 나갔다. 1963년 위풍당당하게 내세운 슬로건 '코크와 함께하면 안 되는 일이 없어요'처럼 코카콜라는 전혀 이질감 없이 맞물리는 톱니바퀴처럼 대중문화 속으로 자연스럽게 스며들어 갔다.

그러나 1980년대에 이르러 브랜드 창립 100주년을 목전에 두었을 무렵, 상황은 예전 같지 않았다. 경쟁사 펩시가 꾸준히 미국 시장 내 코카콜라의 입지를 야금야금 갉아먹으며 15년 연속 유지해 온 시장 점유율을 조금씩 무너뜨리고 있었다. 이는 한순간에 그칠 일시적인 위기 상황이 아니었다. 코카콜라 임원진은 언젠가 펩시가 자사 매출 규모를 뛰어넘을 수 있다는 점을 진심으로 우려했다. 달콤한 탄산으로 뭉게뭉게 형성된 버블이 곧 터지기 일보 직전인 듯

보였다.

　펩시의 이런 위협적인 부상에 코카콜라가 어떻게 대응해야 하는지를 놓고 내부에선 피 터지는 갑론을박이 벌어졌다. 코카콜라를 메가 브랜드로 키워 나가는 동안 정작 차별화 전략은 크게 염두에 두지 않았던 탓에 어떤 식으로 변화를 이루어내야 하는지 감을 잡을 수 없었던 것이다. 코카콜라의 펩시 따돌리기는 1982년 다이어트 콜라를 성공적으로 출시하면서 본격적으로 시작되었다. 지금에야 다이어트 콜라가 워낙 탄탄하게 나름의 입지를 구축하고 있어 믿기 어렵겠지만 당시만 해도 몇 세대에 걸쳐 코카콜라라는 단일 상품을 통해 쌓아온 일관된 이미지가 다이어트 콜라의 등장으로 무너지는 게 아니냐는 우려의 목소리가 나오기도 했었다. 그러나 다이어트 콜라가 보란 듯이 성공을 거두자 코카콜라 임원진은 한층 대담해졌다. 더 이상 기존의 전략적 보수주의에 속박되지 않는, 전에는 생각조차 해 볼 수 없었던 화끈한 변화도 해 보면 어떨까 하는 생각을 품게 된 것이다. 이렇게 안 하던 짓을 갑자기 하려고 들면 그만큼 실패의 가능성도 커진다.

　코카콜라는 1975년 펩시가 '펩시 챌린지Pepsi Challenge'라는 캠페인을 선보이자 적잖게 당황했다. 참 넓디넓은 마케팅 세계에서 펩시는 미국 전역의 여러 쇼핑몰 및 공공장소에서 블라인드 테스팅을 실시했다. 코카콜라 임원진들의 바람과 달리 시간이 지나면 지날수록 블라인트 테스팅에서 코카콜라보다 펩시콜라가 더 좋은 성적을 보였고, 펩시는 이 점을 대폭 강조해 1970년 말부터 1980년대 초까지 자사 제품 마케팅에 힘을 실었다. 코카콜라가 진행한 블라인드 테스팅에서도 역시 비슷한 결과가 나왔다. 펩시는 당대 유명 스타를 총동원해 대대적인 비용을 쏟아부어 TV 광고를 제작하는 등 10대 고객을 잡기 위한 행보에도 과감히 나섰다. 그 과정에서 자잘한 사건 사고도 있었는데,

1984년 1월, 펩시 광고를 촬영 중이던 마이클 잭슨이 두피에 2도 화상을 입고 로스앤젤레스 병원에 실려 갔던 무시무시한 일화도 있다. 펩시 광고에 맞게 개사한 자신의 히트곡 '빌리 진Billie Jean'에 맞춰 춤을 추던 그의 머리카락에 불꽃이 튀어 타버린 것이다. 그러나 소동은 어디까지나 소동이었을 뿐, 펩시 매출은 이에 아랑곳없이 승승장구했다.

펩시는 미래를 위한 전략으로 청소년층까지 공략하면서 승승장구하는 상황에서 자사는 가격 프로모션으로 분위기를 좀 반전시켜 보려다 실패하고, 이젠 펩시까지 견제해야 하는 진퇴양난에 빠진 코카콜라 임원진은 광고의 방향을 새로이 틀 것이 아니라 아예 새로운 맛의 제품을 선보이는 것이 '쇄신'의 방법이겠다는 결론에 도달했다. 가만히 생각해 보면 깜짝 놀랄 만한 결정이다. 전 세계를 제패한 일등공신의 '맛'을 감히 바꾸겠다니! 20만 명이 참여한 블라인드 테스트를 통해 새롭고 더욱 달콤한, 펩시콜라의 맛과 비슷한 신제품이 탄생했다. 원조 코카콜라는 그저 맛이 비슷한 베끼기 제품이 되어 버렸다. 1985년 4월 23일, '뉴코크New Coke'라는 이름의 새로운 제품이 대대적인 광고와 함께 세상에 모습을 드러냈지만, 코카콜라가 애초에 바란 만큼 시장에서 환대를 받지 못했다.

펩시는 코카콜라가 새로운 맛을 선보였다는 건 곧 콜라 전쟁에서의 패배를 인정하는 셈이라는 내용이 담긴 신문 광고를 통해 코카콜라를 놀려댔고, 얼굴에 주름이 자글자글한 세 노인이 벤치에 앉아있는 모습이 담긴 TV 광고를 내보냈다. 광고에는 노인 중 한 사람이 '지들이 멋대로 콜라 맛을 바꿨어'라며 노여워하고 슬퍼하다가 결국 그간의 충성심을 접고 펩시를 벌컥벌컥 들이키며 행복해하는 모습이 담겨 있다. 이 광고를 통해 자사 제품을 애용하는 충성도 높은 고객들의 의견을 묻지도 않고 멋대로 신제품을 내놓은 오만한 코카콜라를 꼬집었을 뿐만 아니라, 이를 낡은 청바지에 닳아빠진 티셔츠를 입은 노인들의 모습으로 표현한 펩시의 재치가 돋보였다. 코카콜라는 나이든 사람들이 마시는 음료라는 메시지를 은연중에 전달한 것이고, 광고에 나오는 '새로운 세대의 선택'이라는 카피를 통해 결정타를 날렸다.

정작 중요한 건 미국 소비자의 반응이었는데, 당초 코카콜라가 예상치 못한 격한 반응이 터져 나왔다. 소비자들은 코카콜라가 자신들이 사랑해 마지않는 제품을 멋대로 바꿔 놓았다는 점에 놀랐으며, 독보적인 존재로 남아주길 바랐던 제품이 홀연히 사라진 데 분노를 표했다. 불만의 목소리는 빠르고도 강렬하게 터져 나오기 시작했다. 코카콜라 고객센터로 걸려온 불만 전화만 하루에 1천5백여 건이었고, 당시 코카콜라를 맡고 있던 로베르토 고이주에타 Roberto Goizueta 대표에게 보내는 불만 편지도 쏟아졌다. 받는 사람이 '코카콜라의 멍청한 대표'라고 된 편지도 있었고, 고이주에타 대표에게 사인해 달라는 편지도 있었는데, 몇 년 내에 그의 사인은 '미국 역사상 최고로 멍청한 경영자' 중 한 사람의 사인으로 남아 대단한 소장 가치가 있을 것이란 냉소적 이유에서였다.

'원조 코카콜라를 마시는 미국인들의 모임'이나 '진품보호협회' 등 시위 그룹이 하나둘씩 등장했고, 전자는 원조 코카콜라를 돌려 내라는 청원에 수십만 명이 서명했다고 주장했다. 코카콜라 본사가 위치한 애틀랜타 시내에 '우리 아이들은 우리가 즐겨 먹던 음료가 뭔지도 모를 것이다'나 '우리는 진짜를 원한다'는 슬로건을 든 사람들이 모여 시위에 나섰다. 이제 '진짜' 콜라를 못 마시겠다 싶은 생각에 너무도 절실해진 한 남성은 샌안토니오 San Antonio와 텍사스 Texas 공장으로 달려가 코카콜라를 1천 달러 치나 사들였고, 이런 사재기 열풍은 미국 전역으로 이어져 사람들은 눈에 띄는 족족 코카콜라를 사들여 쟁여 두었다. 언론에서는 코카콜라의 대응 방식을 우스개 삼았다. 대중들은 코카콜라가 자신들에게 어떤 존재였는지, 자신들이 얼마나 그 제품에 애착을 가졌었는지 새삼 느꼈다.

뉴코크 출시 후 채 2주도 지나지 않았지만 코카콜라 임원진은 어떻게든 조치를 취해야 하는 상황에 처했다. 원조 코카콜라를 막 떠나보내 놓고 다시 살려 내야 할 판이었다. 코카콜라의 최고 마케팅 책임자인 서지오 지먼Sergio Zyman이 사태 복구의 책임을 맡았다. 마침 지먼은 유럽에서 강연을 하기로 되어 있었다. 적대적 여론이 들끓어 오르는, 언론의 관심이 집중된 미국을 벗어나 멀리 떨어진 곳이 발 빠르게 복구 작업에 착수하기에 더 적절하다는 판단하에 그는 몬테카를로에서 제품 용기 디자인 및 브랜드 전략 전문가로 구성된 소규모 집단과 만남을 가졌다. 〈애드버타이징 에이지Advertising Age〉와의 인터뷰에서 그는 당시를 이렇게 회상했다.

> "뉴코크 캔을 바라보며 우리는 이렇게 말했습니다. '우린 이걸 넘어서야 해요. 소비자들이 바로 이것이 오리지널이라고 말해야 합니다.' Coca-Cola Orignial, Coca-Cola No.1, 그냥 Coke 등 다양한 제품명을 떠올려 봤어요. 사실 이 3가지 말고도 더 많습니다. 그러나 기존 제품이 최고였어요. 기존 제품만이 우리를 우리답게 해 주었어요. 그것뿐이었습니다."

결국 1985년 7월, 코카콜라 클래식은 세상에서 자취를 감춘 뒤 불과 79일 만에 다시 부활했다. 코카콜라의 귀환이 얼마나 희소식이었던지 미국 ABC 방송사는 연속극 〈제너럴 호스피털General Hospital〉 방송을 잠시 중단하고 속보를 내보낼 정도였다. 신문사들은 1면을 통해 코카콜라의 귀환을 대대적으로 보도했다. 이틀 만에 코카콜라 고객센터에 3만1천여 건의 전화가 걸려 왔는데, 자신들이 그렇게 사랑해 마지않는 코카콜라를 다시 보게 되어 정말 기쁘다는 소감을 전하는 이들의 전화였다.

처음에는 코카콜라 클래식과 뉴코크를 모두 매대에 올리고 광고만 따로 했다. 코카콜라 클래식 광고에는 '레드, 화이트 그리고 여러분'이란 카피와 함께 성조기가 그려져 있었는데, 미국인들의 삶에서 떼어놓을 수 없다는 존재감을 각인시키기 위함이었다. 뉴코크는 펩시의 대항마로 젊은 층을 공략하기 위해 '캐치 더 웨이브Catch the Wave'라는 카피를 내세워 광고를 진행했는데, 정작 웨이브에 몸을 실은 건 코카콜라 클래식이었다. 사라졌다 돌아온 이 제품의 소중함에 눈을 뜬 사람들로 인해 전보다 더 큰 인기를 누린 것이다. 뉴코크 매출은 점차 시들해져 갔고, 1992년 '코카콜라II'라는 새로운 이름을 갖게 되면서 2인자의 처지가 한층 부각되었다. 존재감도 별로 없는 데다 코카콜라 클래식과 헷갈리기만 하는 이 제품 생산을 과연 계속해야 하는지 회의적인 시각이 대두되면서 코카콜라II의 존재감은 갈수록 볼품을 잃어갔고, 결국 2002년 단종되어 시장에서 자취를 감추었다. 동시에 코카콜라 클래식에서 '클래식'을 뗀 제품 생산이 이때부터 시작되었고, 2009년경에 이르러 비로소 '코카콜라'라는 이름의 제품만이 남게 되었다. 원조 코카콜라의 진정한 귀환이었다.

음모론에 일가견이 있는 사람들은 뉴코크 출시는 사실 코카콜라 출시 100주년 기념을 맞아 '없으면 더욱 허전함을 느끼는' 소비자들의 심리를 자극해서 제품에 대한 애착을 더욱 강화시키려는 코카콜라의 교묘하고 영리한 술책이라고 주장하기도 했다. 그러나 코카콜라에게 이 모든 상황은 장난이 아니었다. 펩시의 발칙한 도전에 너무 당황한 나머지 그간 전 세계적으로 탄탄한 입지를 다지게 한 일등 공신인 자사 제품에 대한 믿음에 잠시 의문을 품었던 것이다. 빌 코스비를 모델로 한 뉴코크 광고에 '더 맛있어졌어요'라는 카피가 나오는데, 이것만 봐도 코카콜라가 일부러 관심을 끌려고 뉴코크를 만들어 소동을 일으켰다는 주장은 그다지 설득력이 없음을 알 수 있다. 이건 모로 보나 실수였고, 결국 코카콜라를 되살려 해피엔딩이 되었지만 그래도 실수는 실수였다. 뉴코크 출시는 판단 착오였단 걸 깨닫고 묻어버린 원조 코카콜라를 급히 다시 꺼내든 코카콜라 임원진은 결국 코크I과 코크II를 모두 포용하는 새로운 전략을 고육지책으로 내세울 수밖에 없었다.

브랜드 컨설팅 전문업체 인터브랜드Interbrand는 오늘날 코카콜라의 시장 가치를 800억 달러로 추산한다. 코카콜라 매출은 가히 상상이 불가능한 정도이며, 전 세계에서 팔려 나가는 양만 매주 몇십억 병이다. 아직도 사람들은 코카콜라에 열광한다. 그럼 코카콜라를 이렇게나 우왕좌왕하게 만든 펩시의 그 블라인드 테스팅 결과는 도대체 어떻게 나온 것일까?

답은 바로 블라인드 테스팅이 진행되는 그 방식에 있다. 말콤 글래드웰Malcolm Gladwell의 저서 『블링크: 첫 2초의 힘Blink: The Power of Thinking without Thinking』을 보면 인간의 뇌에서 반 무의식적으로 일어나는 빠른 의사 결정을 내리는 과정에 대한 설명이 담겨 있다. 맛 테스트는 애초부터 공정할 수 없다는 게 글래드웰의 주장이다. 예를 들어 펩시 챌린지와 같이 잠깐 서서 한두 모금 마실 때에 사람들은 맛이 조금 더 강한 쪽에 우호적인 반응을 보인다. 코카콜라보다 단맛이 더 강했던 펩시가 그래서 좋은 성적을 거뒀던 것이다. 반면, 서둘러 결정을 내릴 필요 없이 집에서 느긋하게 마실 때에는 더 많은 양을 주로 마시게 되고, 이때는 강한 단맛이 오히려 과하다는 정반대의 의견을 보인다. 마케팅 전략으로 본 펩시 챌린지의 성공 비결은 코카콜라가 이렇게 한두 모금 마셔보고 판단하는 맛 테스트의 결과를 확대 해석해 자충수를 두게 만든 점이다.

더불어 글래드웰은 브랜드를 모두 제거하고 실시한 맛 테스트 결과를 구매력 정도와 연관 짓는 것 역시 객관성이 크게 결여된 행위라고 덧붙였다. 소비자들을 구매로 이끄는 건 비단 맛뿐만이 아니다. 용기 디자인이나 브랜드 인지도가 하는 역할도 매우 크다. 마케팅 전문가 루이스 체스킨Louis Cheskin은 이런 현상을 '감각 전이'라 칭했는데, 용기 디자인 및 브랜드에서 받은 인상을 제품에 투영시키는 소비자들의 심리를 말한다. 코카콜라가 간과한 부분이 바로 이것이다. 수십 년간 널리 사랑받아온 브랜드로서의 친근한 이미지와 시장 선두 주자로서의 존재감이란 크나큰 장점을 간과한 것. 그래도 똑같은 실수를 두 번 저지를 정도로 어리석지 않았기에 코카콜라는 원조 코카콜라를 부활시킨 후 그 아성에 맞는 행보를 보이고 있다.

마지막으로 하나 더 알려주자면, 아직도 비밀에 부쳐진 코카콜라 제조법을 변형하려는 시도는 사실 뉴코크가 처음이 아니었다. 1903년까지 출시된 코카콜라에는 코카인이 소량 함유되어 있어 신경 장애를 겪는 이들에게 치료약으로 널리 쓰였다. 당시만 해도 코카인은 불법 약물이 아니었다. 그러나 1980년대에 이르러 코카인 사용이 크게 확산되어 범죄의 원인으로 지목되자 이를 금지 약물로 규정해야 한다는 사람들의 목소리가 점차 높아져 갔다. 〈뉴욕 트리뷴New York Tribune〉에 코카콜라를 법적으로 제재해야 한다는 기사가 실리자 이 업체는 이미 코카인 성분이 다 추출된 잎을 사용하는 방식으로 제조법을 살짝 변형했다. 21세기에 등장한 코카콜라의 크리스마스 광고 'Holidays are Coming'을 보면 코카콜라를 실은 빨강색 대형 트럭을 반기는 사람들의 모습이 나오는데, 코카콜라가 막 탄생했을 무렵 이를 운반하는 차량은 '마약 마차'라 불렸다. 아마 사람들은 탄산이 든 달짝지근한 마약 음료라서 코카콜라를 그렇게나 좋아했는지도 모른다.

JC 페니
가격 전략을 멋대로 바꿔 개털 되다

미국 유통업체 JC 페니는 척박한 시장 상황에서 더욱 오래 살아남을 수 있도록 새로운 피를 수혈하는 차원에서 오랜 기간 자리를 지켰던 마이런 울먼 Myron Ullman CEO를 해임했다. 2011년, 그의 후임으로 애플 스토어를 지니어스 바와 각종 혁신적인 아이디어가 어우러진 공간으로 재탄생시켜 애플의 입지를 더욱 강화한 마케팅의 귀재 론 존슨Ron Johnson을 추대했다. 물론 그만큼 대가는 치러야 했다. 존슨은 CEO직과 함께 5천2백만 달러치 주식과 더불어 캘리포니아 자택에서 텍사스에 있는 JCP 본사까지 수월하게 출퇴근할 수 있는 전용기를 제공받았다. 존슨 역시 자신이 JCP를 새로이 탄생시킬 적임자라는 점을 강조하기 위해 자기 돈 5천만 달러를 회사에 쏟아붓기도 했다.

2012년 존슨은 '신선한 공기를 찬양하다'라는 제목으로 쇄신 전략을 발표하면서 사업의 모든 면면을 근본적으로 재정비하겠다고 천명했다. 새로운 로고를 도입하고, 미국 코미디언 엘런 드제너러스Ellen DeGeneres를 브랜드 파트너로 초청하는 등의 외적 쇄신과 더불어 몇 가지 새로운 브랜드를 선보이며, 고객의 꾸준한 사랑을 받고 있는 브랜드를 새로 단장하는 내적 쇄신을 함께 진행했다. 애플 스토어를 성공으로 이끈 그 '마법'을 JC 페니에도 적용시켜 소비자들의 관심을 더욱 증대시키려는 차원이었다. 이런 대대적인 변신을 위해 많은 돈을 쏟아부어야 했지만, 한 세기가 넘도록 사업을 이어온 JCP로서 이는 보다 젊은 층 소비자들에게 다가가기 위해 반드시 거쳐 가야 할 통과 의례이기도 했다.

쇄신 규모도 규모였지만, 무엇보다도 두드러진 변화는 존슨 대표가 야심 차게 선보인 '공정하고 정직한 가격 전략'이었다. JCP는 이때까지 쿠폰을 대량으로 배포하고 매장 방문 고객에게 큰 폭의 할인을 제공하는 방식으로 소비자들의 발걸음을 끌어당겼지만, 존슨 대표는 이를 전면 중단하고 '상시 저가 전략Every Day Low Price, EDLP'을 도입했다. 월마트가 이 전략을 활용해 지금의 성장세를 이루어냈지만, 사실 월마트를 제외하고 이 전략을 써서 크게 재미를 본 기업은 찾아보기 어려울 뿐만 아니라 기존에 다른 전략으로 시장에 자리 잡은 업체들이 이 전략으로 갈아타기란 결코 쉽지 않았다. JCP가 새로운 전략을 통해 광고 및 매장 판촉비용은 삭감할 수 있었는지 모르겠지만 기존 JCP 단골 고객들에게 이런 개편이 어떻게 비칠지 미처 생각지 못하는 실수를 저지르고 말았다. 패착을 따져 본다면 그런 대대적인 개편을 통해 떨어져 나갈 수 있는 소비자가 어느 정도인지를 미리 파악하지 못했다는 점이고, 이는 애초 구상 단계에서 시장 조사를 하지 않았기 때문에 빚어진 일이었다. 애플 재직 당시 제품 혁신 담당자로서 소비자를 따르기보다 이끄는 데 익숙했던 존슨이기에 시장 조사와는 다소 거리가 멀었다. 또한, 그는 한 번에 하나씩 바꿔 나가는 접근법보다는 단시간에 결과를 내는 접근법에 더 우선순위를 두었다.

그렇게 개편 작업에 가속도를 붙이는 만큼 전처럼 쿠폰과 할인을 기대했던 소비자들은 더 이상 그런 혜택을 찾아볼 수 없자 빠른 속도로 우수수 떨어져 나갔다. 18개월 만에 무려 매출이 40억 달러 감소했으며, 적자가 눈덩이처럼 불어났다. 주가도 75%나 떨어져 거의 파산 일보 직전이었다. 얀 로저스 니픈Jan Rogers Kniffen, 미국 유통 분석가의 설명을 들어보자.

"JCP의 주요 고객들은 나이가 어느 정도 있는, 그리 살림이 넉넉하지 않아 쿠폰이 반가운 이들이었어요. 이들이 다 떠나버렸죠. 제 생각에 존슨 대표의 전략도 장기간 끌고 갔더라면 아마 성공했을 거예요. 그러나 회사가 그만큼 버텨 내지 못했죠. 그는 이 전략이 3~5개년 프로그램이라고 했는데, 그 시간이 흐르는 동안 회사가 받을 타격은 미처 계산에 넣지 못한 겁니다. 저는 존슨 대표의 비전을 높이 사요. 그러나 그 전략에 대해 듣고 저는 매출과 이윤이 급락할 것으로 예상했습니다. 자신이 구상한 바를 하나씩 실행해 나가는 과정에서 단골 고객을 모두 잃어버린 것이 가장 결정적인 패착이죠."

존슨 대표 재직 중 매출이 뚝뚝 떨어지지 않는 분기가 없을 정도로 상황이 악화되었고, 결국 2013년 4월 그는 해임되었다. 공석이 된 대표 자리는 전임자 울먼에게 다시 돌아갔다. 전임자를 다시 불러들인 상황은 그 정황보다도 그 자체에 더 의미가 있다. 울먼 대표는 즉시 존슨의 상시 정가 전략을 폐지하고 갑작스러운 마케팅 전략 변경을 사과하는 TV 광고를 내보냈다. 차분한 여성 성우의 목소리를 빌려 다음과 같은 메시지를 전달했다.

"우리는 매우 간단한 사실을 하나 배웠습니다. 여러분에게 귀를 기울이고, 여러분이 원하는 바를 듣고, 여러분의 삶을 더욱 윤택하게 해야 한다는 사실입니다. JC 페니를 다시 찾아 주세요. 여러분의 목소리에 귀를 기울였습니다. 여러분을 다시 뵙고 싶습니다."

JCP는 또한 골드만 삭스로부터 17억 5천만 달러를 조달했다. 애플에서 그렇게나 두각을 보인 존슨은 쿠폰과 할인을 찾아 JCP 매장을 찾는 고객의 마음을 읽지 못했고, JCP를 시간을 들여 찾고 싶은 곳으로 만들고픈 마음은 없는 듯했다.

마스
채식주의자를 분노케 하다

영국 보건부와 식품기준청의 영양 및 식사 조사에 따르면 영국 국민의 약 2%가량이 채식주의자라고 한다. 2007년 5월, 트윅스Twix, 스니커즈Snickers 및 몰티져스Maltesers 등의 제품을 보유한 초콜릿 브랜드 마스Mars는 제품 원료를 바꾼다는 전격 발표에 나섰다. 변경 전 제품은 채식주의자들이 먹기에도 별 문제가 없었던 반면, 마스가 새로이 사용하겠다고 밝힌 원료는 치즈 응고제 레닛Rennet으로, 송아지 위벽에서 추출하는 효소라 채식주의자들에겐 적합하지 않았다. 레닛이 포함된 제품이 시장에 전면 출시되자 마스는 한 제품당 50여 명의 고객을 잃는 엄청난 손실을 맞닥뜨렸다. 마스 제품을 즐겨 먹던 채식주의자 팬들은 제멋대로 제품을 바꿔 버린 이 업체에 큰 배신감을 느꼈다.

식품 업체가 원료나 성분을 변경하겠다고 밝히면 어떤 방식으로든 시장의 반발은 있게 마련이지만 영국 마스의 경우 스스로 반발을 자초한 형국이었다. 영국 소비자들은 특히 단것에 대한 선호도가 높고 과자류에 대한 사랑이 남다르다고 알려져 있다. 비스킷이 든 초콜릿, 견과류가 든 초콜릿, 카라멜이 든 초콜릿 등 초콜릿이라면 사족을 못 쓰는 사람들이다. 2006년 4월 〈데이터모니터Datamonitor〉가 발표한 자료에 의하면 유럽 국가 중 가장 초콜릿 소비가 많은 곳이 바로 영국이며, 한 해 1인당 평균 소비량이 10kg에 달한다고 한다. 한 해 소비량이 1인당 2.2kg인 이탈리아와 비교하면 5배가 넘는 양이다. 게다가 독일에서는 낱개 초콜릿이 가장 잘 팔리는 반면, 영국에서는 낱개가 여러 개 든 박스 제품이 제일 인기가 높다. 이렇게 초콜릿 사랑이 대단한 영국인들이 또 가장 애용하는 초콜릿 제조사가 마스였던 만큼, 이런 식의 독단적인 행보는 특히 채식주의자 팬들에게 상당한 충격일 수밖에 없었다.

1847년 영국에 세워진, 세계에서 가장 오래된 채식주의자 조직인 〈채식주의자 협회The Vegetarian Society〉'는 회원을 모두 끌어모아 반대 운동에 나섰다. 마스의 성분 변경 발표 후 일주일도 못 되어 6천 명의 사람들이 제품을 원래대로 돌려놓으라며 메일을 보내고 고객센터에 항의 전화를 걸어 왔다. 한 주 평균보다 무려 12배나 많은 전화 문의가 쏟아져 들어왔다. 영국 의회에서는 의원 40명이 이에 반대하는 탄원서에 서명했다. 마스로서는 총체적 난국이 아닐 수 없었다. 결국 일주일 만에 재료 변경은 판단 착오였다며 결정을 철회하겠다는 입장을 밝혔다. 마스 초콜릿의 영국 사장 피오나 도슨Fiona Dawson은 국내 한 신문사에 보내는 공개서한을 통해 사과 입장을 표했다.

'고객은 우리의 상사입니다. 그렇기에 우리는 여러분의 피드백에 귀를 기울입니다.'

제품 개선 과정에서 채식주의자 고객을 전혀 배려하지 않은 듯한 마스의 모습에 채식주의자들은 자신들의 생활 양식과 신념이 차별당했다는 인상을 받았다. 그럴 의도는 없었는지 몰라도 자사 제품 성분을 살짝 바꾸는 게 뭐 대수로운 일이겠느냐고 생각한 마스의 안이한 태도는 무지의 소치가 아닐 수 없다. 또한, 괜히 육식주의자들로 하여금 '이봐, 마스가 트윅스 믹스에 간 소고기와 내장을 덩어리째 넣은 것도 아닌데 뭘 그래!'와 같이 채식주의자들이 유난히 까다롭게 군다는 잘못된 인식을 심어줄 수 있다. 그러나 죽은 동물에서 추출한 성분이 포함된 음식은 일절 입에 대지 않는다는 원칙을 가진 사람에게는 아무리 사소한 것이라도 큰 차이가 있다. 채식주의자협회 커뮤니케이션 담당인 리즈 오닐은 마즈 사태에 대한 입장을 다음과 같이 밝혔다.

"마스 사태는 채식주의자 사이에선 대단한 화제였어요. 흥미로웠던 점은 마스가 어떤 성분을 사용했는가가 아닌 특정 사람들의 식성을 전혀 존중하지 않는 듯한 태도였어요. 마스는 식품 관련 잡지 〈더 그로서The Grocer〉와의 인터뷰에서 레닛을 사용하기로 한 자사의 결정에 '매우 엄격한 소수 채식주의자'들만 우려를 표했다고 했는데, 이런 사고방식이 실수인 거죠. 마스처럼 전 세계적으로 활동하는 덩치 큰 기업은 아무리 사소한 일에 연루되었다고 해도 그 파장이 엄청나요. 마스는 결국 레닛 사용을 중단했고, 경쟁사 캐드버리Cadbury는 보란 듯이 제품 겉면에 채식주의자들도 즐길 수 있다는 문구를 새겨 넣기 시작했죠. 이번 사태를 통해 식품 업계뿐만이 아니라 언론, 대중들마저도 디테일의 중요성을 간파하게 되었고, 빅 브랜드의 경우 크든 작든 변화를 시도할 땐 가장 먼저 사람들의 입에 오르내리게 된다는 점을 깨달았습니다."

이를 통해 마스는 소비자의 위력이 어느 정도인지 제대로 배울 수 있었다. 그래도 재빨리 실수를 바로잡아 큰 피해는 면한 셈이다. 지금부터 상황을 제때 바로잡지 못해 걷잡을 수 없는 지경에 이른 경우를 살펴보자.

유니레버
식품 성분 하나 바꿨다가 호되게 당하다

2013년 다국적 종합생활용품 및 식품 회사 유니레버Unilever는 290만 파운드를 들여 리뉴얼한 플로라Flora 마가린 제품을 영국 시장에 선보였다가 소비자들로부터 호된 비판을 받은 적이 있다. 보다 건강하고 맛있는 제품으로 만들었다는 사 측 입장과 달리, 소비자들 사이에선 더 맛이 없어졌다는 평이 지배적이었고, 실제로 매출도 12%나 하락했다. 시장 조사를 통해 맛에 문제가 있다는 점이 확인되었고, 원래 제품으로 돌아가길 바란다는 소비자들이 전체 응답자의 70%를 차지해 '회귀'가 불가피한 상황이었다. 우여곡절 끝에 다시 시장에 나온 원래 제품 포장에는 '여러분이 사랑하는 맛을 돌려드립니다'라는 굴욕적 문구가 적혀 있었다.

그러나 이는 1960년 8월에 일어난 참사에 비하면 아무것도 아니다. 1960년 8월, 유니레버는 자사 마가린 제품 플랜타^Planta를 리뉴얼해 네덜란드 시장에 선보였다. '리뉴얼 버전'이라 쓰인 빨간색 라벨이 달린 이 제품 용기엔 '달라진 맛을 느껴보세요'라는 의기양양한 문구까지 적혀 있었다. 기존 플랜타는 경쟁사 제품 대비 성적이 그리 좋지 못했다. 부드럽게 발리지도 않는 데다 튀기거나 구울 때 튀는 현상이 있었기 때문이다. 그러나 새로운 제품에는 유성과 수성 성분이 적절히 어우러져 분리되지 않도록 하는 새로운 유화제를 사용해 기존의 결점을 보완했다. 그러나 기존의 결점은 보완했는지 몰라도 그 과정에서 더 심각한 문제를 초래하고 말았다.

네덜란드 시장에 출시된 플랜타 리뉴얼 제품으로 이상 증세를 겪은 사람 수는 10만 명이 넘었고, 일부의 경우 상황이 매우 심각했다. 최소 400여 명이 병원에 입원했으며 4명이 사망, 그 외 4명이 플랜타 섭취가 직접적인 원인으로 판단되는 중태에 빠졌다. 플랜타로 인한 사태임이 확실해지자 유니레버는 보상금 지급에 엄청난 돈을 쏟아부어야 했고, 회사 이미지 악화는 피할 길이 없었다. 일각에서는 일부러 이런 사태를 벌인 것이 아니냐는 의혹도 불거져 나왔다. 참 안타깝게도 아이러니한 건 유니레버가 맹목적으로 이윤에만 눈이 벌개져서 벌인 일이 아니라 품질 개선 과정에서 이런 사태가 벌어졌다는 점이었다.

이 최악의 참사가 벌어진 후 반세기가 지난 지금에서야 사건의 전말이 명확해졌다. 이 사건에 대한 호기심을 갖고 꾸준히 파고들었던 전염병 및 공중보건 전문가 아르놀드 보스만Arnold Bosman 덕분이었다. 그는 스웨덴 스톡홀름에 거주하고 있었지만 네덜란드 국적자였고, 막 의료계에 발을 디뎠을 때 그를 지도한 이들이 바로 플랜타 사태 조사를 담당한 이들이었다. 전염병 전문의인 그는 자신이 태어나기도 전 네덜란드 전역을 뒤흔들어 놓았던 의료 사건의 전말에 지대한 궁금증을 느꼈다. 1960년 어느 여름날, 네덜란드 각 병원엔 홍역 같은 갑작스러운 발진 증세를 호소하는 사람들이 물밀듯이 찾아들었다. 붉은 반점부터 따끔거림, 간지러움, 어지럼증과 같은 경미한 증상부터 고열이나 피부 무름 등 감염 정도가 심각한 수준까지 환자들은 다양한 증상을 보였다. 사태는 심각했지만 플랜타와 이런 이상 증상 발현 간의 상관관계는 무엇인지, 이에 대해 유니레버 및 네덜란드 당국은 어떻게 조치했는지 등에 대한 자세한 정보를 찾기란 하늘의 별 따기였다.

보스만의 주요 업무 중 하나는 전염병을 퇴치하기 위해 유럽 전역의 공중보건 전문가들과 임상 치료 사례를 공유하는 일이었다. 역사상 그 유례가 없는, 완전히 낯선 플랜타 사태를 파고들며 보스만은 여기서 뭔가 중요한 단서를 얻을 수 있겠단 생각에 제자들과 사례 연구에 돌입했다. 처음엔 열람 가능한 공공 정보가 너무 없어 좌절할 수밖에 없었다. 유니레버 사도 언급을 꺼리는 사건인 데다 쉽게 열람 가능한 정부 자료는 사실상 거의 없다시피 했다. 그러나 보스만은 이에 굴하지 않고 계속 파고들었다. 네덜란드 법에 따르면 공인과 관련한 자료의 비공개 기간은 50년이었다. 그간 꽁꽁 숨겨져 있던 자료는 반세기가 지나 이제 열람 가능한 상태가 되었다. 보스만은 헤이그에 위치한 네덜란드 국립 기록보관소를 방문해 전후 역사에서 위대한 인물 중 하나로 여겨지는, 1948년부터 1958년까지 자국 총리를 지낸 빌럼 드레이스Willem Drees의 개인 기록물을 열람했다. 총리직에서 물러나고 2년 후 그는 유니레버 내부 조사위원회 위원장직을 수행한 걸로 되어 있었는데, 그 말은 당시 플랜타 사태와 관련한 인물 및 자료 접근이 가능했다는 뜻이었다. 유니레버가 한 번도 공개한 적이 없던 당시 조사위가 작성한 내부 문서가 이제 보스만의 손아귀에 들어왔다. 마침내 보스만과 그의 제자들, 우리가 당시 사태의 전말을 들여다볼 수 있는 열쇠가 주어진 셈이다.

여기서 잠깐, 우선 배경지식을 먼저 훑고 가자. 1950년대 초 유럽의 상황을 먼저 알고 갈 필요가 있다. 당시는 전후 경제 회복기를 거쳐 사람들의 생활 수준이 향상되며 소비 붐이 막 일기 시작하던 시점이었고, 경제적 사안에 대한 유럽 국가들의 공조를 더욱 원활히 할 수 있는 공동 시장*을 창설하기 위한 발걸음을 막 떼기 시작한 시점이었다. 유니레버 경영진은 이런 시대 상황을 보며 마가린을 전면에 내세워 자사 식품 사업을 국제 무대에 내세울 수 있는 절호의 기회가 왔음을 감지했다. 하지만 그와 동시에 식품 사업의 덩치를 키우는 만큼 소비자 건강에 미칠 수 있는 영향도 고려해야 한다는 점을 유념해야 했기에 이에 책임감을 갖고 수백만 달러를 투자해 유럽 내 식품안전연구소 두 곳을 설립, 독극물 및 생물학 전문가를 채용해 운영했다. 당시 유통되던 모든 마가린 제품은 1917년 사업을 시작한 세계 최고의 유화제 제조업체 팔스가드의 유화 오일Palsgaard emulsion oil, 이하 PEO로 만들어졌다. 그러나 1955년, 유니레버 연구원들이 쥐를 대상으로 PEO 임상 실험을 진행한 결과 발암 물질이 함유된 것으로 드러났다. 유니레버는 이를 독일 및 네덜란드 당국에 알리며 적용 가능한

● The Common Market, 현 EU의 전신

식품 안전 규정이 있는지 문의했지만 별다른 답변을 받지 못했다. 아직 식품 안전 기준이 제대로 설립되지 않은, 지금과는 전혀 다른 시대였던 것이다.

책임감 있는 기업 유니레버는 PEO의 부작용을 우려해 자사 제품에서 이를 전면 제거하는 독자적 조치에 나섰다. 반면 경쟁사들은 소비자들이 사용하기에 별 불편함이 없다는 이유로 PEO 사용을 계속 이어 나갔다. 유니레버의 조치는 선의에서 비롯된 것이지만, 아이러니하게도 이는 스스로를 암흑의 구렁텅이로 몰아넣는 결과로 이어졌다. 보스만은 당시 상황에 대해 말하며 아쉬움을 표했다.

> "그때부터 시작됐어요. 좀 더 안전한 대체품을 개발해야 한다는 막중한 압박감을 느끼기 시작한 거죠."

PEO 대체품 몇 가지가 개발되어 쥐와 돼지를 대상으로 한 임상 실험이 진행되었고, 몇몇 사람들을 대상으로 맛 검증도 실시했다. ME-18이라 불리는 유화제가 대체품으로 가장 유력해 보였다. 발림성도 좋았고 맛을 본 사람들의 평가도 긍정적이었다. 별문제가 없어 보였다. 이 가능성에 매우 들뜬 유니레버 마케팅 팀은 즉시 이를 사용할 것을 밀어붙였지만, 연구팀은 조금 더 지켜봐야 한다는 입장이었다. 당시 이 제품을 규제할 별다른 객관적 기준이 없었기에 이견을 둘러싼 양측의 입장은 팽팽한 줄다리기를 하고 있었다. 보스만의 말을 들어 보자.

> "1958년 유니레버 독일 지부는 ME-18을 시판 제품에 사용키로 결정했어요. 이에 독물학자들이 격하게 반대하는 정황이 담긴 내부 자료가

있습니다. 겨우 반년 지켜봤는데 벌써 내놓는 건 시기상조라며, 추가 실험이 필요하다는 게 연구팀 입장이었어요. 그러나 이들의 의견은 묵살되었고, ME-18을 사용한 제품이 시장에 모습을 드러냈습니다."

유니레버는 서독에서 유통 중이던 마가린 제품 2개 라마^{Rama}와 사넬라^{Sanella}에 ME-18을 넣어 새롭게 선보였다. 소비자들은 '업그레이드된' 제품을 쌍수 들고 환영했지만, 그해를 넘기지 못하고 시장에서 전량 회수되었다. 화학 첨가물에 대한 보다 엄격한 실험을 요구하는 국가 식품 위생법이 도입된 탓이었다. ME-18이 함유된 마가린 제품의 등장과 서독 내에서만 목격된 원인 모를 피부 질환 발병 사태의 시기가 묘하게 맞물렸다. 1958년 11월 두 제품이 전량 회수되었을 때 피부 이상 증세를 호소하는 사람들 역시 급격히 줄어들었다. 서독 현지에서 사태를 조사 중이던 의료진은 두 제품과 피부 질환 사이의 상관관계에 의혹을 품고 이에 대해 조심스레 문제를 제기해 보았지만 '저명한' 일부 전문가들이 말도 안 되는 소리라며 이를 일축해 버렸다. 보스만은 질병 통제와 관련해 정말 유념해야 할 교훈이 바로 여기에 있다고 말한다.

"공중 보건 차원에서 어떤 사안에 접근할 때 반드시 지켜야 할 점이 있어요. 통념에서 스스로를 괴리시켜야 합니다. 모든 상황을 면밀히 살펴야 하고 이름 있는 누가 뭐라고 한다고 그 명성에 넘어가면 안 돼요. 오늘날에도 이런 문제는 허다합니다. 교수가 던지는 한 마디는 어느 마을의 이름 없는 의사의 소견보다 훨씬 더 비중 있는 것으로 여겨지죠."

ME-18이 함유된 제품이 시장에서 모두 사라지고, 이 성분과 피부 질환 간의 상관관계에 대한 의혹은 단순한 '망상'으로 치부되었지만 유니레버는 ME-18의 유독성 실험을 계속 이어갔다. 실험 결과에 관한 보스만의 말을 들어보자.

"실험에 사용된 쥐는 모두 살아남았어요. 쥐들에게서 반흔 조직을 발견할 수 있었는데, 그 이유는 알 수 없었습니다. 실험 당시 쥐들은 ME-18을 직접 섭취한 것이 아니라 주사를 통해 위로 주입받았어요. 사람이 먹는 방식과는 다르죠. 그러니 반흔 조직이 생겼지만 이걸 어떻게 해석해야 하는지는 아무도 몰랐던 겁니다. 확실치 않은 부분이 너무나도 많았지만, 최소한 PEO에서 발견된 발암 물질은 ME-18에서 발견되지 않았어요. 암에 걸린 쥐는 없었던 거죠. 실험에 참가한 사람들도 별 이상을 보이지 않습니다. 독일 유니레버 실험실 연구원 중 한 사람이 ME-18의 무해성을 직접 확인해 보려 100ml를 마셔 보았는데 별 탈을 보이지 않았어요. 유니레버 내부에선 어느 정도 확신이 생긴 거죠."

유니레버는 피부과 전문가의 자문을 얻고자 했지만, 당시에는 이런 일과 관련한 국제 규정이나 지침이 없었기에 자문의 효력도 사실 한계가 있었다. 보스만의 말대로 당시 '자문' 작업은 그저 의사들의 용돈벌이에 지나지 않았기에 객관적인 효과를 입증하기 위한 증거로 보긴 어려웠다. ME-18의 유해성을 입증할 만한 이렇다 할 증거가 없다 보니 유니레버 마케팅 팀은 그럼 그냥 시장에 내놓자며 연구팀을 압박했다. 유니레버 네덜란드 지부에서만 국내 유통 중인 마가린 제품 플랜타에 ME-18 사용을 원한다는 입장을 표했다.

리뉴얼된 제품에 빨간색 라벨이 붙어 '플랜타 레드'라는 이름이 붙은 제품이 네덜란드 시장에 출시되면서 피부 이상 증세를 호소하는 사람들이 하나둘씩 등장하기 시작했다. 앞서 2년 전, 서독에서 사태가 발생했을 때 현지 의료진은 어찌할 바를 몰랐다. 피부 질환자들이 하나둘씩 늘면서 로테르담Rotterdam 보건소로 걸려 오는 문의 전화가 쇄도했다. 각 지역 보건소 역시 원인 모를 이 증상을 호소하는 사람들의 전화로 북새통을 이뤘다. 여기저기서 갖가지 추측이 난무했다. 살충제를 뿌린 농약 때문이라는 사람도 있었다. 유력한 가설 하나가 전염병학자 욥 휘즈먼Jopie Huisman의 눈에 띄었다. 한 지역 보건소에서 11살 난 아들 로비 우베르케르크Robbie Ouwerkerk가 피부 발진으로 수술을 받았다는 한 어머니의 제보가 접수되었다. 함께하는 식사 자리에서 로비만 플랜타 레드를 먹었고, 나머지 가족들은 버터를 먹었는데 다들 멀쩡하고 로비만 이상 증세를 보였다며, 혹시 이 제품이 피부 질환의 원인이 아닌지 의문을 제기하는 사례였다. 휘즈먼은 피부과 전문의 행크 두글라스Henk Doeglas를 대동하고 피부 이상 증세를 겪고 있는 환자 40여 명을 직접 보기 위해 로테르담으로 달려갔다. 이들 모두에게 플랜타 레드를 먹은 적이 있는지 물었고, 모두 그렇다고 답했다. 이 제품의 시장 점유율은 5%에 불과했기에 40명에게 물어 40명 모두 그렇다고 하는 건 빼도 박도 못하는 결과나 다름없었다. 어떤 방식으로든 플랜타 레드가 원인으로 작용한 게 분명했다. 로테르담 공중 보건 관계자는 즉각 유니레버에 연락을 취했다. 보스만은 당시 상황에 대해 이렇게 말했다.

"피부 이상 증세가 나타난 첫날, 공중보건당국은 유니레버와 접촉해 자료를 공유했어요. 유니레버는 이에 생산을 중단하고 시중에 풀린 제품을 전량 회수하겠다는 입장을 밝혔습니다. 1960년대인 걸 감안하면 매우 과감한 조치였지요."

이메일도 휴대폰도 없던 시절이었음에도 유니레버는 매우 신속하게 대처에 나섰다. 그러나 회사 내부 기록을 보면 당시 자사가 미처 잡아내지 못한 실수가 있다는 사실에 매우 당혹스러워하는 경영진의 모습이 자세히 묘사되어 있다. 참고할 만한 정보가 더 없을지 사방팔방으로 수색 중이던 네덜란드 당국은 마침 스웨덴을 방문 중이던 생산 개발 담당자와 연락이 닿았다. 사태에 대해 뭐 아는 것 있느냐고 묻자 담당자는 서독에서 발생한 피부 질환과 ME-18 사이에 모종의 관계가 있다는 점을 알고 있었으며, 유니레버 서독 지부 임원들도 이에 대해 알고 있었지만, 네덜란드 지부에서 이를 신빙성 있게 받아들이지 않아 정보 공유를 하지 않았다고 답했다. 네덜란드 지부의 발등에 크나큰 불이 떨어졌음이 너무나도 자명한 상황이었다.

유니레버의 초동 대처는 훌륭했다. 이상 증세를 앓는 사람들에게 보상을 제의했고, 문제의 제품을 즉각 회수하는 모습에서 네덜란드 소비자들은 깊은 인상을 받았다. 뿐만 아니라 네덜란드 사회보건부와 적극적으로 공조해 응급 상황 대응팀을 꾸리는 등 발 빠른 모습을 보이기도 했다. 일부 당국자들은 과연 이 업체가 얼마나 정보 공유에 적극적이며 정확한 정보를 제공하는지 믿을 수 있겠냐며 의구심을 표하기도 했다. 이런 불안감은 ME-18이 유니레버의 또 다른 마가린 제품 블루밴드Blue Band에 사용되었다는 사실이 드러나자 완연한 적대감으로 돌변했다. 유니레버 측이 플랜타 레드 생산 중단 명령을 내렸을 당시, 이미 기계 안에 들어 있던 혼합물은 어떻게 처리해야 하는지에 대해서는 지침을 내리지 않았던 것이다. 이에 상황이 어떻게 돌아가는지 제대로 알지 못했던 생산팀이 기계 안에 남아 있던 혼합물을 블루밴드 제품 제조에 사용해 버렸다. 커뮤니케이션이 되지 않아 빚어진 유감스러운 실수였지만 당국은 이를 믿지 않았고, 되레 은폐하려던 시도가 아니냐는 의혹의 눈

길을 던졌다.

블루밴드 역시 피부 질환을 유발한다는 사실이 드러나자 당국은 그것 보라며, 뭔가 숨기는 것 같더니 이런 일이 일어날 줄 알았다는 입장을 보였고, 이에 대한 공론이 벌어졌다. 유니레버는 진실을 숨기고 유해 물질을 포장만 바꿔 팔아 치우려 했다는 의혹을 받았다. 블루밴드가 유해하지 않다는 사실이 입증될 때까지 유니레버 사의 어떤 제품도 네덜란드 시장에 발을 디딜 수 없었다. 주가는 하락했고 언론은 몇 년 전 서독에서 일어난 피부 질환 사태를 들추며 연신 이 업체를 두들겨댔다. 애초에 유니레버가 ME-18 개발에 착수한 건 발암 물질이 함유된 PEO 대체품을 찾으려는 목적이었기에, 임원진은 세간의 맹비난에 분통하고 억울함을 감출 길이 없었다. 그 후로 오랜 시간이 흘렀음에도 아직도 유니레버가 당시 사태에 대해 일절 입을 열지 않는 이유를 알 만도 하다. 유니레버로서는 대단히 수치스러운 일이 아닐 수 없었다. 보스만의 입장을 들어보자.

"만약 오늘날 이런 일이 벌어졌다면 공중보건전문가로서 저는 유니레버 같은 업체와 협업을 할 것 같아요. 소비자의 안전을 지켜주는 제품을 만들겠다는 이 업체의 일념은 공중보건의 궁극적 목적과 부합하기 때문이죠."

유니레버는 이 난리를 겪고도 무사히 평판을 회복했다. 네덜란드 국립의사협회와 합의서를 체결해 피부 질환을 앓고 있다는 의사의 소견서를 제출하는 모든 이들에게 피해 보상을 약속했다. 법인법 관련 서적을 보면 유니레버의 당시 대처는 소비자 신뢰 회복을 가장 효과적으로 이루어낸 모범 사례로 다뤄지고 있다.

6개월간의 내부 조사를 마무리하며 유니레버는 식품 개발 승인 절차를 강화했고, 각국 지부 간 정보 공유 방식을 재편성했다. 플랜타 사태는 오래전 일이지만, 식품 오염 사태는 아직도 만연하다는 점을 감안할 때 참고할 만한 충분한 가치가 있다. 보스만은 자신의 경험을 통해 깨달은 바를 우리에게 전했다.

"미래 세대들은 과거에 벌어진 일들을 꼼꼼히 살펴보고 이를 어떻게 현시대에 맞게 해석할 수 있을지를 고민해야 합니다. 내일 당장 그런 일이 일어나면 어떻게 할 것인가? 보건 당국자로 사태 수습을 책임지고 있다면 과연 나는 어떻게 대처할 것인가? 사태에 연루된 기업에 공조 요청을 할 것인가 말 것인가? 해당 기업을 적으로 볼 것인가 내 편으로 볼 것인가?"

그 후 플랜타는 네덜란드 시장에서 모습을 감췄지만 벨기에 등 일부 국가에서는 여전히 팔리고 있다. 유니레버는 악몽 같은 당시 사태를 잘 극복해 현재 세계 최고의 다국적 기업으로서 탄탄한 위상을 자랑하고 있으며, 2012년 10월, 링크트인Linkedln 조사 결과 세계에서 가장 일하고 싶은 기업 5위를 차지하는 영예를 안았다. 전 세계 20여 개국에 6천여 명의 연구원을 포진시켜 매년 10억 유로 상당을 투자해 연구 개발을 진행 중이다. 유니레버는 또한 제품 성분이 잘못될 경우 어떤 여파가 미칠지에 대해 그 누구보다 뼈저리게 이해하고 있다.

버즈아이, 바비 켄
너무 번지르르하게 멋져도 문제

미국 냉동식품업체 버즈아이Birdseye의 마스코트인 흰 턱수염이 덥수룩하게 난, 걸걸한 웃음소리에 아이들 놀리기 좋아하는 선장 아저씨의 오랜 활약을 대체한 건 북극곰 한 마리였다. 캡틴 버즈아이Captain Birdseye라 불리는 선장 아저씨 마스코트는 1967년 피시스틱 광고에 처음으로 모습을 드러냈다. 선장 유니폼을 입은 그는 마치 배 안내를 담당하며 여름 한철 아르바이트를 뛰고 있는 여름의 산타클로스 같은 느낌을 준다. 캡틴 버즈아이는 1970년대 초반 잠깐 모습을 감추었다가 대구 판매 촉진을 위해 다시 등장했다. 영국인들의 뇌리에 깊은 인상을 남긴 그는 항해사 제임스 쿡James Cook 다음으로 영국인들이 알고 있는 바다 사나이 2위를 차지했다. 30년간 캡틴 버즈아이 모델로 활약한 영국 배우 존 휴어John Hewer가 1988년 은퇴하자 이 업체는 새로운 마스코트를 활용한 이미지 쇄신을 꾀했다. 흰 턱수염에 색 바랜 선원복 대신, 디자이너 같은 거뭇거뭇한 수염을 기른, 까무잡잡하고 잘생긴 바다의 액션 히어로 같은 젊은 청년을 새로운 마스코트로 내세웠다. 청소년을 공략하기 위해 젊은 선장과 애완 펠리컨 페드로를 등장시킨 만화가 반짝 등장한 적은 있었지만, 바다에서 하루 휴가를 만끽하고 있는 듯한, 성형외과 의사같이 매끈하게 생긴 젊은 청년 '선장'의 모습을 내세워 젊은 층을 끌어 보려 한 시도는 별 재미를 보지 못했다. 소비자들은 마치 악천후도 잡아먹을 듯한 전형적인 바다 사나이 같은 캡틴 버즈아이의 모습에 너무나도 익숙해져 있었기 때문이다.

이미 잘 자리 잡은 브랜드 캐릭터를 바꾸려 시도하는 경우, 대부분 엄청난 반발이 일어난다. 영국 배우 이언 맥켈런은 명배우지만 어린이 초코바 '밀키 바 키드Milky Bar Kid'에 어울릴까? 켈로그 프로스티 시리얼에 우리가 흔히 아는 호랑이 토니가 아닌 표범 토니가 등장한다면? 통조림 제품 '졸리 그린 자이언트Jolly Green Giant'의 마스코트인 녹색 투명인간을 배우 린제이 로한이 대신한다면? 으, 아니올시다. 버즈아이 역시 실수였음을 깨닫고 기존 마스코트와 매우 흡사한 나이 지긋한 배우를 다시 찾아 나섰다. 대중이 좋아할 만한, 전형적인 바다 사나이 냄새를 폴폴 풍기는 이미지여야 했다. 어린 애송이는 이런 노련한 뱃사람의 이미지를 감히 흉내조차 낼 수 없었다. 2010년 드디어 새로운 모델이 탄생했는데, 버즈아이 창업주 클래런스 버즈아이의 이름을 딴 '클래런스Clarence'란 이름의 말 없는 북극곰 인형이 바로 그 주인공이었다.

그러나 과한 변신 사례의 최고봉은 역시 1993년 장난감 제조사 마텔Mattel이 선보인 신제품이라 할 수 있다. 바비Barbie 시리즈 중 하나로 마텔은 '귀걸이를 한 켄'을 선보였는데, 너무 '과하게' 멋지게 차려입고 귀걸이까지 한 모습은 마치 화려한 밤거리로 나선 게이 캐릭터같이 보였다. 망사 셔츠에 라일락색의 PVC 조끼를 입은 그의 화려한 모습은 강인한 남성의 전형과 전혀 달랐다. 한껏 멋 부린 금발 머리에 화장을 한 게 분명한 모습이었다. 좀 꾸밀 줄 아는, 멋에 일가견이 있는 모양이었다. 한쪽 귀에 귀걸이를 한 것도 모자라 목엔 동그란 대형 펜던트가 달린 목걸이를 하고 있었다. 언론에서는 이를 '코크 링Cock Ring●'이라며 놀려댔다. 켄의 패션은 당시 게이 클럽 일대에 엄청난 유행을 불러일으켰다. 바비의 대상 고객이 주로 3세 이상의 여아임을 감안하면 마텔이 왜 이런 차림의 인형을 선보였는지 참 의아할 수밖에 없다.

'귀걸이를 한 켄'이 출시되자 게이 남성들은 앞다퉈 이 제품을 손에 넣으려 매장으로 달려갔다. 덕분에 마텔의 매출은 좋았지만 논란의 중심에 놓인 상

● 남성 성기에 걸치는 링

황만큼은 어쩔 수가 없었다. 이런 급진적 제품을 내놓음으로써 상대적으로 보수적인 미국 중장년층을 괴리시키는 리스크를 감수하고 싶지 않았던 마텔의 입장도 입장이었지만, 게이 사회 일각에서 이 제품을 비판하는 목소리도 들려왔다. 시애틀 지역신문 〈더스트레인저The Stranger〉의 기자 댄 세비지는 다음과 같은 기사를 썼다.

'보는 사람에 따라 생각이 다르겠지만 내가 본 게이 켄은 대중문화에 침투한 게이의 모습이거나 양성애자들이 멋대로 생각하는 동성애 문화의 모습, 이 둘 중 하나이다.'

90년대를 휩쓴 패션으로 장식한 바비 시리즈를 아이들에게 선보이려 한 마텔의 애초 의도가 전혀 다른 방향으로 흘러가고 있었다. 결국 '귀걸이를 한 켄'은 급히 회수 조치되었다. 아마 오늘날 바비의 남성 친구들이 게이 클럽에 등장한다면 오히려 매우 신중하게 다뤄졌을 텐데 말이다.

☑ 주력 상품이나 브랜드 전략과 관련해 중요한 변화를 추진하기
전에는 항상 소비자 의견 조사를 진행하라.

☑ 그러나 소비자 의견을 조사했다고 해서 그 결과가 전부라고 생
각해서는 안 된다. 늘 더 큰 그림을 염두에 두고 있어야 한다.

☑ 리뉴얼 제품의 경우 충분한 실험을 거쳐 안전 및 사용에 문제가
없다는 점을 확인한 후 출시하라.

☑ 지향하는 바가 무엇인지를 늘 정확히 인지하라.

☑ 단골 고객의 심기를 불편케 하는 쇄신은 반발을 불러올 수 있다
는 점에 유의하라.

맺음말
소셜 미디어 시대, 더욱 고조된 리스크

브랜드에 쏠리는 세간의 관심이 유난하다. 브랜드는 열정 가득한, 어디서나 존재하는 우리 사회의 정체성을 대변하는 역할을 한다. 브랜드는 무엇을 사야 할지 고민하는 우리의 결정을 돕고, 어떻게 판단을 내려야 하는지에 대한 지침을 제공한다. 위대한 브랜드는, 좋은 쪽으로든 나쁜 쪽으로든 우리가 사는 세상의 평준화를 이루어냈으며, 점점 더 우리의 삶에 깊숙이 파고들고 있다. 빨간색 코카콜라 캔은 지구 상 어느 곳에서나 찾아볼 수 있다. 뿐만 아니라 한때 지구 상의 대표적 빨간색이었던 구소련 연방의 붉은 국기가 완전히 자취를 감춘 후 코카콜라의 로고가 그 자리를 물려받았다. 이념 전쟁의 장대한 승리로 전 세계적으로 쑥쑥 커 나가는 탄탄한 브랜드들이 생겨났지만, 브랜드는 결코 위기로부터 자유롭지 않다.

사람들은 브랜드에 더 나은 품질, 더 알찬 구성, 더 좋은 경험을 기대한다. 피땀 흘려 번 내 돈을 들이기에 소유 의식을 가질 뿐만 아니라 감정적인 유대를 형성하기도 한다. 브랜드에 대한 소비자 반응이 좋을 땐 전혀 문제 될 게 없다. 그러나 소비자들이 실망하거나 분노하는 경우 상황은 전혀 달라진다. 자신이 느끼는 불만과 의견을 가감 없이 드러내며 온라인상에서 브랜드를 공격하는 풍경은 오늘날의 자화상이자 뉴노멀New Normal®이다. 포드가 에드셀Edsel을 출시했을 때 트위터와 페이스북이 있었더라면 아마 이 회사 트위터 및 페이스북 페이지는 악플로 넘쳐 났을 게 뻔하다. 퍼실 파워Persil Power 사태가 지금 벌어졌다면 인스타그램은 퍼실 파워로 세탁했다가 손상된 옷감 사진으로 도배가 되었을 것이다.

마케팅에서 한 번 한 실수를 다시 하지 말라는 법은 없다. 실수의 가능성은 언제나 존재하기에 우리는 아주 기본적인 실수를 피하는 법을 제대로 배워야 한다. 왜 후버는 공짜 항공권을 제공하는 터무니없는 이벤트를 진행했다 비난의 폭탄을 맞은 걸까? 그 이유를 알아야 한다. 역사를 절대 간과해서는 안 된다. 역사는 우리에게 많은 교훈을 시사하기 때문이다. 그러나 이 책을 통해서도 계속 언급했듯, 소셜 미디어의 등장은 마케팅의 성격 자체를 근본적으로 뒤바꿔 놓았다. 어떤 일이 벌어지든 즉각 도마 위에 오르는 시대이다. 찰나에 저지른 경솔한 실수가 브랜드 이미지를 영원히 실추시킬 수 있는 시대이다. 최근 몇 년간 있었던 대표적인 마케팅 실수 사례를 보면, 소셜 미디어가 CCTV처럼 어디에나 존재함을 알 수 있다. 소셜 미디어에서 문제가 생겨날 수도 있고, 어디선가 생긴 문제가 소셜 미디어에서 더욱 증폭될 수도 있다. 이렇게 소셜 미디어에서 문제가 발생했을 때 과연 어떻게 행동해야 하는가는 이 책에서 계속해서 등장하는 주제이기도 하다.

● 시대 변화에 따라 새롭게 떠오르는 기준 또는 표준

어지럽고 정신없는, 저마다 할 말이 있고 가끔 무지막지한 악플 군단이 출몰하는 온라인 세상에서 발생하는 문제를 가장 솜씨 좋게 처리하는 브랜드는 바로 열린, 솔직한, 발 빠르게 대응하는, 대중을 존중하며 대우하는 브랜드들이다. 반면 온라인 세상에서 고꾸라진 브랜드를 보면 똑같은 실수를 답습하지 않기 위한 노력을 전혀 기울이지 않은 브랜드들임을 알 수 있다. 이들이 어떻게 대처했는지, 이들이 어떻게 바뀌었는지를 살펴봄으로써 우리가 의도한 바가 타당한지 아닌지 여부를 가늠해 볼 수 있다.

오늘날처럼 마케팅 실수를 저지르기 쉬운 때도 없었다. 앞서 소개한 여러 실수담을 통해 얻은 교훈을 제대로 숙지한다면 여러분이 맞닥뜨릴 리스크를 줄일 수 있을 거라 생각한다. 이 책에 나와 있듯 실수는 피해 갈 수 없는 숙명이 아니다. 지구 상에 존재하는 여느 위대한 브랜드라도 실수는 한다. 다만 실수를 제대로 딛고 일어났을 때 더욱 강해질 수 있었다. 실패는 부끄러운 일이 아니다. 진정 부끄러운 건 실패를 통해 배우지 못하는 것이다.

고마운 분들

●
●

책을 쓴다는 건 참 다방면으로 많은 이들의 노력이 어우러져야 가능한 일이고, 유능한, 똑똑한, 박식한 여러분들의 도움 없이는 할 수 없는 일입니다. 이 책을 집필하는 과정에서 제게 시간과 식견을 나눠 주신 모든 분들께 진심으로 감사의 말씀을 드립니다.

우선, 이 책에 이름을 올린 여러분들께 고마움을 전하고 싶습니다. 다소 창피한 경험을 기꺼이 되살려 이야기를 들려주신 모든 전문가 여러분의 통찰과 진솔함, 용기는 저를 감탄케 했으며 또 많은 깨달음을 주었습니다. 책 속에서 종종 놀리기도 했는데 제가 언급하는 모든 사례를 공평한 톤으로 다루고자 했음을 알아 주셨으면 합니다. 매트 앤더슨, 피트 블랙쇼, 아르놀드 보스만, 마이클 추, 해리 시치, 거스 데스바라트, 리차드 에델만, 마크 킴버, 베니타 클링큰, 앨런 레이튼, 랍 마누엘, 폴 니우번회이스, 리즈 오닐, 얀 로저스 니픈, 베른트 잠란드, 래티샤 소리베, 사이먼 탤벗, 키이스 웰스, 라이너 베스터만, 애이드리언 휠러, 제이미 울리. 모두 감사드립니다.

더불어 보이지 않는 곳에서 수고해 주시고, 저를 이끌고 조언해 주시며 정보와 자료를 제공해 주신 분들께 감사드립니다. 보리스 바스, 캐스린 비셥, 스테프 브라운, 스티븐 쿨스, 마이클 파인먼, 지니 그레이, 미리암 쿨먼스, 제임스 허링, 로빈 힉스, 파벨 멜니코프, 트레베 모리스, 실비 피터스, 셔리프 샤피, 알레한드로 트리폴리, 존슨 월슨에게 특히 고맙습니다.

이 책의 집필을 제안하고 프로젝트가 모양을 잡아갈 수 있도록 지원과 응원을 아끼지 않은 존 핀치에게 감사드리며, 밴버리에서의 점심 식사, 즐거웠습니다. 책의 구조와 방향을 잡아 주고 세심한 부분 부분까지 신경 써 준 휴 브런 역시 언급하지 않을 수 없습니다. 덕분에 더 나은 책을 만들 수 있었습니다.

제가 미처 언급하지 못한 분들께 부디 너그러운 양해 부탁드립니다. 실수, 누락, 부족, 유감스러운 결과에 대해 실컷 써 놓고 정작 제가 그런 실수를 저질렀다면 쓸쓸한 웃음을 보내셔도 할 말이 없습니다.

이 책을 붙들고 있었던 오랫동안 '창의적이고 건설적인' 방식으로 저를 방해했던 우리 아이들에게도 고마움을 전합니다. 특히 마감이 얼마 남지 않아 마음이 급한 상황에서 뒷마당에서 공놀이를 함께하다 제 왼손 새끼손가락 뼈에 금이 가게 해 준, 우리 딸 애비를 꼭 언급하고 싶군요.

브랜드
마케팅!
이렇게 하면 실패한다

초판 1쇄 인쇄 2016년 11월 1일
초판 1쇄 발행 2016년 11월 11일
—

지은이 롭 그레이
—

발행인 이웅현
발행처 (주)도서출판 도도
—

전무 최명희
편집 · 교정 박주희
디자인 김진희
홍보 · 마케팅 이인택
제작 손은빈
—

번역 허수빈
—

출판등록 제 300-2012-212호
주소 서울 중구 충무로 29 아시아미디어타워 503호
전자우편 dodo7788@hanmail.net
내용 및 판매문의 02-739-7656~9

ISBN 979-11-85330-37-2 03320
정가 17,000 원

이 도서의 국립중앙도서관 출판예정도서목록(CIP)은 서지정보유통지원시스템 홈페이지(http://seoji.nl.go.kr)와
국가자료공동목록시스템(http://www.nl.go.kr/kolisnet)에서 이용하실 수 있습니다. (CIP제어번호 : CIP 2016025708)